ABITUR-TRAINING

Katholische Religion 1

Thomas Gottfried

STARK

© 2016 Stark Verlag GmbH
1. Auflage 2013
www.stark-verlag.de

Das Werk und alle seine Bestandteile sind urheberrechtlich geschützt. Jede vollständige oder teilweise Vervielfältigung, Verbreitung und Veröffentlichung bedarf der ausdrücklichen Genehmigung des Verlages.

Inhalt

Vorwort

Zwischen Vielfalt und Entscheidung: Religion in der offenen Gesellschaft 1

1 Religiosität und Religion 2
1.1 Kennzeichen der Postmoderne 3
1.2 Religiöse Phänomene und Religionsäquivalente 5
1.3 Religiöse Sehnsüchte und Grundfragen des Menschen 7
1.4 Aspekte eines grundlegenden Religionsverständnisses 9

2 Religiöse Vielgestaltigkeit in der offenen Gesellschaft 14
2.1 Religionen und religiöse Strömungen im Überblick 15
2.2 Religionsfreiheit und Säkularisierung als Erbe der Aufklärung 21
2.3 Religion und religiöse Symbole im öffentlichen Raum 24
2.4 Wahrheitsanspruch, Toleranz und gesellschaftliche Pluralität 25
2.5 Gesellschaftliche Rolle von Religion und Kirche 30

3 Religiöse Optionen und persönliche Entscheidung 33
3.1 Der Mensch als „homo religiosus" 33
3.2 Religiöse Ausdrucksfähigkeit und die Bedeutung
    religiöser Sprache 35
3.3 Elementare religiöse Sprachformen: Metaphern und Symbole 36
3.4 Kriterien religiöser Orientierung 38

Aufgaben 40

Wege zu Gott: Die Bibel als Zeugnis der Gotteserfahrung 41

1 Stellenwert und Bedeutung der Bibel in unserer Zeit 42
1.1 Die Bibel als Lebensbuch 42
1.2 Biblische Motive in kulturellen Ausdrucksformen 45

2 Die Bibel als Buch menschlicher Gotteserfahrungen 50
2.1 Erfahrungsbezogene Annäherungen 51
2.2 Biblische Exegese 53
2.3 Komplementäre Erschließungsmodelle 58
2.4 Offenbarungsverständnis der Bibel im Vergleich zum Koran 60

3	Zentrale Elemente des biblischen Gottesbildes	62
3.1	Das Gottesbild des Alten Testaments	63
3.2	Das Gottesbild des Neuen Testaments	73
4	Außerbiblische Transzendenzerfahrungen	83

Aufgaben 88

Verantworteter Gottesglaube: Anfragen, Ablehnung, Annäherungen 91

1	Lebenserfahrungen und Gottesvorstellungen	92
1.1	Formen und Zerrbilder von Gottesvorstellungen	92
1.2	Bedingtheit und Fragwürdigkeit von Gottesvorstellungen	97
1.3	Theodizee als Prüfstein der Gottesfrage	98
2	Klassiker der Religionskritik	104
2.1	Der humanistische Atheismus: Religion als Projektion (Ludwig Feuerbach)	105
2.2	Der soziale Atheismus: Religion als „Opium des Volkes" (Karl Marx)	107
2.3	Der nihilistische Atheismus: Religion als Lebensverneinung (Friedrich Nietzsche)	109
2.4	Der psychoanalytische Atheismus: Religion als Illusion (Sigmund Freud)	113
2.5	Der existenzialistische Atheismus: Religion als Widerpart der Freiheit (Jean-Paul Sartre)	115
2.6	Praktischer Atheismus und religiöser Indifferentismus	119
3	Agnostizismus, szientistischer Atheismus und komplementäre Zugänge zur Wirklichkeit	119
3.1	Agnostizismus und seine Varianten	120
3.2	Szientistischer Atheismus	120
3.3	Komplementäre Zugänge zur Wirklichkeit	123
4	Rationale Gotteserkenntnis: Möglichkeiten und Grenzen	127
4.1	Argumente für die Vernunftgemäßheit des Glaubens	128
4.2	Die Bedeutung des aufgeklärten Glaubens	139
5	Das trinitarische Gottesbild des Christentums	140
5.1	Vom biblischen Gottesglauben zur trinitarischen Gotteslehre	140
5.2	Die Bedeutung des trinitarischen Gottesbildes für den Glauben	142
5.3	Vergleich mit Gottesvorstellungen anderer Religionen	143

Aufgaben 146

Der Mensch im Horizont des Gottesglaubens: Christliches Menschenbild 149

1	Wertorientierungen, Sinnoptionen und Dimensionen des Menschseins	150
1.1	Wertorientierungen und Lebenseinstellungen	151
1.2	Sinnoptionen, Lebenswelten und Lebensstile	155
1.3	Dimensionen des Menschseins in ihrer Ambivalenz	157
2	Menschenbilder und Sinnentwürfe der Moderne	162
2.1	Auf dem Weg zu den Menschenbildern der Moderne	163
2.2	Philosophische Menschenbilder der Moderne	166
2.3	Psychologische Menschenbilder der Moderne	169
2.4	Naturwissenschaftliche Impulse	173
3	Das Menschenbild des Buddhismus	178
4	Das biblische Verständnis vom Menschen	182
4.1	Geschöpflichkeit und Gottebenbildlichkeit	183
4.2	Transzendentalität	187
4.3	Personalität und Subjekthaftigkeit	189
4.4	Sozialität	189
4.5	Schuldfähigkeit und Sündhaftigkeit	190
4.6	Freiheit	193
4.7	Erlösungs- und Vollendungsbedürftigkeit	196
5	Identitätsentwicklung und Sinnfindung als Lebensaufgaben	198

Aufgaben 202

Lösungen 205

Stichwortverzeichnis 223
Bildnachweis 227

Autor: Thomas Gottfried

Vorwort

Liebe Abiturientinnen und Abiturienten,

dieser Trainingsband dient Ihrer **optimalen Vorbereitung** auf die schriftliche oder mündliche **Abiturprüfung** im Fach Katholische Religionslehre. Gleichzeitig können Sie dieses Buch auch zur Vorbereitung auf **Klausuren** oder **mündliche Leistungsnachweise** verwenden.

Alle Themenbereiche der 11. Jahrgangsstufe in Bayern werden behandelt: Religion, Bibel, Gottesbild und Religionskritik sowie das christliche Menschenbild. Die **verlässliche, systematische und umfassende Darstellung des Stoffes** erleichtert Ihnen die selbstständige Wiederholung der Lerninhalte:

- Im **Text** werden alle relevanten Informationen referiert und Zusammenhänge hergestellt.
- **Infokästen** erklären wichtige Grundbegriffe.
- **Schaubilder und Tabellen** bieten eine anschauliche Übersicht wesentlicher Themen.
- Mithilfe von **Übungsaufgaben** am Ende jedes Kapitels und einem **ausführlichen Lösungsteil** können Sie Ihren Lernerfolg überprüfen.
- Das **Stichwortverzeichnis** erleichtert Ihnen die Orientierung.

Die Lerninhalte der 12. Jahrgangsstufe werden im zweiten Band behandelt.

Ich wünsche Ihnen für die Abiturprüfung im Fach Katholische Religionslehre viel Erfolg und für Ihr Leben nach dem Gymnasium gute Perspektiven für Ausbildung oder Studium!

Ihr

Thomas Gottfried

Zwischen Vielfalt und Entscheidung: Religion in der offenen Gesellschaft

1 Religiosität und Religion

Seit Beginn der Menschheitsgeschichte zeigen sich in allen Kulturen Spuren des Religiösen. Religiosität gehört zum Wesen des Menschen. Religionen sind konstitutive Elemente menschlicher Zivilisation.

> **info**
>
> Unter **Religiosität** verstehen wir die typisch menschliche Wesenseigenschaft, nach Antworten auf Fragen der Lebensorientierung und Wirklichkeitsdeutung zu suchen, die über innerweltlich-begrenzte und vergängliche Ansätze hinausgehen und damit auf das Absolute und Transzendente (Ewige, Göttliche, Heilige, Überweltliche) zielen. Der Religiosität des Menschen entsprechen **religiöse Phänomene** als äußerliche Erscheinungsformen dieser Antworten. Diese wiederum lassen sich in konkrete **Religionen** und **Religionsäquivalente** (religiöse Ersatzformen, wie zum Beispiel das Streben nach Schönheit oder Reichtum) unterteilen.

Der protestantische Theologe **Paul Tillich** hat den **Zusammenhang von Religiosität und Religion** so beschrieben: „Religiös sein bedeutet, leidenschaftlich nach dem Sinn unseres Lebens zu fragen […]. Eine solche Auffassung macht die Religion zu etwas universal Menschlichem […]. Viele Menschen sind von etwas ergriffen, was sie unbedingt angeht; aber sie fühlen sich jeder konkreten Religion fern, gerade weil sie die Frage nach dem Sinn des Lebens ernst nehmen. Sie glauben, dass ihr tiefstes Anliegen in den vorhandenen Religionen nicht zum Ausdruck gebracht wird und so lehnen sie die Religion ab ‚aus Religion'. Diese Erfahrung lehrt uns zu unterscheiden zwischen Religion als Leben in der Dimension der Tiefe und den konkreten Religionen, in deren Symbolen und Einrichtungen das religiöse Anliegen des Menschen Gestalt gewonnen hat. Wenn wir die Situation des heutigen Menschen verstehen wollen, müssen wir von dem Wesensbegriff der Religion ausgehen und nicht von einer spezifischen Religion, auch nicht dem Christentum."[1]

Paul Tillich (1886–1965)

---

1 Tillich, Paul: Die verlorene Dimension. Not und Hoffnung unserer Zeit. Furche, Hamburg 1962, S. 8 f.

> **In diesem Kapitel lernen Sie ...**
>
> - die Postmoderne als Kontext zeitgenössischer religiöser Phänomene zu beschreiben,
> - religiöse Phänomene als Ausdruck menschlicher Weltdeutung und Lebensgestaltung darzustellen,
> - entsprechende religiöse Sehnsüchte und Grundfragen des Menschen zu erläutern,
> - einzelne Elemente und die Vielschichtigkeit des Religionsbegriffs zu skizzieren.

1.1 Kennzeichen der Postmoderne

Neben der Religiosität und ihren Ausdrucksformen (religiöse Phänomene) prägen geistige, kulturelle, politische, wissenschaftliche und wirtschaftliche Rahmenbedingungen das Denken und Handeln des Menschen. Für das Lebensgefühl unserer Zeit hat sich seit den 1950er-Jahren der Begriff **„Postmoderne"** etabliert. Er bezeichnet die Mentalität einer Epoche, in der die Kennzeichen der Moderne (wie wissenschaftlich-technischer Fortschritt, Rationalisierung und ungebremstes Wachstum) nicht mehr ohne Weiteres positiv bewertet, sondern kritisch hinterfragt werden. Zudem werden die Möglichkeiten echter Neuschöpfung von Ideen und Projekten gänzlich verneint. Stattdessen geht es etwa der postmodernen Kunst um das freie Spiel mit dem bisherigen „Material" bzw. der Philosophie um die freie Kombination verschiedenster Erkenntnismodelle, die aus postmoderner Sicht jedoch ohnehin nur Sinnfragmente, niemals aber abgeschlossene Sinnsysteme liefern können. Folgende Merkmale sind besonders typisch für die Postmoderne:

Heterogenität und Pluralisierung

Auf geistig-kultureller Ebene gibt es in der Postmoderne eine **Vielzahl verschiedener Strömungen und Trends**. Dem entspricht die verbreitete Haltung der **Indifferenz**, die das Ideal der Toleranz jedoch nicht erreicht, sondern eher als mehr oder weniger teilnahmslose Gleichgültigkeit beschrieben werden kann. Das dahinter stehende Motto lautet: **„Jeder soll glauben, was er will."** Insbesondere auf dem Sektor des Religiösen werden alle Absolutheitsansprüche und Allgemeingültigkeitsaussagen strikt zurückgewiesen. Dies kann man mit Hans Georg Ziebertz aber auch positiv deuten, denn „Pluralität eröffnet dem Einzelnen Wahlmöglichkeiten und gewährt eine Zunahme individueller Freiheit"[2].

---

2 Ziebertz, Hans-Georg: Gesellschaftliche Herausforderung der Religionsdidaktik. In: Hilger, Georg (Hrsg.): Religionsdidaktik. Ein Leitfaden für Studium, Ausbildung und Beruf. München 2003, S. 75.

4 Zwischen Vielfalt und Entscheidung: Religion in der offenen Gesellschaft

Postmoderne Menschen haben die Wahl – nicht nur im Supermarkt

Differenzierung und Sektorialisierung

Als Folgen von Heterogenität und Pluralisierung entstehen in der Postmoderne immer kleinteiligere gesellschaftliche Funktionsbereiche (in Arbeits- und Privatleben), die nach **Eigengesetzlichkeiten** organisiert sind, welche nur für den jeweiligen Sektor Gültigkeit haben: Was in Freizeit und Familie als (moralisch) sinnvoll oder zweckmäßig erachtet wird, kann für das Verhalten im Berufsleben oder bei politischen Entscheidungen nachteilig sein. Die verschiedenen Lebens- und Arbeitsfelder werden zudem immer komplexer. So sind z. B. in der Medizin oder der Technik für den Laien die Entwicklungen kaum mehr nachvollziehbar und erfordern Grundvertrauen in die jeweils zuständigen Experten, die sich ihrerseits stetig weiterbilden müssen. Auch **religiöses Verhalten** sondert sich immer stärker ab und zieht sich tendenziell in den **Bereich des Privaten**, ja Intimen zurück, ohne wirklich durchschlagende gesellschaftliche Relevanz zu erlangen.

Eigenverantwortung und Individualisierung

Postmoderne Menschen haben den Anspruch (an sich selbst und andere), sich **möglichst autonom und selbstreflexiv** zu verhalten und ihr Leben selbst zu entwerfen, anstatt sich von gesellschaftlichen Normen (Traditionen etc.) oder Autoritäten (Politiker, Pfarrer, Lehrer, etc.) fremdbestimmen zu lassen. Sie werden dadurch zu Regisseuren ihres eigenen Lebens, die sich an verschiedensten Quellen (z. B. auch Religionen) bedienen, um ihrem Leben Sinn zu geben. Die **„Patchwork-Mentalität"** (engl. *patchwork* = „Flickwerk") wird zum Normalfall. Die Suche nach dem für sie persönlich „richtigen" Weg wird dabei von der verbreiteten Überzeugung begleitet, dass „jeder seines eigenen Glückes Schmied" und ein gelungenes Leben „machbar" ist, wenn man sich nur genug anstrengt. Auf der daraus folgenden oftmals rastlosen Suche nach der „Selbstverwirklichung" bleiben stabile Bindungen (zu anderen Menschen oder auch zu Vereinen, Gewerkschaften, Parteien oder Glaubensgemeinschaften) jedoch immer mehr auf der Strecke, wie sich anhand der hohen Zahl von Singlehaushalten, Scheidungen und Alleinerziehenden insbesondere in urbanen Ballungsräumen belegen lässt. Diesen Entwicklungen liegt jedoch nicht etwa ein Mangel an Engagement und Ernsthaftigkeit zugrunde – im Gegenteil! Gerade die postmoderne Glorifizierung der „perfekten Beziehung", propagiert durch Werbung oder Filme, kombiniert mit dem Anspruch, diese in irgendeiner Form „herstellen" zu können, lässt zwischenmenschliche Beziehungen scheitern. Die entsprechenden religionssoziologischen Auswirkungen sind **Entkirchlichung** und **kirchlich distanzierte Christlichkeit** sowie **„Patchwork-Religiosität"**.

1.2 Religiöse Phänomene und Religionsäquivalente

Religiosität findet ihren Ausdruck auf unterschiedlichsten Ebenen. So werden z. B. in der Werbung **religiöse Symbole und Rituale aufgenommen und ggf. umgedeutet**. Ziel einer solchen Aufnahme ist es, Kernfragen des Daseins und Ursehnsüchte des Menschen anzusprechen – zu einem ganz bestimmten Zweck (in diesem Fall zur Verkaufssteigerung). Dadurch wird jedoch indirekt auch das **Entstehen religiöser Ersatzformen, sog. Religionsäquivalente, gefördert** (im Bereich der Werbung wäre ein solches Äquivalent das hinter dem beworbenen Produkt stehende höhere Ziel, z. B. Schönheit). Folgende Bereiche unserer Lebenswelt seien als **Resonanzflächen für religiöse Phänomene** und dadurch als **Stifter oder Träger von Religionsäquivalenten** genannt:

- Die bereits erwähnte **Werbung** bedient gezielt bestimmte Grundbedürfnisse der Menschen, um diese mit manipulativen Mitteln zum gewünschten Kaufverhalten zu bewegen. Dabei werden grundlegend menschliche und damit auch immer **religiöse Motive und Topoi** wie beispielsweise Gemeinschaft, Glück, Hoffnung und Freiheit aufgegriffen – Letzteres vor allem in der Zigarettenwerbung. Auch explizit religiöse Unterthemen dieser Grundsehnsüchte des Menschen werden so in Dienst genommen, zum Beispiel „Versuchung" und „Sünde" im Produktmarketing der Eishersteller.
- **Sport** in seiner massenmedial vermittelten Form übernimmt wesentliche Elemente religiösen Handelns, etwa aus der Symbolwelt (z. B. Pokale), der Liturgie (z. B. feste Abläufe wie Einlauf der Mannschaft und Nationalhymne)

In der Werbung werden religiöse Topoi aufgegriffen – wie hier beispielsweise die Sieben Todsünden durch Langnese

und der religiös geprägten Werte und Tugenden (z. B. sportliche Fairness). Die „Anbetung" von Fußballvereinen durch ihre Fans nimmt hierbei mitunter Züge traditioneller Heiligenverehrung an, der Zusammenschluss in Fanverbände erscheint als Pendant zu religiösen Gemeinschaften.

- **Literatur** und **Film** thematisieren Fragen nach dem Sinn des Lebens, dem Umgang mit Scheitern, Krankheit und Tod sowie nach der Gestaltung zwischenmenschlicher Beziehungen. Nicht selten bedienen sie sich dabei auch des Repertoires religiöser Motive, Themen, Symbole und Rituale. In den letzten Jahren wurden z. B. mit dem Motiv des Pilgerns sowohl Bestseller geschrieben („Mein Jakobsweg" von Paolo Coelho oder „Ich bin dann mal weg" von Hape Kerkeling) als auch (Kino-)Filme gestaltet.

- In der **bildenden Kunst** werden nicht nur religiöse Themen aufgegriffen, sondern auch religiöse Ausdrucksmittel, z. B. Symbole, gezielt eingesetzt. Nicht selten wird Kunst auch zum Gemeinschaftserlebnis mit quasireligiösem Charakter (z. B. „Die Lange Nacht der Museen bzw. der Musik" u. a.).

- **Internet und digitale Medien** fungieren als Plattformen für Wirklichkeitsdeutung, Sinnerfüllung und Vergemeinschaftung, und übernehmen damit traditionelle Funktionen von Religionsgemeinschaften. So haben **soziale Netzwerke** wie Facebook das (scheinbare) Potenzial, Identität und Solidarität zu stiften und so die emotionalen Leerräume zu füllen, die aufgrund instabiler bzw. fehlender sozialer Nahbeziehungen entstehen.

- **Musik** und **Videoclips** sind insbesondere in jugendlichen Lebenswelten äußerst beliebte Träger kultureller Deutungsmuster und religiöser Motive. Sie übermitteln aktuelle und altersgemäße Botschaften, Inhalte und Mentalitäten und erfüllen dabei eine wichtige **Entlastungsfunktion** in einer zunehmend unübersichtlicheren Welt. So enthalten die Liedtexte deutscher Rapmusiker mitunter existenzielle und ausdrücklich religiös gedeutete Grunderfahrungen, z. B. bei dem Lied „Danke" von Sido.

- In der **Konsum- und Wellnesskultur** unserer postindustriellen Gesellschaft wird die **Erfüllung materieller Wünsche und ästhetischer Bedürfnisse** oft zum Religionsäquivalent. Die nur kurzfristig befriedigenden und daher auf Wiederholung angelegten Erlebnisse erfüllen die Sehnsucht nach Sinn und Glückserfahrungen im Alltag. Ein überzogenes Gesundheits- und Schönheitsideal soll dabei helfen, der unentrinnbaren Wirklichkeit von Vergänglichkeit und Tod so lange wie möglich fernzubleiben.

Zwar mögen manche Formen der Verarbeitung religiöser Themen beispielsweise in den neuen Medien gewöhnungsbedürftig oder defizitär anmuten, man muss sich jedoch immer bewusst machen, dass die Medien wie Kunst und Literatur schon immer Resonanzflächen religiöser Inhalte waren. Die fortdauernde Aufnahme religiöser Motive und Themen kann daher vielmehr als Anzeichen dafür gewertet werden, dass auch heute **Religiosität zum Kernbestand menschlicher Wirklichkeit** gehört. Indem wir uns mit diesen Resonanzflächen beschäftigen, gelangen wir außerdem zu den entsprechenden menschlichen Sehnsüchten und Grundfragen, die diese Phänomene erst hervorbringen.

1.3 Religiöse Sehnsüchte und Grundfragen des Menschen

„Die menschliche Vernunft hat das besondere Schicksal [...]: dass sie durch Fragen belästigt wird, die sie nicht abweisen kann; denn sie sind ihr durch die Natur der Vernunft selbst aufgegeben, die sie aber auch nicht beantworten kann; denn sie übersteigen alles Vermögen der menschlichen Vernunft" (aus der Vorrede zur ersten Ausgabe von Immanuel Kants „Kritik der reinen Vernunft", 1781).

Immanuel Kant, der berühmteste Philosoph der Aufklärung, schildert hier die missliche Lage, in der sich der Mensch befindet. Denn obwohl sein Verstand dazu nicht in der Lage ist, da nach Kant menschliches Erkenntnisvermögen begrenzt ist, kommt der Mensch immer wieder in Situationen, die ihn nach dem Urgrund des Seins, nach Gott, fragen lassen. Solche Situationen

Immanuel Kant (1724–1804)

> **info**
>
> Das Wort **Kontingenz** (lat. *contingentia* = „Möglichkeit/Zufall") besagt, dass die Welt so, wie sie ist, nicht notwendig ist, sondern zufällig und jederzeit anders möglich. Dass die Welt kontingent ist, verweist nach theologischem Verständnis darauf, dass sie nicht aus sich selbst heraus „existiert", sondern von Gott abhängig ist (als dem transzendenten Urgrund der Welt, vgl. S. 188). Kontingenzerfahrungen machen dem Menschen bewusst, sich an nichts Innerweltlichem „festhalten" zu können.

gehen oftmals mit der **Erfahrung von Kontingenz** einher, d. h. der Erfahrung der prinzipiellen Offenheit und Ungewissheit menschlicher Existenz – beispielsweise durch das Erleben von Abschied, Scheitern oder Tod. Hier reichen immanente (innerweltliche) Antworten nicht mehr aus – weshalb der Mensch nach dem „großen Ganzen" fragt. Die religiösen Bedürfnisse, die sich daraus ergeben, gehen weit über alltägliche Bedürfnisse hinaus.

Die folgende Übersicht stellt eine Verknüpfung von Kants Grundfragen sowie exemplarischen Sehnsüchten und **existenziellen Grenzerfahrungen** dar, wie sie im Leben jedes Menschen auftreten:

Grenzerfahrungen	Sehnsüchte	Kants Grundfragen
• Beschleunigung des wissenschaftlichen Fortschritts • geringe Halbwertszeit traditionellen Wissens • begrenztes Erkenntnisvermögen	• rationale Sicherheit • Souveränität im Umgang mit unbegrenztem Wissen • Überschreiten der Grenzen menschlicher Erkenntnis	**Was kann ich wissen?**
• Fehlentscheidungen • moralische Zwickmühlen • Wertekollision	• klare Analyse • sicheres Urteil • entschiedenes Handeln	**Was soll ich tun?**
• Sinn-/Perspektivlosigkeit • Frustration • Leiden und Tod	• sinnstiftende Lebensziele • ermutigende Verheißungen	**Was darf ich hoffen?**
• Geburt und Tod • Krankheit • Scheitern und Krisen • Schuld	• individuelle Identität • Selbstbewusstsein • Zugehörigkeit zur Schöpfung • Verhältnis zur Transzendenz	**Was ist der Mensch?**

Die Wirkung existenzieller Grenzerfahrungen

Damit der Mensch sich solchen Fragen wirklich stellen kann, braucht er **Distanz vom Alltag** sowie ein Umfeld, das Besinnung und Orientierung ermöglicht. Immer mehr Menschen finden diese Bedingungen z. B. im „Kloster auf Zeit". Daneben stellen Literatur, Kunst und Musik, aber auch viele andere Formen von Kreativität sowie Sport wertvolle Katalysatoren dar, um individuelle Antworten auf existenzielle Grundfragen zu finden. Entscheidend hierfür ist immer der **Austausch mit anderen** und nicht zuletzt die **Begegnung mit sich selbst und vor allem mit Gott** in **Gebet und Meditation.**

info

Meditation (lat. *meditari* = „nachdenken/überlegen") ist eine spirituelle Technik, die in verschiedensten Kulturkreisen und Religionen Anwendung findet. Durch die Konzentration auf den Körper oder auch auf Texte (wie z. B. Gebete) wird der Geist beruhigt und geschult. Im christlichen Kontext sind die auf Ignatius von Loyola (1491–1556), Gründer des Jesuiten-Ordens, zurückgehenden „Geistlichen Exerzitien" besonders bekannt.

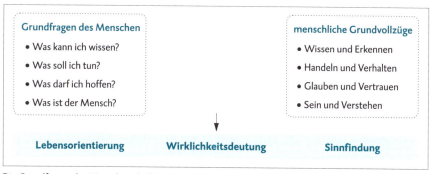

Die Grundfragen des Menschen als Kern seiner Religiosität

1.4 Aspekte eines grundlegenden Religionsverständnisses

Es ist hilfreich, bei einer Diskussion über religiöse Themen zunächst zu fragen, was sich hinter dem vielschichtigen Begriff „Religion" eigentlich verbirgt:

> „Der Begriff Religion kann irritieren. Er kann leicht vortäuschen, man könne die oft verwirrende und widersprüchliche Vielfalt der Religionen gleichsam in einer Definition ausreichend zusammenfassen. Ursprünglich bezog sich der Begriff Religion auf den Vollzug religiöser Überzeugungen, auf eine bestimmte Praxis und auch auf die Sorge um die Bewahrung des überkommenen Glaubens. In der Neuzeit wurde der Religionsbegriff erheblich ausgeweitet und dadurch

immer abstrakter und universaler – selbst Aberglauben und Satanskulte zählten als Religion. Dadurch wurde der Religionsbegriff immer inhaltsleerer und weniger brauchbar für die Beschreibung der gelebten Religion."[3]
Kardinal Karl Lehmann

Etymologie des Wortes „Religion"

Die sprachliche Herleitung von „Religion" ist umstritten. In der Forschung finden sich vor allem zwei Erklärungsversuche. Demnach geht „religio" auf einen dieser beiden Begriffe zurück:

- **Religari** (lat. „sich anbinden, sich festhalten, sich zurückbinden an Gott"). Religion stünde dann für „Gottesfurcht". Der Begründer dieser Herleitung war Lucius Caecilius Firmianus, kurz **Laktanz** (ca. 250–320), in seinen „Divinae institutiones". Er verstand Religion als **innere Haltung des Menschen:** „Denn unter der Bedingung werden wir gezeugt, dass wir dem Gott, der uns hervorbringt, den gebührenden und geschuldeten Gehorsam erweisen, dass wir nur ihn kennen, nur ihm folgen. Durch dieses Band der Frömmigkeit sind wir Gott verpflichtet und an ihn gebunden (religati sumus): Von da hat ja die Religion (religio) selbst ihren Namen erhalten, nicht von ‚relegere', wie Cicero es gedeutet hat" (IV, 28).

- **Relegere** (lat. für „immer wieder durchgehen, sorgfältig, und wiederholt bedenken, nachdenklich sein angesichts einer wichtigen Sache"). Religion stünde demnach für eine „sorgfältige, achtsame Vergegenwärtigung, Beachtung". **Marcus Tullius Cicero** (106–43) verwendet „Religion" in „De natura deorum" in diesem Sinn und hebt damit den Aspekt der wiederholten **Kultausübung als Mitte religiösen Handelns** hervor: „Diejenigen nämlich, die tagtäglich beteten und opferten, dass ihre Kinder am Leben blieben (superstites), sind Abergläubische (superstitiosi) genannt worden. Umgekehrt hat man diejenigen, die alles, was zur Verehrung der Götter gehört, sorgfältig beobachteten und gewissermaßen immer wieder überlasen (relegerent), ‚religiös' genannt, eben vom ‚Überlesen' (relegere)" (II,72).

Zwei Aspekte des Religionsbegriffs werden also schon früh betont:

- der **Bezug des Menschen zum Göttlichen**,
- die Relevanz dieser Haltung für die **Lebenspraxis** des Menschen.

---

[3] Karl Kardinal Lehmann: Notwendigkeit, Risiken und Kriterien für den interreligiösen Dialog heute und in Zukunft. Abschlussvortrag seiner Stiftungsprofessur an der Johannes-Gutenberg-Universität Mainz im Jahr 2009 (Quelle: http://www.bistummainz.de/bistum/bistum/kardinal/texte/texte_2009/Notwendigkeit.html).

	Substanzieller Religionsbegriff	Funktionaler Religionsbegriff
Begründer	Laktanz	Cicero
Herleitung	Religari (sich zurückbinden)	Relegere (wiederholt bedenken)
Definition	Religion als innere Haltung der Bindung an Gott	Religion als beständige Kultausübung
Fokus	Transzendenzbezug	Schutzfunktion

Die Herkunft des Religionsbegriffes

Man unterscheidet demnach einen **substanziellen** (auf das Wesen der Religion bezogenen) **Religionsbegriff**, der den Bezug zu Gott fokussiert, von einem **funktionalen** (auf die Funktion bezogenen) **Religionsbegriff**, der die praktische Relevanz religiöser Haltungen/Handlungen thematisiert (z. B. Trost bei Leid, Schuld, Tod usw.). Die Religionswissenschaft kennt zudem den **phänomenologischen Religionsbegriff**, der sich auf äußerlich wahrnehmbare Erscheinungsweisen des Religiösen (z. B. Gebetsformen, Gottesdienste) bezieht.

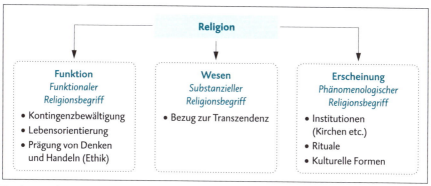

Die drei Aspekte von „Religion"

Klassische neuzeitliche Definitionen von Religion

Alle drei Aspekte finden sich in unterschiedlicher Gewichtung auch in klassischen neuzeitlichen Definitionen wieder:

- „Das Wesen der Religion besteht im ‚Gefühl der schlechthinnigen [d. i. absoluten] Abhängigkeit'. Religion ist Sinn und Geschmack fürs Unendliche."
  Friedrich Schleiermacher, protestantischer Theologe, 1768–1834

- „Der Mensch macht die Religion, die Religion macht nicht den Menschen. […] Die Religion ist der Seufzer der bedrängten Kreatur, das Gemüt einer herzlosen Welt, wie sie der Geist geistloser Zustände ist. Sie ist das Opium des Volks." *Karl Marx, deutscher Philosoph, 1818–1883*

- „Die Religionen sind Ausdruck des ewigen und unzerstörbaren metaphysischen Bedürfnisses der Menschennatur."
  Jacob Burckhardt, schweizer Kulturhistoriker, 1818–1897
- „Religion ist erlebnishafte Begegnung mit dem Heiligen und antwortendes Handeln des vom Heiligen bestimmten Menschen."
  Gustav Mensching, protestantischer Theologe, 1901–1978
- „Religion ist ein solidarisches System von Glaubensvorstellungen und Haltungen, bezogen auf sakrale Dinge. Diese Vorstellungen und Handlungen vereinen in einer moralischen Gesellschaft, genannt Kirche, alle diejenigen, die ihr anhängen." *Émile Durkheim, französischer Ethnologe und Soziologe, 1858–1917*
- „Die Religionen und Mythen sind, ebenso wie die Dichtung, ein Versuch der Menschheit, eben jene Unsagbarkeit in Bildern auszudrücken, die Ihr vergeblich ins flach Rationale zu übersetzen versucht."
  Hermann Hesse, deutschsprachiger Schriftsteller, 1877–1962
- „Religion ist im weitesten und tiefsten Sinne das, was uns unbedingt angeht." *Paul Tillich, protestantischer Theologe, 1886–1965*
- „Religion ist die soziale Chiffrierung des Kontingenten und Unbestimmbaren." *Niklas Luhmann, deutscher Soziologe, 1927–1998*
- „Religion ist die Kultur der Symbolisierung letzter Sinnhorizonte in der alltagsweltlichen Lebensorientierung."
  Wilhelm Gräb, protestantischer Theologe, geb. 1948

Problematik eines einheitlichen Religionsbegriffs

Es gibt keine wissenschaftlich anerkannte, allgemeingültige Definition des Begriffs „Religion". Hierfür gibt es folgende Gründe:
- Die **Abgrenzung von Religiosität und Religion** ist schwierig. Manche Definitionen gehen von der inneren Haltung des Menschen aus und vermischen sie mit den Formen religiöser Praxis, die dieser Haltung entsprechen.
- Religiöse Grundfragen und Sehnsüchte sind immer offen für das **Übernatürliche, Unerklärliche**. Für die Beziehung zum „Unerklärlichen" jedoch eindeutige Definitionen zu finden ist problematisch – lässt sich doch der Gegenstand dieser Beziehung naturgemäß nicht klar eingrenzen.
- Die dem abstrakten Begriff „Religion" konkret entsprechenden **kulturellen Phänomene** (z. B. Höhlenmalereien, Musik oder religiöse Zeremonien) sind oft sehr alt und vielschichtig. Daher sind sie zu heterogen, um in einer einheitlichen Beschreibung erfasst werden zu können. Im Zeitalter der Individualisierung und Pluralisierung verschärft sich dieser Umstand noch.

- Die **Bezugspunkte** religiöser Haltungen unterscheiden sich fundamental; das Spektrum reicht von immanenten Sinnangeboten (z. B. Ideologien) über pantheistische (Verehrung Gottes in den Dingen der Welt), monotheistische (Verehrung *eines* Gottes) bis hin zu polytheistischen Verehrungsobjekten (Anbetung mehrerer Götter oder anderer Wesen wie Geister etc.).
- Auch die **Wirkung** von Religionen kann höchst unterschiedlich sein. Sie ist in der Regel auch so individuell, dass sich daraus kein umfassender Religionsbegriff ergibt. Wie fühlt sich z. B. nach Paul Tillichs Religionsverständnis die Ergriffenheit von dem, was den Menschen unbedingt angeht, an?
- (Religions-)soziologische Definitionen erfassen nur jene Aspekte von Religion, die sich in entsprechende **gesellschaftswissenschaftliche Kategorien** einbinden lassen, z. B. Institutionen, Rituale oder Bekenntnisse.
- **Theologische oder religionskritische Definitionen** sind nicht wertneutral. Vielmehr wollen sie entweder den eigenen Glauben als die einzig gültige Form wahrer Religion bestimmen, z. B. Religion als „erlösende Beziehung zu Gott" (Max Seckler), oder ein Zerrbild der Religion zeichnen, z. B. Religion als „Opium des Volkes" (Karl Marx).

Kernelemente eines Religionsbegriffs

Trotz dieser Schwierigkeiten zeigen sich einige **verbindende Elemente**, mit denen sich religiöse Wirklichkeiten als solche bestimmen und von anderen Sinnsystemen (z. B. immanenten Ideologien) abgrenzen lassen:

- Bezug zur **Transzendenz** (substanzieller Religionsbegriff),
- Funktion der **Kontingenzbewältigung**, Lebensorientierung, Sinngebung und Weltdeutung (funktionaler Religionsbegriff),
- Prägung des menschlichen **Denkens**, **Handelns** und **Verhaltens** (Ethik) (funktionaler Religionsbegriff),
- Ausdruck in zeitgemäßen **kulturellen Formen** (Architektur, Kunst, Literatur, Musik u. a.) als **Interaktion zwischen Religion und Kultur** (phänomenologischer Religionsbegriff),
- Trend zu **Institutionalisierung** und **Ritualisierung** religiösen Handelns, z. B. durch Gottesdienste (phänomenologischer Religionsbegriff).

Grundfunktionen von Religion

Religion ist als Antwortversuch auf menschliche Grundfragen immer zweckgebunden (funktionaler Religionsbegriff). Trotz aller Unterschiede zeigen sich in der Religionsgeschichte folgende **wesentliche Funktionen von Religion:**

- **Identitätsstiftung:** Jede Religion weist ein explizites oder implizites Menschenbild auf, aus dem sich Impulse für Identitätsbildung und Persönlichkeitsentwicklung der Gläubigen ergeben.
- **Kontingenzbewältigung:** Angesichts der Fehlbarkeit und Begrenztheit des Menschen, vor allem aber hinsichtlich des Todes gibt die Religion Hilfestellung im Umgang mit existenziellen Grunderfahrungen.
- **Weltdeutung:** Religion ist immer verbunden mit einer Interpretation der Welt hinsichtlich ihres Ursprungs, ihrer Bedeutung und ihres Zieles.
- **Lebensorientierung:** Ausgehend vom jeweiligen Menschen- und Weltbild bringt die Religion ein Ethos mit sich, aus dem sich Werte, Normen und Tugenden ergeben, die menschliches Handeln leiten.
- **Stabilisierung:** Religionen tendieren zu Gemeinschaftsbildung, Ritualisierung und Strukturbildung. Dadurch sorgen sie für ein Gefühl der Sicherheit bei den Mitgliedern und für eine Ordnung des Zusammenlebens.

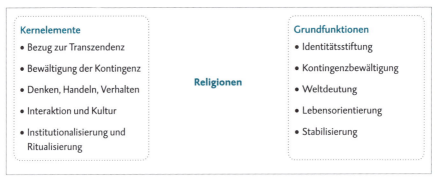

Kernelemente und Grundfunktionen der Religion

2 Religiöse Vielgestaltigkeit in der offenen Gesellschaft

Unsere postmoderne Gesellschaft zeichnet sich durch Pluralität und Relativität in Bezug auf weltanschauliche Grundüberzeugungen aus. Vor allem **im religiösen Bereich** gibt es eine **Vielfalt von Gemeinschaften und Strömungen**, die kaum mehr zu überblicken ist. Globalisierung und Beschleunigung des Lebensalltags verleihen diesem Phänomen zusätzliche Bedeutung. „Wir haben eine weit ausdifferenzierte Religionskultur mit einer wahnsinnigen Dynamik"[4], diagnostiziert Andrew Schäfer, Sektenbeauftragter der evan-

---

4 Quelle: http://www1.wdr.de/themen/kultur/religion/christentum/sonstigechristen100.html.

gelischen Kirche im Rheinland. Diese Situation ist auch eine **Folge von Religionsfreiheit und Säkularisierung** als Erbe der Aufklärung. Für den Einzelnen bedeutet dies eine große **Herausforderung**, da er gezwungen ist, sich in Freiheit für einen **eigenen Standpunkt** zu entscheiden und gleichzeitig Vertretern anderer religiöser Haltungen **tolerant** zu begegnen. Aber auch die christlichen Kirchen sind gefordert – im Bezug auf die **Ökumene** und den **interreligiösen Dialog**.

> **In diesem Kapitel lernen Sie ...**
>
> - Religionen und religiöse Strömungen unserer Zeit und Gesellschaft im Überblick darzustellen,
> - Religionsfreiheit und Säkularisierung als Erbe der Aufklärung zu erläutern,
> - den religiösen Wahrheitsanspruch (des Christentums) bei gleichzeitiger Toleranz als Herausforderung für Ökumene und interreligiösen Dialog zu skizzieren.

2.1 Religionen und religiöse Strömungen im Überblick

Religionsgemeinschaften in Deutschland

Der Religionswissenschaftliche Medien- und Informationsdienst REMID bietet die aktuellste und umfassendste Übersicht zu den Religionsgemeinschaften in Deutschland. Für das Jahr 2011 ergibt sich folgende prozentuale Verteilung der Religionsgemeinschaften auf eine Bevölkerung von 81,7 Mio. Menschen:

Mio.	Religion/Gemeinschaft	Prozent
24,5	Römisch-katholische Kirche	30,0
23,6	Evangelische Landeskirchen	28,9
1,5	Freikirchen/Sondergemeinschaften	1,8
1,48	Orthodoxe/orientalische Kirchen	1,8
0,11	Jüdische Gemeinden	0,1
4,0	Islam	4,9
0,12	Hinduisten	0,1
0,27	Buddhisten	0,3
1,0	Neue Religionen/Esoterik	1,2
25,1	Konfessionslos/keine Zuordnung	30,7
81,7	Summe	100,0

Religions- und Weltanschauungsgemeinschaften in Deutschland (2011)

Aus den Daten lassen sich folgende Beobachtungen zur aktuellen religiösen Situation anstellen:

- Die evangelischen Landeskirchen, die römisch-katholische Kirche sowie die Kategorie „Konfessionslos" nehmen etwa gleich große Anteile von jeweils ca. 30 % ein. Jedoch ist **Deutschland hinsichtlich der Kirchlichkeit gespalten:** Im Westen sind knapp drei Viertel der Menschen Mitglied in der evangelischen und katholischen Kirche, in Ostdeutschland nicht einmal jeder fünfte.
- Außerhalb der Volkskirchen (einschließlich der orthodoxen/unierten, d. h. in Glaubensgemeinschaft mit der römischen Kirche stehenden Ostkirchen) gibt es **christliche Freikirchen** (etwa Baptisten, Pfingstgemeinden) und sog. Sondergemeinschaften (etwa Zeugen Jehovas, Mormonen), insgesamt rund 75 Gemeinschaften, die nicht einmal 2 % ausmachen. Dennoch prägen sie die Wahrnehmung des Religiösen, z. B. in den Medien.
- Die **jüdischen Gemeinden** haben zwar nur einen Anteil von 0,1 %, spielen aber aufgrund der religionsgeschichtlichen Relevanz des Judentums für das Abendland und wegen des Holocausts eine bedeutende Rolle.
- Der **Islam** bildet nach dem Christentum mit rund 4 Mio. Muslimen aus 41 Nationen die zweitgrößte Glaubensgemeinschaft mit einem Anteil von fast 5 %. Es gibt eine schier unüberblickbare Vielzahl innerislamischer Richtungen sowie muslimischer Organisationen und Vereine. Der Islam stellt im gesellschaftlichen Kontext eine große Herausforderung für die Integrationsleistung und kulturelle Aufgeschlossenheit der Gesellschaft dar.
- Für den **Buddhismus** lassen sich aufgrund fehlender amtlicher Registrierung und mangelndem Status als Kirche nur Schätzungen abgeben. Demnach gibt es ca. 130 000 deutsche Buddhisten, ca. 120 000 in Deutschland lebende asiatische Buddhisten und eine noch höhere Zahl von Sympathisanten. Gemeinsam machen die über 600 buddhistischen Gruppen zwar also nur einen Anteil von ca. 0,30 % aus, doch die Geisteshaltung und Deutung des menschlichen Lebens durch den Buddhismus ist für viele Menschen in Deutschland sehr anziehend.
- „**Neue Religionen/Esoterik**" sind Sammelbegriffe für Gruppierungen alternativer Spiritualität. Sie stellen ca. 1,2 % der Religionsgemeinschaften dar; man rechnet mit ca. 1 Mio. zugehörigen Menschen. Hierbei geht es um sehr individuelle religiöse und spirituelle Praktiken, die aufgrund großer Vielfalt und unterschiedlicher Ansätze kaum systematisierbar sind.

> **info**
>
> „**Katholisch**" (griech. *katholikos* = „allgemein") bezeichnet die römische Kirche in Abgrenzung zu den orthodoxen und evangelischen Kirchen; früher wurde der Begriff für die christliche Kirche im Allgemeinen verwendet. Der älteste Beleg findet sich bei Ignatius von Antiochien (35–117 n. Chr.): „Denn da, wo Jesus Christus ist, ist auch die katholische Kirche." Seit den Kirchenspaltungen streitet man darüber, in welcher der Teilkirchen die katholische Kirche zu finden sei – es könne nur eine einzige allgemeine Kirche geben. „**Evangelisch**" („zum Evangelium gehörend") wird meist synonym für protestantisch verwendet. Jedoch erheben auch die katholische und orthodoxe Kirche Anspruch darauf, „evangelisch" zu sein – wie sich auch die evangelische Kirche als „katholisch" versteht. Der Begriff „Protestanten" entstand durch die „Protestation von Speyer" (1529), mit der die Anhänger Luthers gegen eine Bevorzugung der Altgläubigen Einspruch erhoben.

Religiöse Situation und Trends in Deutschland

Der **Religionsmonitor 2013**[5] der Bertelsmann-Stiftung stellt eine statistisch abgesicherte Diagnose über die **Wechselwirkungen von Religion und Gesellschaft**; die Ergebnisse geben Auskunft darüber, welche Rolle die Religion in der Gesellschaft und welchen Einfluss gesellschaftliche Entwicklungen auf die Religiosität haben. Die Untersuchung vergleicht das gesellschaftliche Verhalten religiöser und nicht-religiöser Menschen und ermittelt den Einfluss von Religion auf die Wertebildung in unserer Zeit. Die Erhebung basiert auf den Antworten von 14 000 Menschen aus 13 Ländern auf rund 100 Fragen. Im Folgenden werden zentrale Ergebnisse für Deutschland zusammengefasst:

- Es besteht eine religiöse Kluft zwischen West- und Ostdeutschland:
    a) 22 % der Westdeutschen und 12 % der Ostdeutschen praktizieren ihre Religiosität (z. B. durch Gottesdienstbesuch oder religiöse Rituale).
    b) Im Westen glaubt jeder Zweite „ziemlich" oder „sehr" daran, dass Gott, Gottheiten oder Gottähnliches existiert – im Osten nur ca. jeder Vierte.
    c) Der Anteil der eher Gläubigen ist im Westen doppelt so hoch wie der der eher nicht Gläubigen; im Osten dagegen bezeichnen sich mehr als zwei Drittel als „wenig" oder „gar nicht gläubig".
- Für viele Menschen in Deutschland spielt die Religion im Alltag nur eine Nebenrolle; viel mehr Bedeutung kommt Familie, Freunden und Freizeit zu. Hier zeigt sich allerdings ein Generationenunterschied: Für die über 60-Jährigen ist Religion wichtiger als für die Jüngeren.

---

5 Die zentralen Ergebnisse finden sich unter www.religionsmonitor.de

- Ein Drittel der Katholiken besucht mindestens einmal monatlich einen Gottesdienst; bei den Protestanten sind dies nur 18 %. Bei den Muslimen gehen 30 % mindestens einmal im Monat in die Moschee.
- Während 90 % der Muslime ihre Religion für „eher" oder „sehr wichtig" halten, tun dies lediglich 65 % der Katholiken bzw. 58 % der Protestanten.
- In ihren Wertvorstellungen orientieren sich die Deutschen immer weniger an religiösen Autoritäten; Menschenwürde und Achtung vor dem Leben gelten weithin als humanistische Werte und werden nicht mehr auf einen religiösen Ursprung zurückgeführt.
- Typische ethisch-moralische Fragen (z. B. Schwangerschaftsabbruch, homosexuelle Ehen, Sterbehilfe) werden von den Konfessionslosen am liberalsten bewertet, obwohl auch die Protestanten und – mit etwas – Abstand die Katholiken tendenziell eine sehr großzügige Haltung zeigen; mit deutlichem Abstand sind die Muslime hier am strengsten.
- Wertevermittlung findet heute vorwiegend in Familie, Schule und Freundeskreis, aber kaum mehr in religiösen Gemeinschaften statt.
- Hinsichtlich der Wertvorstellungen sind Menschen, die auf Tradition bedacht sind, tendenziell religiöser. Haltungen wie Hilfsbereitschaft oder Solidarität stehen unabhängig von der religiösen Bindung hoch im Kurs.
- Die religiöse Situation in Deutschland ist insgesamt von Pluralität gekennzeichnet. 85 % der deutschen Bevölkerung zeigen sich für andere Religionen offen; eine Mehrheit erkennt in dieser Pluralität jedoch auch ein Potenzial für religiös-politische Konflikte. Die Toleranz der Menschen nimmt mit ihrer sozialen Situation zu.

Die religiöse Landschaft in Deutschland wird immer vielfältiger

- Die Mehrheit der Menschen befürwortet – gerade im Blick auf die religiöse Vielgestaltigkeit in der offenen Gesellschaft – eine klare Trennung von Religion und Politik.
- Religiöse Bindungen führen zu einem größeren sozialen Engagement und haben positiven Einfluss auf den Zusammenhalt der Gesellschaft.

Tradierungskrise oder Wiederkehr der Religion?

Mit dem markanten Rückgang kirchlicher Religiosität seit den 50er-Jahren wurde verstärkt die sog. **„Tradierungskrise des Glaubens"** diskutiert. Vertreter dieser These stellen einen zunehmenden **Schwund des dogmatisch fixierten Glaubens** und der religiös-kirchlichen Praxis fest und setzen dies mit einer **wachsenden Distanz der Menschen zu Religiosität, Religion und Glaube** insgesamt gleich.

Zweifellos ist vor allem seit den 1960er-Jahren eine abnehmende Affinität zu kirchlich definierten Glaubensinhalten und volkskirchlicher Frömmigkeit zu beobachten. Insbesondere der Rückgang der Teilnehmer am regelmäßigen Sonntagsgottesdienst und am Sakramentenempfang (v. a. der Beichte) sowie die mehrheitliche Ablehnung vorgeschriebener Glaubensinhalte (z. B. der Auferstehung) werden als Indikatoren für eine **Glaubens-, ja Gotteskrise** an sich gesehen.

> **info**
>
> **Dogmatik** (griech. *dogma* = „Meinung/Lehrsatz") ist neben der Ethik (Sozialethik und Moraltheologie), der Philosophie und der Fundamentaltheologie eine Disziplin der systematischen Theologie. Sie widmet sich der Auslegung von Glaubenssätzen in systematischer und historischer (Dogmengeschichte) Hinsicht. Zentrale Untersuchungsgegenstände sind die Lehren von Gott, Offenbarung, Kirche (Ekklesiologie), Religion, Schöpfung, Mensch (Anthropologie), die Sakramente und die letzten Dinge (Eschatologie). Dabei möchte sie nicht „dogmatisch" im Sinne der umgangssprachlichen Verwendung dieses Wortes für starre, überkommene Ansichten sein, sondern flexibel auf die Situation und Bedürfnisse der Menschen eingehen, ohne dabei den festen Bezug zu den Grundüberzeugungen des Glaubens, wie er in Bibel und Tradition bezeugt ist, aufzugeben.

Aus theologischer Sicht ist die kulturpessimistische These von der Tradierungskrise vor allem hinsichtlich der Altersgruppen zwischen 18 und 60+ aus folgenden Gründen **kritisch zu hinterfragen:**

1. Es gibt **keine statische und objektiv vorgegebene Wahrheit an Glaubensinhalten und Vollzügen**. Rund 2 000 Jahre Kirchengeschichte zeigen sowohl in der Dogmatik als auch in der religiösen Praxis des Christentums eine enorme **Entwicklungsdynamik und Pluralität**. Glaube ist kein Staffelstab, der unverändert weitergereicht wird. In der Tradition des Christentums haben immer auch geistige, kulturelle, politische und wirtschaftliche Rahmenbedingungen eine große Rolle gespielt.

2. Ein statistisch verifizierter Rückgang religiöser Einstellungen oder Praktiken muss nicht von vorneherein zugleich Indikator einer Krise sein. Einer zahlenmäßig negativen Entwicklung kann auch eine **bewusstere, reifere und reflektiertere Religiosität** entsprechen, die sich z. B. in einem durchdachten Atheismus oder bewusst alternativen religiösen Formen zeigt. Die historische Entwicklung des Christentums von einer religiösen Sekte zur Weltreligion war von jeher ein sehr vielschichtiger, differenzierter und von vielen Brüchen, Kämpfen und Verlusten gekennzeichneter Prozess. Der endgültige Kanon des Neuen Testaments kristallisierte sich beispielsweise erst Ende des 4. Jh. n. Chr. heraus, das Glaubensbekenntnis in seiner heutigen Fassung wurde erst 451 kodifiziert. Dies macht deutlich, dass Fortentwicklung, Krise, Verlust und Wandel zur Geschichte des religiösen Lebens und religiöser Institutionen wesentlich dazugehören.

3. Einige Befunde des Religionsmonitors von 2008[6] über die Altersgruppen von 18 bis 60+ lassen für die Zukunft **keineswegs eine durchgehend abnehmende religiöse Haltung und Praxis** befürchten:
    - In der Altersgruppe von 18 bis 49 Jahren gibt es ein immerhin gleichbleibend geringes Interesse an religiösen Fragen.
    - Der Glaube an Gott bzw. an ein Weiterleben nach dem Tod ist unter den 18- bis 29-Jährigen mit 41 % so hoch wie in keiner anderen Altersgruppe; bei den Menschen im Alter von 60 Jahren und mehr besteht nur 34 % Zustimmung zu diesen Glaubensaussagen.
    - In keiner Altersgruppe werden starke religiöse Erfahrungen gemacht, sodass man keine dementsprechenden Prognosen über zunehmende oder abnehmende religiöse Offenheit oder Praxis treffen kann.
    - Von den 18- bis 29-Jährigen geben sogar etwas mehr eine regelmäßige Teilnahme an Gottesdiensten und Ritualen an als in der Generation ihrer Eltern.

---

6 Bertelsmann Stiftung (Hrsg.): Religionsmonitor 2008, Gütersloh[2] 2008

- Der Glaube an einen persönlichen Gott ist in der Altersgruppe von 18 bis 59 Jahren mit rund 35 % über alle Jahrgänge hinweg gleich intensiv gegeben.
- Die Bedeutung des Auferstehungsglaubens für die Sinnhaftigkeit des Lebens wird in den Altersgruppen von 18 bis 29, 30 bis 39, 40 bis 49 sowie von 60 Jahren und mehr mit rund 40 % etwa gleich stark angenommen; lediglich die 50- bis 59-Jährigen zeigen mit 31 % eine geringere Zustimmung.

Die These von der Tradierungskrise ist also mit großer Vorsicht zu betrachten. Sie erscheint ebenso missverständlich wie die Rede von der „Renaissance der Religion" oder der „Wiederkehr der Religion", wie sie von manchen Religionswissenschaftlern oder Theologen (z. B. Friedrich Wilhelm Graf) vertreten wird. Es empfiehlt sich vielmehr, signifikante Veränderungen religiöser Haltungen und Praktiken möglichst analytisch zu beschreiben und nicht im Kontext einer Wertung oder Gewinn-Verlust-Rechnung zu interpretieren. Folgende **Trends** scheinen allerdings weitgehend anerkannt zu sein:

- **Bedeutungsverlust institutionalisierter Religiosität**,
- Bedeutungsgewinn neuer Formen **„unsichtbarer Religion"** (Thomas Luckmann),
- zunehmende Zahl von **„Religionskomponisten"** (Paul Zulehner) vor dem Hintergrund der Individualisierung; Folge ist die **„Patchwork-Religiosität"** als Normalform, bei der sich die persönliche Religiosität aus verschiedensten religionsgeschichtlichen Quellen speist (z. B. wird der Glaube an Jesus Christus mit dem Glauben an die Wiedergeburt kombiniert).

Die religiöse Vielgestaltigkeit unserer offenen Gesellschaft ist im Wesentlichen eine unmittelbare Folge geistesgeschichtlicher Entwicklungen, die sich insbesondere infolge der **Aufklärung** ergeben haben. Ihre Wurzeln liegen jedoch auch im Christentum und im antiken Humanismus.

2.2 Religionsfreiheit und Säkularisierung als Erbe der Aufklärung

Aufklärung

Die Ideen der Aufklärung führten zu einer **kritischen Neubestimmung des Verhältnisses von Individuum und Staat, von Religion und Gesellschaft**. Hintergrund hierfür war die jahrhundertelange Verbindung von Imperium und Sacerdotium, die erstmals mit der konfessionellen Spaltung durch die Reformation, dem Augsburger Religionsfrieden (1555) – „Cuius regio, eius religio" –

und dem Westfälischen Frieden (1648) aufgebrochen wurde. Die christliche Religion mit ihrer Monopolstellung hatte bis dahin über gut 1 000 Jahre alle Lebensbereiche geprägt und das Leben des einzelnen Menschen bestimmt; zugleich war die persönliche Religiosität in der öffentlichen Religion aufgegangen. Erst mit der Reformation erhielt der einzelne Mensch als das Subjekt religiöser Praxis besondere Aufmerksamkeit, indem Luther die Kernfrage stellte: „Wie bekomme ich einen gnädigen Gott?" Daran konnte die Aufklärung anknüpfen, deren zentrale Inhalte die **Selbstbestimmung des Individuums** bzw. die **Befreiung von Fremdbestimmung** waren. Klassisch geworden ist die Definition der Aufklärung von Immanuel Kant:

> „Aufklärung ist der Ausgang des Menschen aus seiner selbstverschuldeten Unmündigkeit. Unmündigkeit ist das Unvermögen, sich seines Verstandes ohne Leitung eines anderen zu bedienen. Selbstverschuldet ist diese Unmündigkeit, wenn die Ursache derselben nicht am Mangel des Verstandes, sondern der Entschließung und des Mutes liegt, sich seiner ohne Leitung eines anderen zu bedienen. Sapere aude! Habe Mut, dich deines eigenen Verstandes zu bedienen! ist also der Wahlspruch der Aufklärung."[7]
> *Immanuel Kant, Beantwortung der Frage: Was ist Aufklärung?*

Religionsfreiheit

Die Aufklärung bildete den geistigen Hintergrund für die Etablierung wesentlicher demokratischer Elemente in den westlichen Gesellschaften. So wurde in dieser Epoche die Legitimation von Grund- und Menschenrechten vorbereitet, auch wenn diese erst nach und nach Eingang in die Verfassungen der Staaten fanden. Die **Religionsfreiheit** ist ein solches **Grund- und Menschenrecht**; sie findet sich in Artikel 18 der „Allgemeinen Erklärung der Menschenrechte" der Vereinten Nationen (UNO) und in Artikel 4 des Grundgesetzes der Bundesrepublik Deutschland. Religionsfreiheit wird stets in enger Verbindung mit **Glaubens- und Gewissensfreiheit** genannt.

Der Begriff der Religionsfreiheit erscheint in zwei Formen:
- **Positive Religionsfreiheit** (Freiheit *zu* Religion) meint die Freiheit eines Menschen, eine Religionsgemeinschaft jederzeit zu gründen oder sich ihr anzuschließen und an kultischen Handlungen, Feierlichkeiten oder sonstigen religiösen Praktiken in Selbstbestimmung teilzunehmen **(Kultusfreiheit)**. Dies schließt auch die Freiheit ein, die persönlichen religiösen oder weltanschaulichen Überzeugungen in der Öffentlichkeit zu vertreten, sowie

---

[7] Kant, Immanuel, Beantwortung der Frage „Was ist Aufklärung?", in: Berlinische Monatsschrift 2 (1784), S. 418–494.

das Recht, Eidesformeln in einer religiös bzw. weltanschaulich geprägten Form abzulegen.
- **Negative Religionsfreiheit** (Freiheit *von* Religion) ist die Freiheit eines Menschen, zu keiner oder keiner bestimmten Religionsgemeinschaft zu gehören bzw. eine solche verlassen zu können und auch nicht zur Teilnahme an kultischen Handlungen, Feierlichkeiten oder sonstigen religiösen Praktiken gezwungen oder genötigt zu werden. Dazu gehört auch die Freiheit, die persönlichen religiösen oder weltanschaulichen Überzeugungen nicht zu offenbaren, wie auch das Recht, Eidesformeln in einer religiös bzw. weltanschaulich neutralen Form abzulegen.

Säkularisierung

Mit der Aufklärung begann die **Loslösung** von Bildung, Kultur, Politik, Wirtschaft und Wissenschaft **aus der allgegenwärtigen Dominanz des Christentums**. Diese Bereiche gewannen daher zunehmend an Selbstständigkeit. Im selben Maße bildete sich auch die institutionalisierte Religion zu einem eigenen Sektor heraus, dessen Prinzipien und Ideale nicht unbedingt immer im Einklang mit denen anderer Teilsysteme standen. So entwickelte sich beispielsweise im Kontext von Rationalismus und Empirismus (vgl. S. 134) ein zunehmender **Gegensatz zwischen Wissenschaft und Glaube**. Die **Entmonopolisierung der Religion** als umfassendes Sinnsystem mit Absolutheitsanspruch bis in den Lebensalltag des Einzelnen hinein hatte zur Folge, dass sich **alternative und teils konträre Sinnsysteme** etablieren konnten.

> **info**
>
> **Säkularisierung** (lat. *saeculum* = „Zeit/Zeitalter/Jahrhundert"; im Kirchenlatein verwendet für die „zeitliche Welt" im Gegensatz zur „Ewigkeit") bezeichnet den Trend zur Verweltlichung, dessen entscheidende Impulse von Humanismus und Aufklärung ausgegangen sind. Diese geistigen Strömungen zielten auf die Lösung der früheren Bindungen fast aller Lebensbereiche an Glaube, Kirche und Religion und gründeten ihre Weltsicht sowie Lebensgestaltung auf die menschliche Vernunft und Selbstbestimmung. Ein verwandter Begriff wäre „Entchristlichung".

Für einen Teil der Religionssoziologen hat die fortdauernde Säkularisierung zur Folge, dass sich die Gesellschaft in einem Prozess zunehmender **Entkirchlichung** und **Entchristlichung** vieler Lebensbereiche befindet. Die christliche Religion verliert ihren determinierenden Einfluss auf Gesellschaft und Individuum. Gegner der Säkularisierungsthese weisen allerdings darauf hin, dass der

Bedeutungsverlust institutionalisierter Religiosität nicht zu einer Verweltlichung führt, insofern **neue religiöse Phänomene und Strömungen** auftreten. Säkularisierung meint nicht das Verschwinden von Religiosität und religiösen Phänomenen, sondern die **Relativierung und teilweise Ablösung institutionalisierter Religionen** als bestimmender Definitionsmächte für Sinnfragen und ethische Orientierung.

2.3 Religion und religiöse Symbole im öffentlichen Raum

Der weltanschaulich neutrale Staat gewährt Religionsfreiheit und ermöglicht Anhängern unterschiedlicher Religionen, ihre Symbole zu zeigen und ihre Kulte zu praktizieren. So erweist sich insbesondere die **offene Gesellschaft als Garant für Pluralität und Toleranz**. Dennoch kommt es immer wieder zu **Diskussionen über die Grenzen der Religionsfreiheit** und über das Verhältnis von Staat und Kirche. Als besonders markante Beispiele solcher Debatten seien die folgenden genannt:

- Seit 2006 ist in Berlin **Ethik anstelle von Religionslehre ordentliches Lehrfach**, während Religionsunterricht zusätzlich freiwillig besucht werden kann. Argumentiert wird mit der Notwendigkeit, Schülerinnen und Schüler unterschiedlicher Herkunft, Kultur und Religion in einer pluralen Stadt wie Berlin zusammenzubringen und in den Grundwerten einer freiheitlich-demokratischen Gesellschaft zu unterrichten. Das Volksbegehren „Pro Reli" (2009) zielte dagegen auf die Einführung einer nach Konfessionen getrennten Wahlpflichtfächergruppe Religion/Ethik, scheiterte jedoch. Kern der Diskussion war die Frage, ob es zur Vermittlung von Toleranz einen religiösen Standpunkt braucht oder ob dieser hinderlich ist.

- Nach dem sog. **Kruzifix-Urteil** (2009) des Europäischen Gerichtshofs für Menschenrechte (EGMR) in Straßburg verletzt die Anbringung eines Kreuzes im Klassenzimmer öffentlicher Schulen die Religionsfreiheit und führt zu einer illegitimen christlichen Einwirkung auf die Schülerschaft. Die Bewertung des Urteils reichte von „Manifestation eines aggressiven Säkularismus" (Kardinal Walter Kasper) bis hin zu „Ausdruck wohlverstandener Toleranz und einer zutiefst europäischen Gesinnung" (Kommentar von Tanjev Schultz in der „Süddeutschen Zeitung" vom 4. November 2009). Gegner dieses Urteils führten ins Feld, dass das Kreuz neben seiner religiösen Ausdruckskraft auch ein kulturelles und überreligiöses Symbol für Humanität und Barmherzigkeit sei.

- Der **Bau von Moscheen** ist immer wieder Gegenstand von Debatten über die Grenzen der multireligiösen Gesellschaft. An der Höhe der Minarette entzünden sich Diskussionen über den Geltungsanspruch des Islam im Vergleich zum Christentum. Dabei geht es um das Verhältnis des Christentums als kulturprägender Kraft Europas zum Islam als Weltreligion mit zunehmender Präsenz im öffentlichen Raum.

- Im sog. **Kopftuchstreit** wird diskutiert, ob es insbesondere Staatsbediensteten (z. B. Lehrkräften) gestattet sein soll, das Kopftuch als religiöses Symbol zu tragen, da es von manchen auch als politisches Symbol verstanden wird, das sich gegen die freiheitlich-demokratische Grundordnung richtet. Positive Religionsfreiheit und demokratische Verfassungen könnten als Gegensatz betrachtet werden, wenn sich die Glaubensinhalte der Religion, zu der sich die Trägerin des Kopftuches bekennt, nicht mit den Grund- und Menschenrechten decken, z. B. was die Gleichberechtigung der Frau betrifft.

Das Fazit lautet: Die religiöse Vielgestaltigkeit der offenen Gesellschaft erzeugt neue Spannungsfelder. Der weltanschaulich neutrale Staat kann und soll nach der Verfassung seine christlichen Wurzeln nicht verleugnen. Positive und negative Religionsfreiheit sind nicht immer in Einklang zu bringen.

2.4 Wahrheitsanspruch, Toleranz und gesellschaftliche Pluralität

Umgang mit Wahrheitsansprüchen

Es ist ein zentrales Kennzeichen von Religionen, dass ihre Deutung der Wirklichkeit mit dem Anspruch verbunden ist, wahr zu sein. Der damit verbundene Geltungsanspruch bringt in der Regel einen Widerspruch zu anderen religiösen Deutungen und Lehren mit sich. Es zeigen sich drei **Modelle des Verhältnisses zwischen religiösen Wahrheitsansprüchen**:

- Der **Exklusivismus** bezeichnet eine Haltung, die die eigene Lehre als alleingültig ansieht und anderen Positionen daher keinerlei Wahrheitsgehalt zugesteht **(Absolutheitsanspruch)**. In der Kirchengeschichte manifestierte er sich in der Formel des Cyprian von Karthago (ca. 200/210–258): „Extra ecclesiam salus non est" (Epist. 73,21) – „Außerhalb der Kirche gibt es kein Heil!" Erst im Zweiten Vatikanischen Konzil (1962–1965) erfuhr diese Aussage eine großzügigere Interpretation: Auch Menschen, die ohne Schuld außerhalb der Kirche ihren Weg des Gewissens gehen, können den Willen Gottes erfüllen und damit Anteil am Heil bekommen.

Nach dem Kruzifix-Urteil von 2009 verletzt die Anbringung eines Kreuzes im Klassenzimmer die Religionsfreiheit der Schüler

- Der **Inklusivismus** geht ebenfalls von der Überlegenheit der eigenen Lehre aus, gesteht aber auch anderen Religionen zu, einzelne Elemente von Wahrheit zu enthalten. Ein typisches Beispiel für Inklusivismus findet sich in der Erklärung „**Nostra Aetate**" (Nr. 2) des Zweiten Vatikanischen Konzils (1962–1965) über das Verhältnis zu nichtchristlichen Religionen:

  > Die katholische Kirche lehnt nichts von alledem ab, was in diesen Religionen wahr und heilig ist. Mit aufrichtigem Ernst betrachtet sie jene Handlungs- und Lebensweisen, jene Vorschriften und Lehren, die zwar in manchem von dem abweichen, was sie selber für wahr hält und lehrt, doch nicht selten einen Strahl jener Wahrheit erkennen lassen, die alle Menschen erleuchtet. Unablässig aber verkündet sie und muss sie verkündigen Christus, der ist ‚der Weg, die Wahrheit und das Leben' (Joh 14,6), in dem die Menschen die Fülle des religiösen Lebens finden, in dem Gott alles mit sich versöhnt hat.[8]

- Nach dem Modell des **Pluralismus** werden die verschiedenen religiösen Lehren als unterschiedliche, aber gleichwertige Deutungen der Wirklichkeit im Horizont der Transzendenz betrachtet. Die Wahrheit erschließt sich in einer dynamischen Suchbewegung auf dem Weg des konstruktiven Dialogs und gegenseitiger Bereicherung. Die **pluralistische Theologie** versteht die Religionen als Lerngemeinschaften, die gemeinsam nach der Wahrheit suchen und dabei ihren eigenen Glauben vertiefen.

- In der **komparativen Theologie** wird versucht, über den offenen, **interreligiösen Dialog** (vgl. S. 29) den engen Ansatz des wertenden Vergleichs zu überwinden und stattdessen auf dem Weg der Empathie und Verständigung mit den Andersgläubigen die Deutungs- und Erlösungskonzepte der verschiedenen Religionen zu verstehen und einander anzunähern.

---

[8] Quelle: http://www.vatican.va/archive/hist_councils/ii_vatican_council/documents/vat-ii_decl_19651028_nostra-aetate_ge.html.

Der Streit ums Kopftuch spaltete die Bundesrepublik

Man muss sich jedoch immer vor Augen führen, dass es keine widerspruchsfreie Möglichkeit gibt, den Wahrheitsanspruch der eigenen Religion mit der inhaltlichen Anerkennung einer anderen religiösen Heilslehre zu verbinden. Wer an Jesus Christus als Heilsbringer glaubt, kann demjenigen, der diese Überzeugung nicht teilt, nicht recht geben – das wäre in sich nicht logisch. Doch gerade in der Anerkennung der Andersartigkeit der anderen Religionen bestehen die Herausforderung und der eigentliche Kern der **Toleranz** (vgl. S. 29 f.). Daher fordern Christen zu Recht dazu auf, anderen Religionen und Überzeugungen wertschätzend zu begegnen und deren Daseinsberechtigung anzuerkennen – natürlich vor allem dann, wenn sie Elemente der christlichen Botschaft erkennen lassen, aber eben auch, wenn sie damit nicht übereinstimmen.

Ökumene

Die religiöse Vielgestaltigkeit zeigt sich bereits innerhalb des Christentums. Eine zentrale Frage betrifft daher das **Verhältnis zwischen den christlichen Konfessionen**. Auch hier geht es um die Verständigung über verschiedene Wahrheitsansprüche im Hinblick auf einen gemeinsamen Glauben. Mindestens ebenso wichtig ist die Vergewisserung über gemeinsame Wege des Glaubens in der religiösen Alltagspraxis.

info

Der Begriff **Ökumene** (griech. *oikumene* = „die ganze bewohnte Erde, der Erdkreis") bezeichnet seit dem 19. Jh. im religiös-kirchlichen Kontext das Streben der verschiedenen christlichen Kirchen, trennende Unterschiede in Glauben und kirchlicher Praxis zu überwinden und durch Wertschätzung und Anerkennung eine weltweite Einheit zu erreichen.

Als historischer Beginn der modernen ökumenischen Bewegung wird die **Weltmissionskonferenz in Edinburgh** im Jahr 1910 angesehen, die drei Grundziele verfolgte:
- gemeinsames Handeln in der Mission,
- Einheit in der Verkündigung von Jesus Christus,
- gemeinsamer Dienst an der Welt.

Die ökumenische Bewegung wird heute u. a. durch den **Ökumenischen Rat der Kirchen** vertreten, in dem die katholische Kirche jedoch nicht Mitglied ist. Er wurde 1948 gegründet; derzeit gehören ihm 349 Kirchen aus mehr als 120 Ländern an. Auch der Rat widmet sich den o. g. drei Zielen. In Deutschland ist die **Arbeitsgemeinschaft christlicher Kirchen in Deutschland e. V. (ACK)** die repräsentative Institution der ökumenischen Bewegung. Derzeit gehören 17 Kirchen als Mitglieder und vier Kirchen als Gastmitglieder zur ACK: Evangelische Kirche in Deutschland, römisch-katholische Kirche, orthodoxe Kirchen, orientalisch-orthodoxe Kirchen, evangelische Freikirchen und andere kleinere Kirchen. Hinzu kommen vier Gruppierungen / Organisationen als ständige Beobachter. Damit repräsentiert die ACK ein vielfältiges Spektrum der kirchlichen Ökumene. Ziele der ACK sind:
- Dialog, Kooperation und Verständigung zu fördern,
- die christliche Botschaft in ihrer Vielfalt und Einheit effektiv nach außen zu vertreten,
- theologische Differenzen zu erörtern, im Gespräch zu moderieren und gemeinsame Ziele zu verfolgen,
- gemeinsame Anliegen der Mitgliedskirchen bei politischen Institutionen zu vertreten,
- über ökumenische Ereignisse und Bestrebungen zu informieren und gesprächsbereit zu sein.

Die ökumenische Bewegung findet jedoch nicht nur in institutionell verfassten Gemeinschaften statt. Ebenso wichtig ist die **gelebte Ökumene** in den Familien, Pfarrgemeinden, Diözesen, Vereinen, Verbänden und überall dort, wo Menschen unterschiedlicher Konfessionen die Einheit im Glauben suchen. Über diese „Ökumene des Lebens" sagt Dorothea Sattler, seit 2009 wissenschaftliche Leiterin des Ökumenischen Arbeitskreises evangelischer und katholischer Theologen: „Sie schaut auf die gelebte Gegenwart in der Ökumene und versucht von daher einen mutigen Blick auf die Zukunft. Die Ökumene des Lebens geht davon aus, das Gottes Geist heute bereits Menschen dazu bewegt, eine Gestalt der ökumenischen Verbundenheit zu leben, in der sich die Sendung in der Nachfolge Jesu erfüllt: im diakonischen Handeln, im missionarischen Wirken, im Feiern des Glaubens."⁹

Die Repräsentanten der Konferenz Europäischer Kirchen (KEK) und des Rates der Europäischen Bischofskonferenzen (CCEE) haben sich in der gemeinsamen **„Charta Oecumenica"** (2001) in zwölf Leitlinien die Selbstverpflichtung auferlegt, die Absichtserklärungen zur ökumenischen Verständigung mit Leben zu erfüllen. Es geht vor allem um die Einheit der Kirchen, deren Zusammenarbeit und gesellschaftlichen Auftrag in Europa sowie das Verhältnis zu den anderen Religionen.

Interreligiöser Dialog

Globalisierung, Migration und Pluralisierung, aber auch religiös bedingte Konflikte sowie ein aus religiösen Motiven agierender Terrorismus machen den interreligiösen Dialog zu einer **Schlüsselstrategie für die Bemühungen um (Völker-)Verständigung und Frieden**. Auch ist die Suche nach einem überreligiösen Weltethos eine zentrale Voraussetzung für die friedliche Kooperation innerhalb der globalen Staatengemeinschaft. Das Zweite Vatikanische Konzil ruft in seiner Erklärung **„Nostra Aetate"** (vgl. S. 26) die Mitglieder der Kirche dazu auf, durch das Zeugnis des christlichen Glaubens und Lebens die religiösen, ethischen und soziokulturellen Werte anderer Religionen anzuerkennen und zu fördern, ohne deshalb den spezifischen Wahrheitsanspruch des Christentums aufzugeben. Der universale Schöpfungsglaube und das Bild vom Menschen als Ebenbild Gottes stellen die theologische Grundlage für den interreligiösen Dialog dar.

Der **Päpstliche Rat für den Interreligiösen Dialog** verfolgt seit 1964 das Ziel, mit anderen Religionen in Kontakt zu treten. Mithilfe von Symposien, Dialogveranstaltungen und Veröffentlichungen widmet er sich vor allem folgenden Aufgaben:
- gegenseitiges Verständnis, Respekt und Zusammenarbeit stärken,
- das Studium der jeweils anderen Religionen anregen,
- die Ausbildung von Personen für den interreligiösen Dialog fördern.

Toleranz

Die religiöse Heterogenität in der offenen Gesellschaft erfordert einerseits, dass sowohl die Bürger als auch die Religionen und ihre Vertreter Toleranz im Umgang mit andersartigen Bekenntnissen üben. Andererseits war der deutsche

---

9 Sattler, Dorothea: Brennpunkte des ökumenischen Dialogs. In: Trennung überwinden – Ökumene als Aufgabe der Theologie. Freiburg 2007, S. 105.

Staat in seiner Geschichte und nahezu all seinen verschiedenen Staatsformen besonders eng mit dem Christentum verbunden und ist es durch dieses Erbe noch immer. So zeigt sich in der **Spannung zwischen weltanschaulicher Neutralität und dem Bewusstsein christlicher Prägung** ein ähnliches Dilemma wie im Verhältnis religiöser Wahrheitsansprüche. Die Tugend der **Toleranz als Grundhaltung einer offenen Gesellschaft** ist ein unverzichtbares Instrument, um diese Spannung auch in heftigen Debatten auszuhalten und auf dem Weg von Dialogbereitschaft, Empathie und Wertschätzung zu tragfähigen Kompromissen zu gelangen.

Die jüdisch-christliche Grundlage der Toleranz ist die **durch die Gottebenbildlichkeit bedingte Gleichheit aller Menschen** als Geschöpfe des einen Gottes. Die Taufe auf Jesus Christus hebt alle irdischen Unterschiede auf:

> [26] Ihr seid alle durch den Glauben Söhne Gottes in Christus Jesus. [27] Denn ihr alle, die ihr auf Christus getauft seid, habt Christus (als Gewand) angelegt. [28] Es gibt nicht mehr Juden und Griechen, nicht Sklaven und Freie, nicht Mann und Frau; denn ihr alle seid ‚einer' in Christus Jesus. [29] Wenn ihr aber zu Christus gehört, dann seid ihr Abrahams Nachkommen, Erben kraft der Verheißung.
> *Gal 3,26 – 29*

info

Unter **Toleranz** (lat. *tolerare* = „erdulden") versteht man das Respektieren von Handlungen, Überzeugungen und Werten, die mit den eigenen nicht übereinstimmen. Damit ist Toleranz über die gleichgültige Haltung von Indifferenz hinaus ein bewusster Willensakt, der auf Anerkennung und Wertschätzung zielt. Toleranz zu üben bedeutet also nicht, gleichgültig zu sein, sondern im Gegenteil einen festen eigenen Standpunkt zu haben, den des anderen aber als gleichwertig zuzulassen.

Das Christentum ist daher eine Religion, zu deren Kernelementen die Toleranz gehört. Jesus selbst lebt sie uns vor, wenn er sich den Ausgegrenzten (z. B. Kranken, Prostituierten, Zöllnern) zuwendet. Der Christ lebt im Bewusstsein, dass alle Menschen Kinder Gottes und als solche anzunehmen sind.

2.5 Gesellschaftliche Rolle von Religion und Kirche

Öffentliche Präsenz der Religionen

Angesichts der Diskussionen um das Kopftuch muslimischer Lehrerinnen und das Kruzifix in deutschen Klassenzimmern verfasste der 1994 gegründete Interkulturelle Rat in Deutschland e. V. im Jahr 2004 eine gemeinsame **Erklä-**

rung zum öffentlichen Stellenwert von Religionen und geht dabei von einer sehr realitätsnahen Fragestellung aus: „Wie viel Religion verträgt unsere Gesellschaft? Wie weit dürfen, wie weit sollen die Religionsgemeinschaften sich mit ihrem Bekenntnis in der Öffentlichkeit präsentieren? […] Die Religionsgemeinschaften dürfen, ja sie sollen sich in offener Weise als Teil der freiheitlich-demokratischen Gesellschaft artikulieren. […] Die Öffentlichkeit braucht den Einsatz der Religionsgemeinschaften:

- zum Wachhalten der Sinnfragen gegen einseitige Ideologien des Konsums und des Erfolgs
- zur Fundierung der Ethik
- zur kritischen und mahnenden Begleitung von politischen Prozessen im Sinne der sozial Schwachen und Marginalisierten
- als Gewissen der Gesellschaft für ein solidarisches Miteinander der Generationen, für die Familien und die sozial Benachteiligten
- zum Eintreten für die Nichtverfügbarkeit menschlichen Lebens, besonders an seinen Grenzen
- zur Wahrnehmung sozialer und seelsorgerlicher Aufgaben
- zur Wahrung eines reichen kulturellen Erbes in Literatur, Architektur, Kunst und Musik
- zur Präsenz der Wertetraditionen, von denen unsere Gemeinschaft lebt, in der öffentlichen Erziehung
- zur Stärkung des Engagements für Gerechtigkeit, Frieden und die Bewahrung der Natur."

Dennoch gilt: „Alle Religionsgemeinschaften müssen sich jederzeit daran messen lassen, ob sie diese Funktionen in freiheitlich-demokratischer Weise wahrnehmen und sie Toleranz und Offenheit in wechselseitiger Achtung und in Achtung vor nicht religiös geprägten Menschen und Gruppen praktizieren."[10]

Der politische Auftrag der Kirche

Juden- und Christentum zeigten von Anfang an **hohe gesellschaftliche Präsenz**; die Verkündigung der Botschaft fand stets inmitten der Welt statt und bezog Themen des individuellen Lebensalltags ebenso mit ein wie gesellschaftspolitische Fragen. Ob es um die Sozialkritik bei den alttestamentlichen Propheten oder um die Kritik an Missständen in den frühchristlichen Gemeinden bei Paulus geht, die biblischen Grundlagen von Juden- und Christentum legitimieren und postulieren das **gesellschaftspolitische Engagement der Kirchen**.

---

10 Quelle: http://www.interkultureller-rat.de/wp-content/uploads/erklaerung04.pdf.

Ohne politische Absichten im Sinne von Macht oder Durchsetzung von Partikularinteressen zu verfolgen, müssen die Kirchen entsprechend ihrem Auftrag christliche Positionen in den gesellschaftlichen Diskurs einbringen und dürfen dabei auch Kontroversen nicht scheuen. Gerade in einer offenen Gesellschaft sollten sich die Kirchen ggf. auch **gegen Modetrends, herrschende Meinungen oder die Interessen einflussreicher Institutionen und Verbände** wenden, wenn christliche Grundüberzeugungen und Werte zur Disposition stehen. Als aktuelle Beispiele seien genannt:

- Fragen des Lebensschutzes vom Beginn bis zum Ende, z. B. Sterbehilfe oder Präimplantationsdiagnostik,
- die Diskussion über Gerechtigkeit auf nationaler und internationaler Ebene,
- die Suche nach nachhaltigen Konzepten für die Bewahrung der Schöpfung z. B. angesichts des Klimawandels,
- die Sicherung von Solidarität und Gemeinwohl, z. B. bei der Frage nach der Vereinbarkeit von Familie und Beruf oder Mindestlöhnen,
- die Begrenzung einer ungehemmten Wachstumsideologie,
- das Bewusstsein für die Grenzen des Leistungsprinzips, insofern es Menschen auf ihren (beruflichen) Erfolg reduziert.

Spirituelle Grundlage und Leitmotiv für die gesellschaftliche Rolle der Kirchen ist der Imperativ des Markus-Evangeliums:

> „Die Zeit ist erfüllt, das Reich Gottes ist nahe. Kehrt um, und glaubt an das Evangelium!" *Mk 1,15*

info

Als **Evangelium** (griech. *euangellion* = „Gute Nachricht /Frohe Botschaft") bezeichnet man Schriften, die Worte und Wirken Jesu zusammenfassen. Der Gattungsbegriff geht auf den Evangelisten Markus zurück. Daneben steht „Evangelium" allgemein für die Heilsbotschaft von und durch Jesus Christus. Hintergrund des Begriffs bildet u. a. dessen Verwendung im Kaiserkult (göttliche Verehrung des römischen Imperators), in dem er für die Ausrufung von Geburt und Thronbesteigung des Gottkaisers stand. Durch die Übertragung auf Jesus Christus wurde also auch eine politische Aussage gegen den Herrschaftsanspruch des römischen Kaisers getroffen.

Die Kirchen sollen sich also nicht für politische Zwecke instrumentalisieren lassen, sondern ihr **Engagement in den Dienst der christlichen Botschaft** stellen. Methodisch dürfte die berühmte Sentenz aus dem ältesten Paulusbrief hilfreich sein, die sich ursprünglich auf die prophetische Rede bezieht, heute aber auch als Mahnung zum differenzierten Urteil ohne Vorbehalte gegenüber Neuem verstanden werden kann:

> „Prüft alles und behaltet das Gute!" *1 Thess 5,21*

Und nicht zuletzt gilt die Aufforderung des Petrusbriefes, sich stets der Kernbotschaft des Christentums bewusst zu sein und diese auch zu vertreten:

> „Seid stets bereit, jedem Rede und Antwort zu stehen, der nach der Hoffnung fragt, die euch erfüllt." *1 Petr 3,15b*

3 Religiöse Optionen und persönliche Entscheidung

Die Fähigkeit zu Dialog und Toleranz ist ebenso bedeutsam wie die Kompetenz, zu einer begründeten religiösen Haltung zu finden, daraus eine eigene religiöse Identität zu entwickeln und das sinnstiftende Potenzial von Religion zu entfalten. Bei dem Versuch, sich religiös zu orientieren, einen festen Standpunkt einzunehmen und sich der Relativität und der Grenzen der eigenen Erkenntnisfähigkeit bewusst zu werden, können Kriterien für ein systematisches Vorgehen eine wertvolle Hilfe darstellen.

In diesem Kapitel lernen Sie ...

- den Menschen als „homo religiosus" zu charakterisieren,
- die Bedeutung religiöser Ausdrucksfähigkeit darzustellen und religiöse Sprachformen zu beschreiben,
- Kriterien für religiöse Orientierung, Wahrheitssuche und Grenzen des Erkennens zu erläutern.

3.1 Der Mensch als „homo religiosus"

Religiöses Verhalten könnte nach Ansicht von Religionswissenschaftlern ein (Neben-)Produkt der **Evolution** sein. So zeigen archäologische Funde, dass sich ab der Altsteinzeit (vor mehr als 120 000 Jahren) beim „homo sapiens" und dem Neandertaler Formen ritueller Bestattung von Toten nachweisen lassen, die sich im Laufe der weiteren Entwicklung ausdifferenzieren. Aus der Wahrnehmung, dass das menschliche Leben kontingent ist, erwächst im Menschen also schon früh das Bedürfnis, die existenzielle Erfahrung des Verlustes zu deuten und über Bestattungsriten zu transzendieren. Dies kann als Hinweis auf **evolutionsbiologische Grundlagen der Religiosität** verstanden werden. Das Merkmal „Religiosität" gehört damit ebenso zur Evolution und zum Wesen der menschlichen Natur wie Denken, Sprechen, Sozialverhalten etc. Dieser Befund entspricht der Beobachtung, dass sich mit der Entstehung des präfrontalen Cortex (Teil des Frontallappens der Großhirnrinde) beim Menschen die Fähigkeit zur Selbstreflexion und zur Suche nach Antworten auf die Frage nach dem Sinn seines Lebens herausgebildet hat. Zu den **Entwicklungsaufgaben** des Menschen gehört deshalb auch die **Beschäftigung mit existenziellen Sinnfragen**, wie sie in den Religionen gestellt werden.

Stonehenge in England – ein frühes Zeugnis religiöser Kultur (4. Jtsd. v. Chr.)

Religiosität ist ein **anthropologisches Wesensmerkmal**: „Ein Mensch ohne Religion ist ein Wanderer ohne Ziel, ein Fragender ohne Antwort, ein Ringender ohne Sieg und ein Sterbender ohne neues Leben" (Dom Hélder Câmara, 1909–1999, Erzbischof von Olinda und Recife). Darüber hinaus ist Religiosität analog zu z. B. musikalischen Fähigkeiten eine **genetische Anlage**, die unter den Menschen unterschiedlich verteilt und kulturell ausgeprägt ist.

Ferner belegen religionswissenschaftliche Untersuchungen[11], dass Menschen, die ihr religiöses Potenzial bewusst leben, signifikant andere Verhaltensweisen zeigen als Menschen, die es nicht abrufen:

- Die Annahme der Existenz eines übernatürlichen Wesens hat meist ein **größeres Maß an Demut und Verantwortungsbereitschaft** zur Folge.
- Strenggläubige Menschen arbeiten tendenziell **kooperativer, vertrauensvoller und verbindlicher** zusammen und wirtschaften in der Regel erfolgreicher und nachhaltiger.

---

11 Vgl. Blume, Michael: Homo religiosus, in: Geist & Gehirn 4 (2009), S. 32–41.

- **Empathie, Hilfsbereitschaft und Solidarität** wachsen mit dem Glauben an eine überirdische Instanz, der gegenüber man sein Handeln und Verhalten rechtfertigen muss.
- Religiöse Menschen gehen früher **stabile Partnerschaften** ein, die zudem dauerhafter sind, und haben deutlich mehr Nachwuchs als religiös passive Menschen mit gleichem sozioökonomischem Status.

3.2 Religiöse Ausdrucksfähigkeit und die Bedeutung religiöser Sprache

Ich-Bewusstsein, Reflexivität und Sprachfähigkeit des Menschen führen dazu, dass er seine religiösen Haltungen sprachlich-kulturell auslebt. Manifestationen des Heiligen und Transzendenten lassen sich allerdings nicht empirisch-objektiv beschreiben, denn sowohl die Erfahrungen von Kontingenz als auch v. a. das Transzendente entziehen sich einer sprachlichen Objektivierung. Daher ist religiöse Sprache auf Annäherungen und Umschreibungen angewiesen – sie ist **analog („ähnlich") und bildhaft**. Es liegt in der Natur der Sache, auch und gerade durch die analoge und bildhafte Sprache das Göttliche jedoch nie wirklich erfassen zu können. Nach der Lehre von der **„analogia entis"** (lat. „Ähnlichkeit/Verhältnismäßigkeit des Seins") kann das Transzendente zwar durch irdische Kategorien (z. B. aus der Politik: Gott als König) dargestellt werden. Dies hat jedoch zur Folge, dass die Unähnlichkeit zwischen Darstellung und Dargestelltem immer größer ist als die Ähnlichkeit. Ist man sich dessen bewusst, ist die analoge und bildhafte Sprache jedoch die einzig mögliche (positive) Form, von Gott zu sprechen.

Religiöse Sprache gibt es vor allem auch in sakramental-liturgischen Vollzügen. Sprachphilosophisch handelt es sich etwa bei den sieben Sakramenten um **performative Sprechakte** (lat. *performare* = „hervorbringen, vollziehen"): Durch diese Art des sprachlichen Vollzugs verändert sich – etwa beim Ja-Wort im Zuge der Eheschließung – die soziale Realität der am Sprechakt Beteiligten.

Das **Gebet** kann als **Hochform religiöser Sprache** gelten, da es als Werkzeug der Kommunikation des gläubigen Menschen mit der transzendenten Wirklichkeit dient und zugleich Ausdrucksmittel religiöser Inhalte ist.

Daneben bieten **Kunst, Literatur, Malerei und Musik** eine Fülle religiöser Darstellungen des Unsagbaren. Auch Kirchenbauten sind stets Ausdruck der je zeitgenössischen Glaubensvorstellung und des (nicht nur) religiösen Lebensgefühls. Von der Romanik bis zur Neuzeit spiegeln sich Sehnsüchte und Ängste, Träume und Aspekte der Alltagswelt in der sakralen Kunst wider. Heute sind auch **audiovisuelle und digitale Medien** Instrumente zum Ausdruck zeitgenössischer Religiosität, z. B. der Kirchenfunk, religiöse Sendungen und theologische Internetauftritte.

> **info**
>
> Ein **Sakrament** (lat. *sacramentum* = „Geheimnis") ist eine auf Jesus Christus zurückgehende Verbindung von einem Wort (z. B. den Einsetzungsworten des Abendmahls) und einem äußeren Zeichen bzw. einer Handlung (z. B. das Verzehren von Brot und Wein). Durch diese Verbindung wird Gottes Heil unmittelbar erfahrbar – wenn die Gläubigen die Sakramente mit der erforderlichen inneren Haltung empfangen. „Die sieben Sakramente sind die Zeichen und Werkzeuge, durch die der Heilige Geist die Gnade Christi, der das Haupt ist, der Kirche, die sein Leib ist, verbreitet." (Katechismus der Katholischen Kirche Nr. 774). Durch die sieben Sakramente werden zudem wichtige Wegstationen und existenzielle Grunderfahrungen des Lebens christlich interpretiert: **Taufe**, **Firmung**, **Eucharistie**, **Versöhnung (Beichte, Buße)**, **Ehe**, **Weihe** und **Krankensalbung**.

Eine andere Möglichkeit religiösen Sprechens ist die „**negative Theologie**". Damit bezeichnet man die Methode, auf „positive" Aussagen über die unsagbare Transzendenz (Was *ist* Gott? – Gott *ist* gut, allmächtig usw.) gänzlich zu verzichten. Man ist stattdessen der Überzeugung, sich dem Unfassbaren allein über „negative" Formulierungen angemessen nähern zu können (Was *ist* Gott *nicht*? – Gott ist *nicht* böse, ohnmächtig usw.). Das Einzige, was man mit Sicherheit bezüglich des Göttlichen feststellen könne, sei die Unangemessenheit und Unwahrheit der eingeschränkten Vorstellungskraft und Ausdrucksfähigkeit des menschlichen Geistes.

3.3 Elementare religiöse Sprachformen: Metaphern und Symbole

Charakteristisch für religiöse Sprachformen ist ihre Bildhaftigkeit. Will man sich ihrer Kernaussage nicht nur emotional, sondern auch kognitiv nähern, so muss man sie in der Regel „übersetzen". Dabei geht es darum, das verwendete Bild auf seine **konkrete inhaltliche Bedeutung** zu befragen – denn möglicherweise hat das Bild selbst überhaupt keinen unmittelbaren religiösen Bezug (man nehme z. B. die biblischen Gleichnisse). Die Schwierigkeit besteht dabei darin, dass sich Bilder oft erst durch den **historischen**, **politischen**, **kulturellen oder sozioökonomischen Kontext** ihrer Entstehung erschließen lassen. Viele Bilder des Alten und Neuen Testamentes, z. B. Gleichnisse, entstammen der agrarischen Lebenswelt des alten Orients und sind nur unter

Berücksichtigung zugehöriger Informationen verständlich, z. B. „Der Herr ist mein Hirte" (Ps 23,1 a) oder das Gleichnis vom Sämann (Mt 13,3–8).

Zu den beliebtesten Formen religiöser Bildersprache gehört die rhetorische Figur der **Metapher**. Dabei wird ein Wort nicht in seiner wörtlichen, sondern in einer **übertragenen Bedeutung** gebraucht; zwischen der wörtlich bezeichneten Sache und der übertragen gemeinten besteht eine **Beziehung der Ähnlichkeit**, z. B. „Denn wer ist Gott, als allein der Herr, / wer ist ein Fels, wenn nicht unser Gott?" (Ps 18,32).

Von der Metapher zu unterscheiden ist das **Symbol**. Man spricht manchmal auch von **Sinnbild** und meint damit einen **Bedeutungsträger** (Zeichen, Wörter, Gegenstände, Vorgänge usw.), der auf etwas anderes verweist, das er aber im Gegensatz zur Metapher nicht selbst darstellt, z. B. das leere Grab (Symbol der Auferstehung), der Weg (Symbol der Lebensgeschichte oder Lebensführung), das Licht (Symbol für Christus).

Viele dieser ursprünglich im religiösen Kontext angesiedelten Bilder werden heute **in säkularisierter Form verwendet**, insbesondere in künstlerischen, literarischen, musischen u. a. Zusammenhängen. Nicht selten zeigt ihre Verwendung, dass ihr sinnstiftendes Potenzial auch in unserer Zeit dazu dienen kann, sich transzendenten Bezügen anzunähern. So ist die moderne Form des Wallfahrens bzw. Pilgerns nicht selten eine symbolische Handlung für das Leben an sich. Die damit einhergehenden Grenz- und Sinnerfahrungen sind für viele Menschen unserer Zeit wertvolle Quellen der Selbstfindung.

info

Metaphern und Symbole sind Formen mittelbarer Sprache, da sie nicht direkt einen Gegenstand oder ein Geschehen der Wirklichkeit bezeichnen, sondern hierzu auf bildhafte Motive zurückgreifen. Die **Metapher** (griech. *metaphora* = „Übertragung") ist ein rhetorisches Stilmittel, bei dem ein Wort nicht in seiner direkten und konkreten, sondern in einer übertragenen Bedeutung gebraucht wird, indem zwischen der wörtlich bezeichneten Sache und der übertragen gemeinten eine Beziehung der Ähnlichkeit besteht, z. B. „Wüstenschiff" für „Kamel" oder „rosarote" Brille für selektive, positive Wahrnehmung. Dagegen ist ein **Symbol** (griech. *symbolon* = „das Zusammengefügte"; lat. *symbolum* = „Kennzeichen") ein bildhaftes, anschauliches und wirkungsvolles Zeichen für einen Begriff oder Vorgang, oft ohne erkennbaren Zusammenhang mit diesem, z. B. die weiße Taube als Symbol des Friedens.

3.4 Kriterien religiöser Orientierung

In einer offenen Gesellschaft religiöse Orientierung zu finden ist schwierig. Die folgenden Kriterien können hilfreich dabei sein, den **Wert religiöser Sinnangebote einzuschätzen** bezüglich ihres Potenzials, tragfähige Antworten auf die Frage nach dem Lebenssinn und der damit einhergehenden Lebensgestaltung zu geben. Selbstverständlich sind diese Kriterien selbst „fragwürdig" und nicht voraussetzungslos. Dessen ungeachtet können sie eine wertvolle Hilfestellung dafür sein, Religionsäquivalente von Religionen zu unterscheiden. Dies ist wichtig – denn in existenziellen Lebenssituationen können Religionsäquivalente keinen Halt geben, da sie bei genauerer Betrachtung nicht in der Lage sind, überzeugende Antworten auf Grundfragen zu geben:

- **Menschenwürde als Zentralwert und Quelle von Grund- und Menschenrechten:** Alle religiösen (Sinn-)Angebote müssen die unantastbare Würde des Menschen in Lehre und Praxis an die oberste Stelle setzen; der Glaube an ein höheres Wesen darf nie in Widerspruch dazu geraten. Zugleich sind die sich daraus ergebenden Grund- und Menschenrechte von Religionen unbedingt zu achten. Religionen müssen insbesondere auch das Recht auf Meinungs-, Glaubens- und Gewissensfreiheit anerkennen.

- **Sinnorientierung und Lebenshilfe:** Eine Religion ist dann wirklich human, wenn sie den Menschen eine überzeugende Deutung des Lebens und Hilfen zur Lebensgestaltung anbietet. Religion steht im Dienste des Menschen, der nach Wohlergehen und Glück strebt. Freude, Optimismus, Selbstbewusstsein und Offenheit sind Haltungen, die gerade durch Religionen gefördert werden müssen. Im selben Maße muss Religion im Sinne einer Bewältigungshilfe Antworten auf Fragen parat haben, die sich aus Kontingenzerfahrungen ergeben. Die Endlichkeit des menschlichen Lebens ist neben der Frage nach dem Sinn des Leides die größte Herausforderung für religiöse Sinnangebote.

- **Rationalität und Zweifel:** Der Mensch ist nicht nur „homo religiosus", sondern auch **„animal rationale"** (lat. für „Wesen mit Verstand") und damit wesentlich vom Tier unterschieden. Besonders die Fähigkeit zur Selbstreflexion bedingt, dass der Mensch seine Suche nach einer Grundorientierung im Leben nicht nur intuitiv und emotional gestalten möchte, sondern auch mithilfe des Verstandes. Der Zweifel gehört zu einer authentischen religiösen Haltung, will diese nicht irrational sein. Eine tragfähige religiöse Lehre muss sich stets vor der Vernunft verantworten können, sonst wird sie zur Ideologie.

- **Vorläufigkeit und Relativität:** Obwohl sich Religion auf ein Absolutes bezieht, werden religiöse Aussagen von Menschen getroffen und sind damit fehlbar, zeitgebunden und nie gänzlich frei von religionsfremden Motiven (z. B. Machtstreben). Eine religiöse Lehre, die mit einem Unfehlbarkeitsanspruch vorgetragen wird, ist vor diesem Hintergrund keine wirklich tragfähige Lebensdeutung.
- **Vielfalt und Toleranz:** Zwang zur Uniformität steht einer offenen und gesprächsfähigen religiösen Haltung entgegen:

  „Es gibt so viele Wege zu Gott, wie es Menschen gibt."
  Joseph Ratzinger

Es stellt jedoch eine große Herausforderung an den Menschen dar, sich einerseits zu einer religiösen Überzeugung zu bekennen und andererseits offenzubleiben für die Haltungen Andersgläubiger. Indifferenz dagegen ist keine adäquate Haltung; sie leugnet die Rationalität des Menschen und lässt vergessen, dass der Mensch laut Aristoteles (384–322) ein **„zoon politikon"** (griech. „gemeinschaftsbildendes Wesen") ist. Menschen sind ihrer Natur nach keine bezugslosen Atome, sondern stehen immer in Gemeinschaften. Damit ergibt sich für den Einzelnen die Herausforderung, Position zu beziehen im Bezug zu anderen Menschen – ganz besonders bei Fragen des Lebenssinnes.

Aufgaben

Hinweis: In der Abiturprüfung enthält jede Aufgabe einen Themenschwerpunkt, der sich jedoch *nicht nur auf einen Themenbereich beschränkt* wie in dieser Musteraufgabe. In der realen schriftlichen Abituraufgabe werden also ungeachtet des Schwerpunkts Inhalte des Lehrplans *aus verschiedenen Bereichen und unterschiedlichen Ausbildungsabschnitten hinweg* kombiniert.

1 *„Der Mensch ist unheilbar religiös."* (Nikolaj Berdajew)

1.1 Weisen Sie nach, dass Religiosität ein Wesensmerkmal des Menschen ist, und zeigen Sie, wie sich eine religiöse Haltung auf sein Verhalten auswirkt. Inwiefern bringt ihn Religiosität an die Grenzen seiner Sprachfähigkeit?

1.2 Zeigen Sie, welche Antworten das Christentum auf Grundfragen des Menschen in einer Grenzsituation des Lebens geben kann!

2 „Die Deutschen fallen vom Glauben ab – so lassen sich die Zahlen interpretieren. In den vergangenen 20 Jahren haben die beiden großen Volkskirchen mehr als acht Millionen Mitglieder verloren. In Ostdeutschland gehören schon drei Viertel der Bevölkerung keiner Konfession mehr an. Dennoch bleibt Deutschland eine Glaubensrepublik, allerdings wird sie individueller als zuvor. Die Menschen suchen Halt bei vielen Göttern. Passt ihnen eine Religion nicht, wird sie passend gemacht. Andere wiederum entdecken die strenge Form des Glaubens neu." (Matthias Drobinski, SZ vom 17./18.09.2011)

2.1 Skizzieren Sie – ausgehend von obigem Text – die religiöse Situation in Deutschland und zeigen Sie darüber hinaus Entwicklungstrends seit den 1960er-Jahren auf!

2.2 Untersuchen Sie, inwieweit in Deutschland von einer „Tradierungskrise des Glaubens" gesprochen werden kann!

3 *„Es gibt so viele Wege zu Gott, wie es Menschen gibt."* (Joseph Ratzinger)

3.1 Entwerfen Sie ausgehend von diesem Zitat einen Kriterienkatalog religiöser Orientierungen in der offenen Gesellschaft!

3.2 Zeigen Sie Möglichkeiten und Grenzen einer pluralistischen Theologie als Grundlage des interreligiösen Dialogs auf!

Wege zu Gott: Die Bibel als Zeugnis der Gotteserfahrung

1 Stellenwert und Bedeutung der Bibel in unserer Zeit

Die Bibel ist die Heilige Schrift des Christentums. Sie besteht aus dem Ersten sog. Alten Testament, dem Heiligen Buch des Judentums, und dem Zweiten oder Neuen Testament, das über Leben und Wirken Jesu sowie die Anfänge der christlichen Kirche Auskunft gibt. Die Bibel ist **Zeugnis religiöser Erfahrungen** und enthält aus Sicht des gläubigen Christen **Gotteswort in literarischer Form.** Zwar können die biblischen Texte hinsichtlich ihrer ursprünglichen Aussage nur unter Berücksichtigung des zeitgeschichtlichen Kontexts erschlossen werden – doch auch unabhängig von wissenschaftlicher Analyse bietet die Heilige Schrift unzähligen Menschen Orientierung in der Deutung ihrer existenziellen Erfahrungen und dient zudem als ethischer Maßstab. Aufgrund ihres jahrhundertelang großen Einflusses auf die Menschen ist sie daher nicht nur ein **religiöses Buch**, sondern auch ein **kulturgeschichtliches Dokument** von zeitloser Aktualität. Biblische Themen und Motive haben in Kunst, Literatur, Sprache und weiteren Bereichen unserer Gesellschaft Eingang gefunden. Der Stellenwert der Bibel als „Buch der Bücher" ist unübertroffen.

> **In diesem Kapitel lernen Sie ...**
>
> - die Bibel und ihre Bedeutung als Orientierungshilfe für viele Menschen darzustellen,
> - biblische Motive, die Eingang in kulturelle Ausdrucksformen gefunden haben, zu identifizieren und zu beschreiben.

1.1 Die Bibel als Lebensbuch

Literatur ist für viele Menschen eine unschätzbar wichtige Hilfe, um das Leben zu deuten und Orientierung für das eigene Handeln zu finden. Nicht nur für gläubige Menschen ist gerade die Bibel als Zeugnis vielfältiger Lebens- und Glaubenserfahrungen eine wichtige Inspirationsquelle zur Bewältigung eines Lebens, das von Kontingenz und Vergänglichkeit bestimmt ist. Folgende Aussagen können dies illustrieren:

„Wichtig ist, die Bibel vom Lesebuch zum Lebensbuch werden zu lassen. Mir ist sie jeden Tag eine Neuerscheinung, denn die Nachrichten von heute sind morgen schon von gestern, die Bibel bleibt brennend aktuell."[12]

Für den bekannten Theologen und Fernsehjournalisten **Peter Hahne**, der die Flüchtigkeit und Inflation medial aufbereiteter Ereignisse und Meinungen täglich erfährt, ist die Bibel **zeitlos gültig**. Durch die tägliche Lektüre ist sie ihm **Begleiter in allen Lebenslagen.** Vielen Menschen geht es ähnlich mit der Bibel. Bereits die **Schöpfungserzählungen** im ersten Buch der Heiligen Schrift, dem Buch Genesis, stellen einen unendlichen Horizont an Themen und Motiven zur Verfügung, die der Leser mit seinem eigenen Leben in Verbindung bringen kann (z. B. das Thema „Schuld" aus der Geschichte über Kain und Abel). Die **Apokalypse** in der Offenbarung des Johannes als letztes Buch innerhalb der Bibel schließt diesen Rahmen – hier ist die „Hoffnung" das große Thema, mit dem sich der Leser identifizieren kann.

Peter Hahne (geb. 1952)

„Von meiner Kindheit an hat mich die Bibel mit Visionen über die Bestimmung der Welt erfüllt. In Zeiten des Zweifels haben ihre Größe und dichterische Weisheit mich getröstet. Sie ist für mich wie eine zweite Natur."[13]

Für den Maler **Marc Chagall** ist die Bibel vor allem eine **Stütze in schweren Zeiten**. Fragen, Krisen und Zweifel gehören ebenso zum Lebenskontext der Bibellektüre wie Freude, Glück und Hoffnung. In diesen Situationen kann die Bibel Denkimpulse geben, Trost spenden und neue Perspektiven aufzeigen, die die Gefühle von Angst und Verzweiflung überbieten. Denn gerade in biblischen Texten ist immer wieder der **Dualismus menschlichen Lebens** spürbar: Die wunderbare Schöpfung birgt bereits Bedrohung und Verfall in sich; die Geschichte Israels ist zugleich Erwählungs- und Zerstörungsepos; die Verheißung der Menschwerdung Gottes in Jesus Christus mündet in seinen irdischen Tod am Kreuz, der schließlich jedoch überwunden wird.

Marc Chagall (1887–1985)

---

[12] Aus einem Interview in „Neues Leben" vom 19. 03. 2007.
[13] Chagall, Marc: Die biblische Botschaft Jesu, Genf 1973, S. 15.

„Die meisten Menschen haben Schwierigkeiten mit den Bibelstellen, die sie nicht verstehen. Ich für meinen Teil muss zugeben, dass gerade die Bibelstellen, die ich verstehe, mich unruhig machen."[14]

Der Schriftsteller **Mark Twain** empfindet die Bibel mitunter als **sperriges Buch** – doch genau das findet er interessant. Und tatsächlich: Ob es sich um das Gebot der Feindesliebe oder das Gleichnis vom gerechten Verwalter handelt, der für unterschiedliche Leistung denselben Lohn bezahlt – immer wieder begegnen wir Aussagen, die uns irritieren. Und wenn sie uns nicht irritieren, sondern wir das Gefühl haben, sie klar zu erkennen – dann beunruhigen sie uns möglicherweise. Das „klare Erkennen" in Bezug auf die Aussagen der Bibel ist ohnehin gefahrenbehaftet.

Mark Twain (1835–1910)

Schließlich wurde mitunter versucht, Menschen mithilfe von scheinbar eindeutigen Bibelstellen zu Angepasstheit, Disziplin und Unterordnung zu erziehen und anzuleiten. Glücklicherweise hat sich die Heilige Schrift solch interessegeleiteten Interpretationen immer wieder entzogen; denn gerade die Unterdrückung anderer Menschen oder Meinungen liegt dem biblischen Gott fern – das zeigen bereits die Schöpfungserzählungen als **Dokumente der Emanzipation und Säkularisierung**. Sie machen beispielsweise deutlich, dass das Universum nicht etwa ein Kosmos von Göttern ist (die Gestirne sind z. B. keine Götter, sondern einfach „Lampen"), sondern souveränes Gesamtwerk des einen, transzendenten und doch präsenten Schöpfergottes. Der Mensch besitzt dank seiner Gottebenbildlichkeit eine unantastbare Würde und Souveränität. Er trägt zudem Verantwortung und ist damit ein Kind der Freiheit. So sprengt die Bibel vom ersten bis zum letzten Vers ihrer Bücher die Ketten aller glättenden und naiven Interpretationen. Sie streut nicht Sand in die Augen, sondern sie hinterfragt, irritiert und verunsichert, um die Augen für das Wesentliche zu öffnen, dem sich der ernsthaft interessierte Bibelleser nicht entziehen kann. **Die Bibel provoziert**, **um Sinn zu stiften**.

„Die Bibel bedeutet sehr, sehr viel für mich. Ich habe gelernt, dass das, was in der Bibel steht, auch in die Praxis umgesetzt werden kann."[15]

Für den Profifußballer **Zé Roberto** ist die Bibel ein **Buch der Lebenspraxis** und bekommt erst von daher ihren Wert als religiöses oder kultisches Werk.

---

14 Quelle: http://glaube-und-kirche.de/zitate_bibel.htm
15 Entnommen aus: Gruber, Bernhard (Hrsg.): Leben gestalten, Stuttgart-Leipzig 2010, S. 44.

Wie der Glaube ohne Werke tot ist (vgl. Jak 2,17), so bleibt die rein intellektuelle oder meditative Bibellektüre, bei der es nur um Information oder Erbauung geht, ohne Relevanz. Bei aller Vorläufigkeit und Fehlbarkeit der biblischen Texte zeigt sich: Die Aussagekraft von Dekalog, Sozialkritik der Propheten, Bergpredigt, von Jesu Gleichnissen oder der Apokalypse erschließt sich vollständig erst im Tun. Die Bibel ist also mehr als Lebenshilfe im Sinne eines psychologischen Ratgebers: Sie fordert den Leser dazu auf, das als richtig Erkannte auch umzusetzen.

Zé Roberto (geb. 1974)

1.2 Biblische Motive in kulturellen Ausdrucksformen

Es gibt wohl kein anderes Werk der Weltliteratur, das selbst zu einer derart unversiegbaren **Quelle von Motiven für andere Kulturträger** (z. B. Film, Kunst, Literatur und Musik) geworden ist wie die Bibel. Das liegt wohl daran, dass sie eine einmalige und bunte Mischung aus historischen Stoffen, menschlichen Grunderfahrungen und -fragen sowie religiösen Themen beinhaltet.

> **info**
>
> Unter einem biblischen **Motiv** (lat. *motus* = „Bewegung"; franz. *motif* = „Beweggrund, Antrieb") versteht man ein herausragendes, erzählerisches Element oder eine inhaltlich klar abgegrenzte Thematik der Heiligen Schrift, das oder die den stofflichen Kern einer literarischen Einheit bildet. Biblische Motive können sich aber auch in anderen kulturellen Ausdrucksformen wie Malerei oder Musik in unterschiedlichen literarischen Gestaltungen wiederfinden. Beispiele sind: Schöpfung, Geburt des Gottessohnes/Weihnachten, Tod und Auferstehung/Ostern, Schuld und Sünde/Erlösung, Glaube als Grundhaltung (z. B. bei Abraham oder Paulus).

Beispiel für die Gestaltung eines biblischen Motivs in der Musik

Auch in der **Gegenwartskultur** finden sich vielfältige Gestaltungen biblischer Motive, sei es aus kommerziellen Gründen oder zu Zwecken der Orientierung in einer immer unübersichtlicheren Welt. Im Folgenden wird die Gestaltung von drei biblischen Motiven in typischen kulturellen Ausdrucksformen analysiert, beginnend mit der Gestaltung eines biblischen Motivs in der Musik:

Herbert Grönemeyer: Ein Stück vom Himmel (2007)

Warum in seinem Namen?
Wir heißen selber auch.
Wann stehen wir für unsere Dramen?
5 Er wird viel zu oft gebraucht.
Alles unendlich, unendlich.

Welche Armee ist heilig?
Du glaubst nicht besser als ich.
Die Bibel ist nicht zum Einigeln,
10 die Erde ist unsere Pflicht.
Sie ist freundlich, freundlich,
wir eher nicht.

Ein Stück vom Himmel,
ein Platz von Gott,
15 ein Stuhl im Orbit,
wir sitzen alle in einem Boot.
Hier ist dein Haus,
hier ist, was zählt.
Du bist überdacht
20 von einer grandiosen Welt.

Religionen sind zu schonen,
sie sind für die Moral gemacht.
Da ist nicht eine hehre Lehre,
kein Gott hat klüger gedacht,
25 ist im Vorteil, im Vorteil.
Welches Ideal heiligt die Mittel?
Wer löscht jetzt den Brand?
Legionen von Kreuzrittern
haben sich blindwütig verrannt.
30 Alles unendlich, warum unendlich?
Krude Zeit.

Ein Stück vom Himmel,
ein Platz von Gott,
ein Stuhl im Orbit,
35 wir sitzen alle in einem Boot.
Hier ist dein Heim,
dies ist dein Ziel.

Du bist ein Unikat,
40 das sein eigenes Orakel spielt.
Es wird zu viel geglaubt,
zu wenig erzählt.
Es sind Geschichten,
sie einen diese Welt.

45 Nöte, Legenden,
Schicksale, Leben und Tod,
glückliche Enden,
Lust und Trost.

Ein Stück vom Himmel,
50 der Platz von Gott.
Es gibt Milliarden Farben,
und jede ist ein eigenes Rot.
Hier ist dein Heim,
dies ist unsere Zeit.

55 Wir machen vieles richtig,
doch wir machen's uns
nicht leicht.
Dies ist mein Haus,
dies ist mein Ziel.
60 Wer nichts beweist,
der beweist schon verdammt viel.

Es gibt keinen Feind,
es gibt keinen Sieg.
Nichts gehört niemand alleine,
65 keiner hat sein Leben verdient.
Es gibt genug für alle,
es gibt viel schnelles Geld.

Wir haben raue Mengen
und wir teilen diese Welt.
70 Wir stehen in der Pflicht.

Die Erde ist freundlich,
warum wir eigentlich nicht?
Sie ist freundlich,
warum wir eigentlich nicht?

Werk [203463700]: Ein Stück vom Himmel. Text, 01: Grönemeyer, Herbert © Grönland Musikverlag, Berlin

In Herbert Grönemeyers (geb. 1956) Lied aus dem Jahr 2007 geht es um den Kern der Religiosität und die entsprechenden ambivalenten Funktionen von Religionen. Damit steht das **biblische Motiv des unbedingten Glaubens** als bewusste Einstellung gegenüber der Transzendenz inklusive seiner ethischen

Konsequenzen in der Kritik. Das jüdische Glaubensbekenntnis – „Höre, Israel! Jahwe, unser Gott, Jahwe ist einzig" (Dtn 6,4) – und die Aufforderung Jesu, sich mit allen Konsequenzen für oder gegen ihn zu entscheiden (vgl. Lk 11,23), fordern den gläubigen Menschen dazu auf, einen Standpunkt einzunehmen. Einem möglicherweise daraus abgeleiteten **religiösen Separatismus**, der im Andersgläubigen den Feind erblickt, setzt Grönemeyer folgende zentrale These entgegen: *Ein Stück vom Himmel, ein Platz von Gott, ein Stuhl im Orbit, wir sitzen alle in einem Boot.*

Unter den Eindrücken des wachsenden Einflusses eines christlichen bzw. allgemein religiösen Fundamentalismus (wie z. B. seit der US-Präsidentschaft von George W. Bush bei den „New Born Christians"), will Grönemeyer die Religiosität v. a. in ihrer pervertierten Form (Absolutheitsanspruch und Intoleranz, schrankenlose Machtmotive) hinter sich lassen zugunsten der Sinnfindung in **Humanität und Toleranz**. Vom christlichen Standpunkt aus reduziert der Musiker Religionen damit jedoch auf ihren Missbrauch und blendet die positiven Funktionen aus. Dennoch zeigt dieses sehr erfolgreiche und populäre Lied, dass man auch in der heutigen Zeit mit einem zentralen biblischen Motiv (der Grundhaltung des Glaubens mit seinen ambivalenten Ausprägungen) viele Menschen ansprechen kann, weil es dabei um eine existenzielle Frage (nach dem Sinn des Lebens und dem Glück der Menschen) geht.

Beispiel für die Gestaltung eines biblischen Motivs in der bildenden Kunst
Genau 1 111 Tonschalen stehen in Reih und Glied auf dem Boden (siehe nächste Seite). Jede Schale ist anders. Zunächst stechen dem Betrachter die fast pedantische Anordnung und die Leere der Schüsseln ins Auge, bei näherem Nachdenken über die Entstehung und das Material auch deren Härte, Robustheit und Undurchlässigkeit. Leere und Offenheit der Schalen erzeugen zudem eine **Situation der Erwartung**. Die Schalen finden dann zu ihrer Bestimmung, wenn sie etwas aufnehmen und bewahren können.

Aus religiöser Perspektive erinnert die Atmosphäre an den **Advent**. Die Schalen könnten **Symbole für die Menschen** sein. Sie sind zwar hinsichtlich ihrer Form unterschiedlich, jedoch von gleicher Art und aus dem gleichen Material. Zudem eint sie ihre **Offenheit**. Sie warten darauf, erfüllt zu werden und damit ihrer Bestimmung gerecht zu werden. Möglicherweise versuchen die Menschen im Verlauf ihres Lebens, ihre „Leerheit" mit allen möglichen Dingen zu füllen – und überlasten sich dabei mitunter. Jeder hat nur ein begrenztes Volumen. Patrik Scherrer, Betreiber der virtuellen Galerie „bildimpuls" für christliche Gegenwartskunst, deutet das Kunstwerk in dieser Weise:

Die Schalen stellen „so etwas wie ein Urbild von uns dar, ein Ideal, das wir in uns spüren und allein doch nicht erreichen können. Sie bringen indirekt eine Sehnsucht zum Ausdruck, dass jemand zu uns kommt, der uns von der selbstverursachten Überfülle zu entlasten und zu befreien vermag, damit bei uns wie bei diesen Schalen unsere Mitte wieder sichtbar wird, die Handspuren unseres Schöpfers, der Fingerabdruck Gottes, der uns eine einzigartige Schönheit und Würde ins Leben gegeben hat. Dass diese Schönheit und Würde äußerst anfällig sind, führen uns die auf den Boden des Alltags gestellten Tongefäße vor Augen. Es braucht nicht viel, vielleicht nur einen gedankenlosen Fußtritt, um sie zu zerschlagen. So lehren uns die Schalen auch Achtsamkeit und Sorgfalt mit ihnen, damit wir mit den Mitmenschen um uns herum noch achtsamer und sorgfältiger umgehen als mit einzigartigen Kunstwerken!"[16]

Aus christlicher Sicht weist dieses Kunstwerk auf eine existenzielle Befindlichkeit des Menschen hin: seine **Hoffnung auf die Offenbarung Gottes**. Sie begegnet uns im biblischen Kontext auf vielgestaltige Weise: in der Hoffnung Israels auf Befreiung aus der Knechtschaft in Ägypten, in der Sehnsucht des Volkes nach einem König und in der Erwartung des Messias. Viele Künstler machen Hoffnung und Sehnsucht daher zu zentralen Themen für ihre Werke.

„1111 Schalen" von Youang-Jae Lee

---

16 Patrik Scherrer: Erwartung (16. 12. 2006, Quelle: http://bildimpuls.de/rw_e13v/module/art2/default.asp?WebID=bildimpuls&modus=det&ID=237).

Beispiel für die Gestaltung eines biblischen Motivs in der Literatur

Auch in der Literatur werden biblische Motive bewusst aufgegriffen. Beispielsweise in der folgenden Parabel:

Franz Kafka: Heimkehr

Ich bin zurückgekehrt, ich habe den Flur durchschritten und blicke mich um. Es ist meines Vaters alter Hof. Die Pfütze in der Mitte. Altes, unbrauchbares Gerät, ineinander verfahren, verstellt den Weg zur Bodentreppe. Die Katze lauert auf dem Geländer. Ein zerrissenes Tuch, einmal im Spiel um eine Stange gewunden, hebt sich im Wind.

Ich bin angekommen. Wer wird mich empfangen? Wer wartet hinter der Tür der Küche? Rauch kommt aus dem Schornstein, der Kaffee zum Abendessen wird gekocht. Ist dir heimlich, fühlst du dich zu Hause? Ich weiß es nicht, ich bin sehr unsicher. Meines Vaters Haus ist es, aber kalt steht Stück neben Stück, als wäre jedes mit seinen eigenen Angelegenheiten beschäftigt, die ich teils vergessen habe, teils niemals kannte. Was kann ich ihnen nützen, was bin ich ihnen und sei ich auch des Vaters, des alten Landwirts Sohn.

Und ich wage nicht an die Küchentür zu klopfen, nur von der Ferne horche ich, nur von der Ferne horche ich stehend, nicht so, dass ich als Horcher überrascht werden könnte. Und weil ich von der Ferne horche, erhorche ich nichts, nur einen leichten Uhrenschlag höre ich oder glaube ihn vielleicht nur zu hören, herüber aus den Kindertagen. Was sonst in der Küche geschieht, ist das Geheimnis der dort Sitzenden, das sie vor mir wahren. Je länger man vor der Tür zögert, desto fremder wird man. Wie wäre es, wenn jetzt jemand die Tür öffnete und mich etwas fragte. Wäre ich dann nicht selbst wie einer, der sein Geheimnis wahren will.

Quelle: Franz Kafka, Sämtliche Erzählungen. Herausgegeben von Paul Raabe, Fischer-Taschenbuch-Verlag, Frankfurt/Main 1970.

Diese für die Literatur **Franz Kafkas** typische Erzählung greift das biblische **Motiv der Heimkehr** auf. Selbstverständlich denkt man sofort an das **Gleichnis vom verlorenen Sohn** (vgl. Lk 15,11–32). Während in der neutestamentlichen Vorlage jedoch der Phase des Heimkommens kaum Beachtung geschenkt wird, ja diese sogar durch das Entgegenlaufen des Vaters noch abgekürzt wird, kostet Kafka die Heimkehr, die er als Prozess beschreibt, bis zum Äußersten aus. In nahezu jedem Satz des Textes wird die Angst des Sohnes greifbar, zu Hause vielleicht gar nicht willkommen zu sein oder gar wieder abgewiesen zu werden. Im Gegensatz zur biblischen Geschichte wird nicht erklärt, weshalb der Sohn überhaupt weggegangen war, und auch dessen bange Erwartung dessen, was ihn am Ende zu Hause erwartet, wird nicht aufgelöst. Weder geht, wie in der Bibel, der Vater auf den Sohn zu, noch ist der Sohn wirklich dazu bereit (wie an den beiden letzten Sätzen deutlich wird).

Während mit dem biblischen **Motiv der Heimkehr** meist die Hoffnung auf Erlösung und Geborgenheit verbunden ist, wird sie bei Kafka zum unerfüllten Verlangen, das ohne jegliche positiven Gefühle oder Konnotationen beschrieben wird. Kafka greift damit das Lebensgefühl der Verlorenheit auf, das ihn sowohl selbst in seiner Biografie intensiv begleitet hat, das aber auch als Grundgefühl der ganzen Generation des beginnenden 20. Jh. gelten kann. Während Kafkas Parabeln also vor allem ein negatives Lebensgefühl transportieren, eröffnet die Heilige Schrift eine **Perspektive der Hoffnung** und bietet einen **tragenden Lebenssinn**.

Franz Kafka (1883–1924)

2 Die Bibel als Buch menschlicher Gotteserfahrungen

Die Heilige Schrift des Christentums ist mehr als ein Buch der Weltliteratur: Für Juden wie Christen ist die Bibel Grundlage ihrer Religion und Zeugnis der Offenbarung Gottes. Der **mehrschichtigen Bedeutung der Bibel** entsprechen verschiedene Weisen der Erschließung: Zunächst begegnet der Leser dem Text auf der **subjektiv-persönlichen Ebene** – sei es aus intellektuellem Interesse an den Inhalten oder aufgrund emotionaler Bedürfnisse nach Geborgenheit, Hoffnung, Lebenshilfe oder Trost. Hier findet sog. **kontextuelle Exegese** (griech. *exegesis* = „Herausführung", hier im Sinne von „Erschließung") statt.

Daneben steht die **biblische Exegese** als theologische Disziplin, die mithilfe der **historisch-kritischen Methode** den Wortsinn biblischer Texte vor ihrem historischen Entstehungshintergrund erschließt und hinsichtlich möglicher Intentionen interpretiert.

Die Bibel als Glaubensbuch kann jedoch durch historisch-kritische Exegese allein nicht theologisch umfassend gedeutet werden. Es bedarf daher zusätzlich der Miteinbeziehung weiterer Aspekte und Perspektiven, vor allem aber auch der **systematisch-theologischen Interpretation**, die bei der Auslegung der Bibeltexte die Gesamtsicht des Glaubens berücksichtigt. Dies geschieht in **komplementären**, **erfahrungsbezogenen Erschließungsmodellen**.

> **In diesem Kapitel lernen Sie …**
>
> - erfahrungsbezogene Annäherungen an die Bibel nachzuvollziehen und in ihrer Bedeutung zu erfassen,
> - Möglichkeiten und Grenzen der historisch-kritischen Methode zu beschreiben,
> - weitere Wege der Auslegung biblischer Texte darzustellen,
> - Heilige Schriften als literarische Dokumente menschlicher Gotteserfahrungen zu interpretieren.

2.1 Erfahrungsbezogene Annäherungen

Die persönliche Begegnung mit der Heiligen Schrift erfolgt im Kontext der Erfahrungen des Lesers, weshalb in diesem Zusammenhang von der **kontextuellen Exegese** die Rede ist. Zum Kontext gehören beispielsweise Lebens- und Familiengeschichte, gesundheitliche Situation, wirtschaftliche Verhältnisse, individueller Bildungshintergrund und nicht zuletzt die religiöse Prägung. Kontextuelle Exegese findet bei jedem Leser automatisch statt – ob bewusst oder unbewusst. Dadurch können biblische Texte mitunter von verschiedenen Menschen äußerst unterschiedlich interpretiert werden – ja sogar gänzlich gegensätzlich. So hat etwa das „Gleichnis vom verlorenen Sohn" (Lk 15,11–32) auf einen Familienvater eine andere Wirkung als auf einen Jugendlichen, der aus eigener Erfahrung bislang nur die Perspektive des Sohnes kennt. Beide daraus resultierenden Deutungen sind weder generell wahr noch falsch – denn bei der kontextuellen Exegese geht es um eine ganz **persönliche Aneignung**, die subjektiv immer wahr ist; dies zeigen die folgenden Beispiele:

Maria Magdalena
An der Figur der Maria von Magdala lässt sich deutlich zeigen, dass die Lektüre biblischer Texte aus einer bewusst weiblichen Perspektive **(feministische Exegese)** zu anderen Erkenntnissen führt als die jahrhundertelange patriarchalische Auslegung. In Letzterer spielt(e) insbesondere die Rolle der Sünderin (Lk 7,36–50) bzw. Ehebrecherin (Joh 8) eine wichtige Rolle – ungeachtet dessen, dass die Identität dieser Frauen mit Maria von Magdala nicht nachweisbar ist. Demgegenüber akzentuiert die feministische Exegese Marias aktive und positive Funktion, da an ihr die Bedeutung von „Offenheit" und „Vertrauen" für eine authentische Glaubenshaltung besonders sichtbar wird. In den Evangelien wird sie vor allem als einer der ersten Zeugen der Auferweckung Jesu genannt (Mt 28,8; Lk 24,9; Joh 20,11–18). Zudem erscheint Maria bei Lukas (Lk 8,1–3) als Geheilte, die in engem Kontakt zum Sohn Gottes steht – eine

äußerst ungewöhnliche Stellung in der männerdominierten Gesellschaft des alten Israel. Daher kommt ihr bereits in der Alten Kirche der Ehrentitel „**Apostola Apostolorum**" zu, was zu einer kontroversen Diskussion über das Verhältnis von Frau und Amt in der Kirche führte.

Die Exodus-Erzählung

Die Befreiung aus dem Frondienst in Ägypten (vgl. Ex 3,7 ff.) wird von politisch Verfolgten oder Unterdrückten anders gelesen als von Menschen in Freiheit und Wohlstand. So konzentriert sich die in Süd- und Mittelamerika der 1960er-Jahre entwickelte „**Theologie der Befreiung**" auf neutestamentliche Texte mit politisch oder gesellschaftlich revolutionärem Potenzial. Sie werden als göttliche Aufforderung zu Engagement, Widerstand und ggf. Revolution gedeutet. Daher gerieten Befreiungstheologen wie der brasilianische Franziskanerpater Leonardo Boff (geb. 1938) in Konflikt mit dem kirchlichen Lehramt.

Die Schöpfungstexte

Den Schöpfungserzählungen der Genesis (Gen 1,1–3,24) kommt in unserer Zeit angesichts der **globalen Umweltproblematik** besondere Bedeutung zu. So darf man z. B. den **Kulturauftrag** (Gen 1,26–28) nicht mehr, wie früher teilweise geschehen, als Aufforderung zu bedingungsloser Unterwerfung der Natur interpretieren, sondern muss ihn v. a. als Mahnung zum verantwortungsvollen Umgang mit unserer Umwelt verstehen. Denn in unserem heutigen Kontext stellen Klimawandel und Umweltzerstörung reale Gefahren dar. In einer gänzlich anderen Situation befanden sich die zeitgenössischen Rezipienten des ersten Schöpfungstextes, der zur Zeit der babylonischen Gefangenschaft Israels (587/586–538) entstand. Damals stellten Natur und Tiere wie z. B. Schlangen eine große Bedrohung für den Menschen dar, der man notfalls auch mit Gewalt begegnen musste.

Der Herrschaftsauftrag im heutigen Kontext bedeutet: verantwortungsvoller Umgang mit der Umwelt

Biblische Gottesbegegnungen

Begegnungen mit Gott, wie sie etwa Abraham, Moses, Jakob und David in besonderer Weise erfahren, werden von Lesern, die selbst bereits persönliche Gotteserfahrungen gemacht haben, anders aufgenommen als von solchen, denen Derartiges fremd ist. Immerhin stellt sich hierbei die **Frage nach der eigenen religiösen Haltung** besonders eindringlich. Erstere werden derartige Texte daher vermutlich als Ausdruck entweder ähnlicher oder vielleicht auch gegensätzlicher Erfahrungen interpretieren. Menschen, die sich selbst nicht als religiös empfinden, werden demgegenüber immer eine gewisse Distanz wahrnehmen und daher solche Texte nicht auf sich beziehen, sondern eher als literarische Dokumente verstehen.

2.2 Biblische Exegese

Um die Intention der biblischen Texte jedoch genau und unvoreingenommen zu erfassen, ist neben der kontextuellen Exegese die **historisch-kritische Methode** unerlässlich. Mit ihrer Hilfe werden biblische Texte einerseits unter Berücksichtigung ihrer historischen Entstehungsbedingungen untersucht, andererseits aber auch hinsichtlich ihrer redaktionellen Mehrschichtigkeit kritisch, d. h. die schriftlichen Überlieferungsträger biblischer Texte vergleichend, analysiert. So lassen sich Brüche, Widersprüche, Entwicklungen, Akzentuierungen und Parallelen an einer oder im Abgleich mehrerer Textstellen als solche erkennen und erklären.

Die Theologie ist auf diese empirischen Untersuchungen angewiesen, um daraus **systematisch-theologische Glaubensaussagen** zu entwickeln. So gelang es z. B. der Christologie (Lehre von Jesus Christus) für die theologisch eng verwandten synoptischen Evangelien eine andere Schwerpunktsetzung beim **Christusbild** nachzuweisen als beim Johannesevangelium (vgl. S. 76 ff.); denn während bei Johannes die historische Figur Jesus von Nazareth fast vollständig hinter Christus als dem gekreuzigten und auferstandenen Gottessohn zurücktritt, wird bei den Synoptikern die Identität des geschichtlichen Jesus mit dem Christus des Glaubens herausgestellt, in dem sich irdisches Wirken mit der Erlösungstat von Tod und Auferstehung untrennbar verbindet. Auch die **Paulusbriefe** weisen gemäß den Ergebnissen der historisch-kritischen Exegese vielfältige Varianten paulinischer Theologie auf, die sich z. B. in unterschiedlich akzentuierten Gottes-, Menschen- und Kirchenbildern zeigen.

Kritisches, unvoreingenommenes Denken prägt die historisch-kritische Methode, die in der Aufklärung ihre geistigen und wissenschaftsgeschichtlichen Wurzeln hat. Dadurch ist sie stets ergebnisoffen, was zu **Spannungen oder Widersprüchen zur kirchlichen Lehre** führen kann. Sie wurde daher lange als Gefahr für den „rechten Glauben" gesehen; zwischen 1910 und 1967 mussten katholische Kleriker sogar den von Papst Pius X. eingeführten „Antimodernisteneid" u. a. gegen die historisch-kritische Exegese schwören. Es hat rund zwei Jahrhunderte gedauert, bis sie vom kirchlichen Lehramt anerkannt wurde. Dies geschah durch die Konstitution „Dei Verbum" (1965) des Zweiten Vatikanischen Konzils (nicht zuletzt aus Sorge um die Anerkennung der Theologie als Wissenschaft). Heute ist auch für die päpstliche Bibelkommission die Bedeutung der historisch-kritischen Methode unumstritten:

> „Die historisch-kritische Methode ist die unerlässliche Methode für die wissenschaftliche Erforschung des Sinnes alter Texte. Da die Heilige Schrift, als ‚Wort Gottes in menschlicher Sprache', in all ihren Teilen und Quellen von menschlichen Autoren verfasst wurde, lässt ihr echtes Verständnis diese Methode nicht nur als legitim zu, sondern es erfordert ihre Anwendung."[17]
> *(Päpst. Bibelkommission: Die Interpretation der Bibel in der Kirche, 1993).*

Methodische Schritte der historisch-kritischen Exegese
1. **Textkritik:** Alle biblischen Texte sind Abschriften von nicht überlieferten Originalen. Um den ursprünglichen Wortsinn einer Textstelle zu ermitteln, wird daher zunächst versucht, aus den bekannten handschriftlichen Quellen, die der Bibel zugrunde liegen, den **Originaltext zu rekonstruieren**. Auf diese Weise fand man z. B. heraus, dass das Ende des Markus-Evangeliums (Mk 16,9–20) in den ältesten Handschriften fehlt. Erst im 2. Jh. wurden diese Verse als Zusammenfassung anderer Berichte über die Erscheinungen des Auferstandenen an den Markus-Text angehängt.
2. **Literarkritik:** Biblische Texte wurden stets unter Rückgriff auf mündliche oder schriftliche Überlieferungen verfasst. Ziel der Literarkritik ist es, durch Beobachtung inhaltlicher, sprachlicher oder formaler Analogien oder Unterschiede zusammengehörige Einheiten innerhalb einer Textpassage zu ermitteln, um dadurch die verschiedenen **Schichten bzw. Quellen zu isolieren**, die unter Umständen einem im ersten Anschein homogenen Textstück zugrunde liegen. Dabei greift sie auf den Originaltext zurück, der durch die Textkritik rekonstruiert wurde. Ein Ergebnis der Literarkritik hinsichtlich des Verhältnisses der drei Evangelien Mt, Mk und Lk ist die **Zwei-Quellen-Theorie**, mit der sich die **synoptische Frage** schlüssig be-

---

17 Quelle: http://www.vatican.va/roman_curia/congregations/cfaith/pcb_documents/rc_con_cfaith_doc_19930415_interpretazione_ge.html.

antworten lässt. Demnach verwendeten die Verfasser von Mt und Lk als gemeinsame Grundlage zum einen Mk und zum anderen eine nicht mehr erhaltene Logien-, d. i. Spruchquelle (Quelle Q) nebst jeweils unterschiedlicher mündlicher Erzähltradition („Sondergut").

3. **Form-/Gattungskritik:** Während die Textkritik den Originaltext hervorbringt und die Literarkritik dessen Überlieferungsschichten freilegt, wendet sich die Form- bzw. Gattungskritik den literarischen Gattungen zu, denen bestimmte Bibelstellen zuzuordnen sind. So lassen sich anhand formaler, sprachlicher und inhaltlicher Merkmale **typische biblische Gattungen** wie Bildworte, Gleichnisse, Predigten, Psalmen, Briefe, Evangelien u.v.a. ermitteln. Die Ergebnisse der Formkritik sind zur Ermittlung der ursprünglichen Kommunikationssituation (**„Sitz im Leben"**, z. B. Predigt, Mission, Unterweisung etc.) und der **Aussageabsicht des Textes** unverzichtbar.

4. **Traditionskritik:** Die Traditionskritik (auch „Überlieferungsgeschichte") baut auf den bisherigen Untersuchungen auf und beschäftigt sich mit dem Prozess der Überlieferung eines Textes von der (oft mündlichen) Entstehung bis hin zur Verschriftlichung. Dabei achtet sie v. a. auf eine **diachrone** (griech. „durch die Zeit hindurch") Darstellung der **Entstehungsbedingungen** sowie der einzelnen **Bearbeitungsschritte** mit ihren je spezifischen theologischen Absichten.

5. **Redaktionskritik:** Am Ende der historisch-kritischen Untersuchung steht die Analyse der Redaktion eines Textes. Essenziell hierbei ist die Unterscheidung zwischen überliefertem Text und **redaktionellen Eingriffen** (z. B. „die Frau schweige in der Gemeinde" in 1 Kor 14,34), die nicht selten mit eigener theologischer Intention erfolgten. Diese **synchrone** (griech. „zeitgleich") Betrachtung, bei der Redaktionen aus unterschiedlichen Zeiten nebeneinandergestellt werden, führt zu wichtigen Erkenntnissen hinsichtlich der Aussageabsicht(en) einer Textstelle.

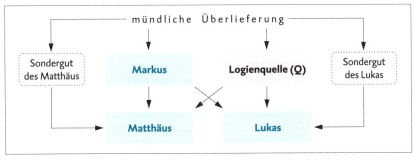

Die Entstehung der synoptischen Evangelien nach der Zwei-Quellen-Theorie

Vorzüge der historisch-kritischen Exegese

Die Anwendung dieser Methode ist wichtig für die Rolle der **Theologie als Wissenschaft**, denn sie ist ein Verfahren, das, wie in anderen Wissenschaften auch, von logischen Analysen sowie Schlussfolgerungen geprägt ist:

- Die **Sicherung einer soliden Textgrundlage** verortet den biblischen Text möglichst nah in dessen Entstehungskontext (Zeit, Ort, Verfasserschaft).
- Biblische Texte sind vielschichtig und oftmals nicht eindeutig. Durch die Übersetzung ins Deutsche geht vom ursprünglichen **Bedeutungsspektrum der Begriffe** zudem oftmals viel verloren. Die historisch-kritische Exegese steuert dem entgegen und leistet daher einer naiven oder von der Intention des Textes nicht gedeckten Interpretation Vorschub.
- **Brüche und Widersprüche**, die das Verständnis der Texte erschweren, werden erkannt und erklärt.
- Der „**Sitz im Leben**" zeigt, für welche Adressaten ein biblischer Text ursprünglich gedacht war und welche Intentionen damit verfolgt wurden.
- **Bearbeitungsschritte** und **Entstehungsbedingungen** erklären so manche Auffälligkeiten und verbreitern das inhaltliche Spektrum der Texte.
- Die Ermittlung des Redaktionsprozesses zeigt, dass biblische Texte zum Gegenstand von **interessensbedingten Gestaltungsprozessen** wurden, mit denen wiederum theologische, seelsorgerliche oder auch andere Absichten verfolgt wurden.

Methode	Gegenstand	Schritte	Ziel
1. Textkritik	Verschiedene Handschriften	Vergleich der Handschriften	Rekonstruktion des Originaltextes
2. Literarkritik	Abgrenzbare Einheiten innerhalb eines Textes	Analyse inhaltl., sprachl. und formaler Analogien oder Unterschiede	Identifizierung der Überlieferungsschichten
3. Form-/Gattungskritik	Einheiten/Elemente	Identifizierung formaler, sprachl. und inhal. Merkmale einer Textstelle	Bestimmung der Gattung(en)
4. Traditionskritik	Kontext der einzelnen Einheiten	Analyse der Entstehungsbedingungen und Bearbeitungsschritte	Rekonstruktion der Überlieferungsgeschichte
5. Redaktionskritik	Überlieferungsschichten	Trennung des überlieferten Textes von redaktionellen Eingriffen	Identifizierung redaktioneller Eingriffe

Die methodischen Schritte der historisch-kritischen Exegese

Grenzen der historisch-kritischen Exegese

Insgesamt führt die Anwendung der historisch-kritischen Methode zu einer **Verobjektivierung** biblischer Texte, da sie von der Vorstellung der Bibel als Wort Gottes absieht und die Texte lediglich als Untersuchungsgegenstände betrachtet. Aus dieser notwendigen Distanz entsteht die Fähigkeit zur unvoreingenommenen und exakten Analyse, deren Einzelergebnisse jedoch theologisch interpretiert und in den Zusammenhang der Glaubenstradition gestellt werden müssen. So ergeben sich als notwendige komplementäre Methoden einer umfassenden Auslegung **weitere Interpretationsansätze aus der Sicht des Glaubens**.

Bereits die spätantiken und mittelalterlichen Exegeten begnügten sich nicht allein mit dem historischen Wortsinn **(Literalsinn)** der Heiligen Schrift und bedienten sich daher einer Auslegungsmethode, der die auf Origines zurückgehende „**Lehre vom vierfachen Schriftsinn**" zugrunde liegt. Demnach bezeichnete etwa das biblische „Jerusalem" nicht nur die historisch-geografische Stadt, sondern stand auch für die „Kirche Christi" (**typologisch/allegorisch**, d. i. dogmatischer Sinn), die „menschliche Seele" (**tropologisch**, d. i. moralischer Sinn) und für das „Himmlische Jerusalem" (**anagogisch**, d. i. eschatologischer Sinn). Der folgende lateinische Merkspruch fasst die Lehre vom vierfachen Schriftsinn kompakt zusammen: „Littera gesta docet, quid credas allegoria, moralis quid agas, quo tendas anagogia" (lat. „Der Buchstabe lehrt die Ereignisse, was du zu glauben hast die Allegorie, die Moral, was du zu tun hast, wohin du streben sollst, die Anagogie").

Sinnebene	Bedeutung	Jerusalem ist …	Merksatz	Passende Frage
literal	historisch, wörtlich	eine Stadt in Palästina	Littera gesta docet	Was steht da?
typologisch/ allegorisch	heilsgeschichtlich (dogmatisch)	die Kirche Christi	Quid credas allegoria	Was soll ich glauben?
tropologisch	seelsorgerlich (moralisch)	die menschliche Seele	Moralis quid agas	Was soll ich tun?
anagogisch	endzeitlich (eschatologisch)	das himmlische Jerusalem	Quo tendas anagogia	Was darf ich hoffen?

Die mittelalterliche Bibelexegese nach dem vierfachen Schriftsinn

2.3 Komplementäre Erschließungsmodelle

Die folgenden Wege der Auslegung beziehen sowohl die Ergebnisse von kontextueller als auch historisch-kritischer Exegese mit ein.

Tiefenpsychologische Interpretation

Biblische Texte weisen eine **Tiefenstruktur** auf, die Rückschlüsse zulässt auf die **unbewussten seelischen Gegebenheiten** sowohl des Verfassers oder Redakteurs als auch der Rezipienten. Tiefenpsychologische Exegese auf der Grundlage der Forschungen **Sigmund Freuds** (1856–1939) (vgl. S. 169 ff.) und **Carl Gustav Jungs** (1875–1961) bedient sich daher psychologischer Kategorien (z. B. Ich – Es – Über-Ich, das Unbewusste, Angst), um biblische Texte zu interpretieren. So erschienen Wundergeschichten als Erzählungen ganzheitlicher Heilungsprozesse, bei denen die Therapie körperlicher Beeinträchtigungen vor allem durch Lösung seelischer Blockaden erfolgt. Die Begegnung mit Jesus als dem Christus spielt dabei eine Schlüsselrolle. Seine therapeutische Wirkung weist dabei auf seine Göttlichkeit hin.

Bibliodrama und Bibliolog

Diese **kreativ-szenischen Zugänge** zur Heiligen Schrift in Form von Theater (Bibliodrama) bzw. Rollenspiel (Bibliolog) sind praxisorientierte Formen der Auslegung, durch die biblische Texte auf gestalterische Weise in der Gruppe nachvollzogen werden, um so deren Sinn zu erschließen. Im **Bibliodrama** wird durch klassische Instrumente **dramaturgischer Gestaltung** (z. B. Figurenkonstellation, Gesprächsführung, dramatischer Konflikt, Requisiten) die Intention biblischer Texte besonders deutlich. Demgegenüber zielt der **Bibliolog** auf Aktualisierung biblischer Aussagen durch **Identifizierung mit biblischen Gestalten und Interpretation entsprechender Rollen**, jedoch ohne den Kontext einer Aufführung. Aus der Interaktion von Persönlichkeit, Lebensgeschichte und Textgestalt ergeben sich unterschiedliche Zugänge zu den Texten – mit oft überraschenden Einsichten. Beispielsweise können sich im Bibliodrama der Leidensgeschichte auf kreative Weise (z. B. durch eigenes Tragen des Kreuzes oder Teilnahme an der Verspottung Jesu) Strukturen des Bösen, aber auch des Heils mit einer Eindringlichkeit erschließen, wie es eine vorwiegend kognitive Interpretation nie vermögen würde.

Kanonische Exegese und intertextuelle Auslegung

Diese beiden Auslegungsmethoden stellen die zu erschließende Bibelstelle in den **Kontext der gesamten biblischen Theologie**. Die einzelne Perikope wird sowohl im Spiegel der **Gesamtstruktur der Heiligen Schrift** (intertextuelle Auslegung) als auch der **christlichen Tradition**, wie sie durch das kirchliche Lehramt vermittelt wird, (kanonische Exegese) gedeutet. **Kanonische Exegese** und **intertextuelle Auslegung** gehen nicht (wie die historisch-kritische Erschließung) vom Text als historisch gewachsenem Gegenstand aus, sondern deuten die biblischen Texte als **Offenbarung des Wortes Gottes**. Sie stellen den Text damit in den **Zusammenhang der Heilsgeschichte**, in der Schöpfung, Begleitung, Heilung, Versöhnung, Erlösung und Vollendung tragende Kategorien bilden (vgl. das Zeitschema bei Lukas). Dieser **synchrone** Ansatz geht von einer **inneren Stimmigkeit** der verschiedenen Texteinheiten aus und nimmt die biblischen Texte jenseits ihrer historischen Bedingtheit als Botschaften mit Verkündigungscharakter ernst. Zudem wird dadurch jede Textstelle im Netz vielfältiger, innerbiblischer Bezüge **(intertextuelle Auslegung)** verortet. Damit kanonische Exegese und intertextuelle Auslegung nicht in narrativer oder meditativer Betrachtung aufgehen, bedürfen sie wie keine andere Auslegungsmethode der Grundlegung und ggf. Korrektur durch die historisch-kritische Methode. Erst alle drei Herangehensweisen zusammen ermöglichen eine umfassende theologische Interpretation.

Untersuchung der Wirkungsgeschichte und Rezeptionsästhetik
Die Erschließung biblischer Texte kann auch mittels Untersuchung ihrer Wirkungsgeschichte in **Film, Kunst, Literatur oder Musik** erfolgen. Diese Herangehensweise bewahrt den Ausleger davor, die eigene Deutung des Textes zu überhöhen, da er sich bewusst wird, dass sich diese in die große Tradition der (künstlerischen) Interpretation biblischer Texte einreiht.

Demgegenüber nimmt die Rezeptionsästhetik den Leser/Exegeten in den Blick, der den Text bei der Lektüre, Betrachtung oder Interpretation erst realisiert, d. h. die einzelnen Begriffe und Sätze, Anspielungen, Bilder u. v. m. mit bereits zuvor gemachten (Rezeptions-)Erfahrungen verknüpft und so zu einem verständlichen Konstrukt zusammensetzt. Dieser Ansatz geht davon aus, dass (biblische) Texte generell keine Aussagen enthalten, die alle Menschen auf ein und dieselbe Art und Weise nachvollziehen können. Vielmehr differiert das **Textverständnis** von Rezipient zu Rezipient mit seinem jeweils eigenen, historisch bedingten Weltwissen und Erfahrungsschatz mitunter stark. Das Textverständnis, das der Rezipient im Akt der Rezeption für sich erzeugt, ergibt sich im Zusammenspiel von **Vorwissen**, das bei der Textlektüre abgerufen wird, und **Integration** neuer, durch die Lektüre biblischer Texte gewonnener Erfahrungen und Erkenntnisse. Der Mensch als „**Hörer des Wortes**" wird zur Schlüsselfigur; Lektüre und Interpretation der Heiligen Schrift werden damit selbst zu einem Offenbarungsakt. Der Begriff „Hörer des Wortes" bezieht sich auf ein 1941 publiziertes Werk des deutschen Theologen **Karl Rahner** (1904–1984), der den Menschen in seiner Theologie in den Mittelpunkt stellt (**„Theologie als Anthropologie"**): Da der Mensch in der Begegnung mit der Offenbarung Gottes in Jesus Christus eine Interpretation seines eigenen innersten Wesens erfahre, sei die Offenbarung nicht primär eine von Jesus Christus verkündete Lehre, sondern die Erfüllung menschlicher Sehnsüchte und Möglichkeiten.

2.4 Offenbarungsverständnis der Bibel im Vergleich zum Koran

„Offenbarung" ist ein theologischer Schlüsselbegriff, mit dem die sich selbst erschließende und erfahrbare Vergegenwärtigung Gottes gemeint ist. Es liegt daher nahe, die Bibel in ihrem Verhältnis zur Offenbarung genauer zu betrachten und mit dem Offenbarungsverständnis des Koran zu vergleichen. Das kirchliche Lehramt vertrat viele Jahrhunderte die Auffassung von der **Verbalinspiration** der biblischen Autoren und, damit verbunden, den Glauben an die Unfehlbarkeit und Widerspruchslosigkeit der Bibel. Es verstand darunter die **unmittelbare Eingebung** der Worte der Heiligen Schrift durch den Heiligen Geist an deren Verfasser, die damit auf ihre Funktion als Werkzeuge reduziert wurden.

Vor allem die Ergebnisse der **historisch-kritischen Forschung** haben diese Auffassung falsifiziert, denn die verschiedenen Entstehungsphasen, Widersprüche, Spannungen und redaktionellen Überarbeitungen sind mit der Theorie der Verbalinspiration unvereinbar.

So entwickelte sich die heutige theologische Überzeugung, dass die **Bibel** als menschliches **Zeugnis von Gotteserfahrungen** und damit als **Reflex auf die Offenbarung Gottes im Leben der damaligen Menschen** betrachtet

Islam und Christentum haben ein unterschiedliches Verständnis von Offenbarung

werden kann. Das Alte Testament dokumentiert also einerseits die Geschichte Israels mit Gott, thematisiert aber gleichzeitig die entsprechenden Gotteserfahrungen, wie sie uns heute z. B. in Form der Berufung Abrahams, des Exodus aus Ägypten, des Dekalogs, der Königsgeschichten und der alttestamentlichen Weisheitsliteratur bekannt sind. Insofern in Juden- und Christentum die zugehörigen Texte feierlich und in gläubiger Aufnahmebereitschaft gelesen werden, z. B. im Gottesdienst, ereignet sich **Offenbarung** mitten in unserem Leben.

Das Neue Testament erzählt die Geschichte von Jesus von Nazareth als dem menschgewordenen Sohn Gottes, der den Tod überwindet und damit zum theologischen und historischen Ausgangspunkt von Kirche wird. Es ist Zeugnis dieser göttlichen Offenbarung. Damit kommt der Heiligen Schrift die Funktion zu, die Heilsgeschichte Gottes mit den Menschen von der Schöpfung bis zur Apokalypse zu vermitteln.

Demgegenüber ist der **Koran** nach muslimischem Verständnis **identisch mit der Offenbarung**, die Muhammad (570–632) vom Engel Gabriel im Jahr 610 direkt übergeben wurde. Insofern handelt es sich dabei nicht um menschliche Texte, sondern ausschließlich um Gottes heiliges Wort mit universalem und unfehlbarem Geltungsanspruch. Der Koran muss und darf daher nicht interpretiert werden. So ergibt sich ein fundamental anderes Offenbarungsverständnis: Während im Christentum Gott in Jesus Mensch geworden ist **(Inkarnation)**, erfolgt die Offenbarung Gottes im Islam als Buch **(Inlibration)**. Damit gibt es für den gläubigen Muslim auch keine Heilsgeschichte, in der Gott den sündigen und endlichen Menschen erlöst. Vielmehr führt der Weg des Menschen ins Paradies ausschließlich über die **gehorsame Umsetzung des Willens Allahs**, wie er im arabisch verfassten Koran niedergelegt ist. Uthman ibn Affan († 656), dritter Kalif in der Nachfolge Muhammads, legte daher eine fortan **unabänderliche Koranfassung** fest, die bis heute als einzige Gültigkeit besitzt. Da sich die Offenbarung ausschließlich auf Arabisch vollzog, dürfte der Koran, um das Wort Gottes nicht zu verfälschen, eigentlich nicht in andere Sprachen übersetzt werden.

Mit diesem **unterschiedlichen Verständnis** der Bibel und des Koran geht auch eine unterschiedliche Deutung der Personen, Motive und Themen einher, die beide Weltreligionen gemeinsam haben: Abraham ist für Christen ein Musterbeispiel für festen Glauben, während er im Islam als Ursprung des Monotheismus gilt. Jesus Christus, der Christen als Sohn Gottes und Erlöser gilt, kann im Islam nur als einer neben vielen Propheten erscheinen. Während der Dekalog nach jüdisch-christlichem Verständnis Wegweisungen für ein glückendes Leben im Horizont des Glaubens enthält, ist er für Muslime ein Verhaltenskodex göttlicher Offenbarung.

	Christentum	Islam
Offenbarungsverständnis	Offenbarung(en) sind **Gotteserfahrungen** im menschlichen Leben, die ihren literarischen Niederschlag u. a. in der Bibel gefunden haben; Offenbarung findet **auch heute noch** statt (u. a. im Gottesdienst durch das Hören der Bibel).	Offenbarung ist die **direkte Mitteilung** der göttlichen Worte durch den Engel Gabriel an Muhammad, die dieser im Koran niederschreibt; **heute** findet **keine Offenbarung mehr** statt.
Besonderheit	Offenbarung durch **Inkarnation** (Menschwerdung Gottes)	Offenbarung durch **Inlibration** (Koran)

Offenbarungskonzepte von Christentum und Islam im Vergleich

Die unterschiedlichen Offenbarungsvorstellungen, die sich mit der Heiligen Schrift und dem Koran verbinden, bieten Ansatzpunkte für den **interreligiösen Dialog** – insbesondere, wenn es um gemeinsame Glaubensinhalte geht, die unterschiedlich gedeutet werden. In jedem Fall handelt es sich bei beiden Schriften um die Darstellung religiöser Inhalte und menschlicher Gotteserfahrungen in literarischer Form. Gerade Differenzen machen den interreligiösen Dialog so spannend und fruchtbar. Wichtig ist, dass man die religiösen Grundüberzeugungen des anderen toleriert.

3 Zentrale Elemente des biblischen Gottesbildes

Der christliche Glaube unterscheidet sich von anderen Religionen vor allem dadurch, dass die **Selbstoffenbarung Gottes aufs Engste mit dem Schicksal der Menschen verknüpft** ist. So zeigt sich in der Heils- und Unheilsgeschichte des Volkes Israels im Alten Testament nach Überzeugung des Juden- und Christentums, dass Gott zu den Menschen in Beziehung steht. Diese in der rund tausendjährigen Lebens- und Glaubenserfahrungen des Volkes Israel verankerte Beziehung ist die Grundlage dafür, dass wir Gott in seiner Schöpferkraft, Nähe und Bundestreue, aber auch in seiner Transzendenz, Unverfügbarkeit und Unnahbarkeit erkennen können – denn diese Eigenschaften werden uns durch das Alte Testament offenbart. Die alttestamentliche Vorstellung von **Gott als persönlichem Gegenüber** findet im Neuen Testament ihre Erfüllung in der **Inkarnation des Gottessohnes** in Jesus Christus. In beiden Teilen der Bibel wird Gott zudem als **Geist** beschrieben, was die Erfahrung von Dynamik, Kraft und Stärkung durch Gott zum Ausdruck bringt.

> **In diesem Kapitel lernen Sie ...**
>
> - Grundzüge des alttestamentlichen Gottesbildes in seiner Entwicklung und Systematik zu beschreiben,
> - zentrale Dimensionen der neutestamentlichen Gottesoffenbarung in Jesus Christus herauszuarbeiten.

3.1 Das Gottesbild des Alten Testaments

Die Entstehung der Bücher des Alten Testaments umfasst einen Zeitraum von rund 1 000 Jahren, unter Einbeziehung der gesamten Überlieferung sind es ca. 3 000 Jahre. Als große **Meilensteine der Geschichte Israels** gelten folgende Ereignisse, in deren zugehörigen biblischen Traditionen ganz bestimmte **Attribute Gottes** ins Zentrum des biblischen Gottesbildes rücken:

- Exodus aus Ägypten (um 1250 v. Chr.): Gott als persönlicher Gott („Jahwe"), Befreier und Gott des Bundes,
- Großkönigreich Israel (um 1000 v. Chr.): Gott als Schöpfer,
- Untergang des Nordreiches Israel mit Hauptstadt Samaria (722 v. Chr.): der transzendente Gott,
- Babylonisches Exil (587/586–538 v. Chr.) und Untergang des Südreiches Juda mit Hauptstadt Jerusalem: Gott als universaler, einziger Gott (Monotheismus) und als strafender Richter über Israels Bundesbruch.

Das Alte Testament ist **Lebens- und Glaubensbuch**. In ihm spiegeln sich konkrete Erfahrungen der Menschen mit Gott im Rahmen geschichtlicher Ereignisse. Die Evolution des alttestamentlichen Gottesglaubens bildet sich daher nicht in der Reihenfolge der biblischen Bücher ab, sondern in der theologiegeschichtlichen Entwicklung Israels, die wiederum ihren Niederschlag im Alten Testament gefunden hat. Das Gottesbild der hebräischen Bibel zeichnet sich daher durch **Vielfalt, Mehrschichtigkeit und Modifikation** in Abhängigkeit von den prägenden geschichtlichen Gegebenheiten aus.

Vom Polytheismus zum Monotheismus: Die Einzigkeit Gottes

Am Anfang der jüdisch-christlichen Religionsgeschichte steht der **Polytheismus:** Archäologische Funde, religionsgeschichtliche Forschungen und biblische Aussagen belegen, dass die religiöse und kulturelle Situation der vorderasiatischen Völker insgesamt von einer Vielgötterwelt geprägt war. Erst über viele Jahrhunderte entwickelte sich ein strenger **Monotheismus**. Texte im Alten Testament, die eine vorwiegend monotheistische Situation beispielsweise auch bereits zu Zeiten der Schöpfung beschreiben, stellen deshalb idealisierende Rückprojektionen dar. Unterschiedliche Gottesnamen oder der Hinweis auf einen Kosmos von Göttern („Lasst uns Menschen machen", Gen 1,26) sind jedoch deutliche Hinweise auf den ursprünglichen Polytheismus. So auch diese Stelle aus Psalm 82: „Gott steht auf in der Versammlung der Götter, im Kreis der Götter hält er Gericht" (Ps 82,1).

Nach heutiger Forschung manifestiert sich **Gott (JHWH)** zwischen 1200 und 1000 v. Chr. als herausragender, personaler Befreier, der die anderen Götter in den Schatten stellt und sich schließlich als wahrer, alleiniger Gott profiliert. In einem nächsten Schritt (Exodus aus Ägypten) erweitert JHWH seinen Herrschaftsbereich über Israel hinaus und auf Kosten der Existenzberechtigung anderer vermeintlicher Götter.

Mit dem Bekenntnis „Höre, Israel! Jahwe, unser Gott, Jahwe ist einzig" (Dtn 6,4) erreicht diese Entwicklung hin zur exklusiven **Monolatrie**, d. h. der kultischen Verehrung nur eines Gottes bei gleichzeitiger Anerkennung der Existenz anderer Götter, ihren Höhepunkt.

Davon zu unterscheiden ist der explizite **Monotheismus** (ab dem 6. Jahrhundert v. Chr.), der andere Götter nicht mehr nur abwertet, sondern deren Existenz gänzlich ausschließt. Er entwickelte sich durch die Deutung des Babylonischen Exils, derzufolge diese Katastrophe nicht als Beweis der Schwäche JHWHs gegenüber den Göttern der Siegermacht Babylon zu werten ist, sondern im Gegenteil als Hinweis auf seine Souveränität: JHWH selbst habe beschlossen, Israel für seine Verfehlungen zu bestrafen und für dieses Vorhaben Babylon in seinen Dienst zu nehmen. Die Rückkehr aus der Gefangenschaft in Babylon wird passend dazu als Begnadigung und neues Heil, als Befreiung im Sinne eines neuen Exodus, interpretiert. JHWH erweist sich erneut als der einzig existierende Gott, wie sich am Schicksal Babylons und später der Perser zeigt, denn beide stehen und fallen nach Aussagen der Bibel mit seinem Richterspruch.

info

Der Begriff **Monotheismus** (griech. *monos* = „allein", *theos* = „Gott") bezeichnet eine religiöse Glaubenshaltung, die auf einen einzigen Gott gerichtet ist. Demgegenüber werden im **Polytheismus** viele Götter verehrt. Die Verehrung eines einzigen Gottes unter mehreren Göttern, an einem bestimmten Ort oder bei einem bestimmten Volk, bezeichnet man als **Monolatrie** (griech. *latreia* = „kultische Verehrung") oder **Henotheismus** (griech. *heis* = „ein"). Eine grundsätzlich andere religiöse Haltung stellt der **Pantheismus** (griech. *pan* = „alles") dar, bei dem Gott mit dem Kosmos, der Natur und damit auch dem Inneren des Menschen vereint ist.

Nur indem man die Zerstörung des Tempels und die Verschleppung der israelischen Oberschicht als gottgewollt erklärte, ließ sich die Spannung zwischen der Bundeszusage JHWHs und der Katastrophe seines Volkes theologisch bewältigen. Wenn der Gott Israels aber die Macht hatte, fremde Völker in seinen Plan mit Israel einzubeziehen, so musste er auch deren Gott sein, und somit der einzige Gott – der Herr über alle Völker. Nicht fremde Götter hatten sich also als mächtiger erwiesen, sondern im Gegenteil: JHWH triumphierte über die assyrisch-babylonischen Fremdgötter. Diese wurden dadurch als Götzen entlarvt und in der Folge nicht mehr, wie zu Beginn, von den Israeliten verehrt, sondern als vom Menschen erschaffene Kultobjekte abgewertet und schließlich säkularisiert. Der Alttestamentler Erich Zenger sieht darin eine religionsgeschichtlich einzigartige Entwicklung innerhalb des Alten Orients vom Polytheismus zum Monotheismus:

> „Die im 6. Jahrhundert [v. Chr.] erreichte Position des reflektierten Monotheismus bot die Möglichkeit, das Profil des einen und einzigen Gottes JHWH auch weiterhin mit einer Fülle von göttlichen Wirkweisen ‚anzureichern', so dass sich nun ein **polyvalenter** [multifunktionaler] **und polyphoner** [mehrdimensionaler] **Monotheismus** entfaltete; die vielleicht eindrucksvollste Kompetenzerweiterung […] besteht darin, dass der transzendente Gott des Himmels und der Erden eine intensive Beziehung zu jedem einzelnen Menschen aufnimmt […] Dieser Monotheismus realisiert auf faszinierend kreative Weise die Perspektive ‚Einheit in Vielfalt', freilich mit der klaren Priorität auf dem Aspekt der Einzigkeit."[18]

Die Selbstoffenbarung Gottes: Der personale Befreier und Begleiter

Ausgangspunkt der alttestamentlichen Geschichte des Volkes Israel ist der **Frondienst in Ägypten**, zu dem der an Freiheit gewohnte Halbnomadenstamm gezwungen wurde. Existenzielle Not verband sich mit der Pflicht, den ägyptischen Pharao kultisch zu verehren, woraus ein enormes Bedürfnis nach Freiheit und religiöser Selbstbestimmung erwuchs. Im Exodus, der um 1250 v. Chr. stattfand, gelang die **Flucht** aus Ägypten in das Land Kanaan, in dem Israel sesshaft wurde. Diese **kollektive Grenzsituation** Israels in der ägyptischen Knechtschaft, der Errettung sowie der Wanderschaft bildet die historische Basis für die Kernbotschaft der alttestamentlichen Gottesoffenbarung: **Gott ist der geschichtlich erfahrbare**, **personale Befreier und Begleiter seines Volkes**. Die alttestamentliche Gottesvorstellung steht dem

---

18 Zenger, Erich: Thesen zum Proprium des biblischen Monotheismus. In: Jahrbuch Politische Theologie 4 (2002), S. 161 ff.

unpersönlichen Gottesverständnis der Naturreligionen damit diametral entgegen. **Schlüsseltext** ist die Berufung des Moses und die Gottesoffenbarung:

> ¹ Mose weidete die Schafe und Ziegen seines Schwiegervaters Jitro, des Priesters von Midian. Eines Tages trieb er das Vieh über die Steppe hinaus und kam zum Gottesberg Horeb. ² Dort erschien ihm der Engel des Herrn in einer Flamme, die aus einem Dornbusch emporschlug. Er schaute hin: Da brannte der Dornbusch und verbrannte doch nicht. ³ Mose sagte: Ich will dorthin gehen und mir die außergewöhnliche Erscheinung ansehen. Warum verbrennt denn der Dornbusch nicht? ⁴ Als der Herr sah, dass Mose näher kam, um sich das anzusehen, rief Gott ihm aus dem Dornbusch zu: Mose, Mose! Er antwortete: Hier bin ich. ⁵ Der Herr sagte: Komm nicht näher heran! Leg deine Schuhe ab; denn der Ort, wo du stehst, ist heiliger Boden. ⁶ Dann fuhr er fort: Ich bin der Gott deines Vaters, der Gott Abrahams, der Gott Isaaks und der Gott Jakobs. Da verhüllte Mose sein Gesicht; denn er fürchtete sich, Gott anzuschauen. ⁷ Der Herr sprach: Ich habe das Elend meines Volkes in Ägypten gesehen und ihre laute Klage über ihre Antreiber habe ich gehört. Ich kenne ihr Leid. ⁸ Ich bin herabgestiegen, um sie der Hand der Ägypter zu entreißen und aus jenem Land hinaufzuführen in ein schönes, weites Land, in ein Land, in dem Milch und Honig fließen, in das Gebiet der Kanaaniter, Hetiter, Amoriter, Perisiter, Hiwiter und Jebusiter. ⁹ Jetzt ist die laute Klage der Israeliten zu mir gedrungen und ich habe auch gesehen, wie die Ägypter sie unterdrücken. ¹⁰ Und jetzt geh! Ich sende dich zum Pharao. Führe mein Volk, die Israeliten, aus Ägypten heraus! ¹¹ Mose antwortete Gott: Wer bin ich, dass ich zum Pharao gehen und die Israeliten aus Ägypten herausführen könnte? ¹² Gott aber sagte: Ich bin mit dir; ich habe dich gesandt und als Zeichen dafür soll dir dienen: Wenn du das Volk aus Ägypten herausgeführt hast, werdet ihr Gott an diesem Berg verehren. ¹³ Da sagte Mose zu Gott: Gut, ich werde also zu den Israeliten kommen und ihnen sagen: Der Gott eurer Väter hat mich zu euch gesandt. Da werden sie mich fragen: Wie heißt er? Was soll ich ihnen darauf sagen? ¹⁴ Da antwortete Gott dem Mose: Ich bin der „Ich-bin-da". Und er fuhr fort: So sollst du zu den Israeliten sagen: Der „Ich-bin-da" hat mich zu euch gesandt. ¹⁵ Weiter sprach Gott zu Mose: So sag zu den Israeliten: Jahwe, der Gott eurer Väter, der Gott Abrahams, der Gott Isaaks und der Gott Jakobs, hat mich zu euch gesandt. Das ist mein Name für immer und so wird man mich nennen in allen Generationen. *(Ex 3,1–15)*

Die Selbstoffenbarung Gottes geschieht auf unerhörte Weise: Mit dem ersten Satz zu seiner Identität wird an die **Beziehung zu den Vätern** angeknüpft: „Ich bin der Gott deines Vaters, der Gott Abrahams, der Gott Isaaks und der Gott Jakobs" (Ex 3,6). Das Verhältnis zu Gott ist damit eine dynamische und lebendige Beziehung und nicht zuerst kultische Verehrung eines unfassbaren und unpersönlichen Gegenübers.

Der **Name JHWH** ist Programm, denn er leitet sich vermutlich vom hebräischen Wort für „sein/werden" ab und umfasst sowohl den Aspekt des Präsens als auch des Futurs. „JHWH" kann man insofern, in Anlehnung an Ex 3,14, mit „Ich bin der ich bin (da)" oder „Ich bin, der ich sein werde" übersetzen. Damit umschließt der Gottesname nicht nur **Zuverlässigkeit**, sondern auch **Hilfsbereitschaft**. Man könnte sinngemäß so übersetzen: **„Ich werde mit euch sein als der, der ich mit euch sein werde."** Damit wird das wirkliche, erfahrbare Dasein Gottes betont.

info

JHWH ist der Eigenname des Gottes, mit dem er sich seinem Volk Israel im ersten der Zehn Gebote vorstellt: „Ich bin Jahwe, dein Gott, der dich aus Ägypten geführt hat, aus dem Sklavenhaus. Du sollst neben mir keine anderen Götter haben." (Ex 20,2–3). Es handelt sich hierbei um ein Tetragramm aus den Buchstaben jod (י) he (ה) waw (ו) he (ה); eine eindeutige Übersetzung ist bisher nicht möglich. Es wird vermutet, dass dieser Name auf die eng verwandten Wurzeln הוה (hebr. *hawah* = sein, werden) und היה (hebr. *hajah* = geschehen, veranlassen, da sein) zurückgeht. Als Gott seinen Namen offenbart, erklärt er ihn in Ex 3,14 vor Mose mit der Formel „אהיה אשר אהיה" (ausgesprochen: ähjäh ašär ähjäh), was meist mit *Ich bin, der ich bin* oder *Ich werde mich erweisen* oder *Ich werde mich als seiend erweisen* übersetzt wird.

Zugleich erinnert JHWH bei seiner Selbstvorstellung an die Knechtschaft Israels, die er wahrgenommen und die ihn dazu bewogen hat, Israel zu befreien und in eine bessere Zukunft zu führen. JHWH steht also nicht nur in einer lebendigen Beziehung zum Einzelnen, sondern auch zu seinem Volk. Auch gehen nicht vorrangig Ansprüche und Erwartungen von JHWH aus, sondern vor allem sein **Heilshandeln an seinem Volk**, das er befreit und auf der Wanderung ins Gelobte Land begleitet. Der Glaube an JHWH ist eine **Dialogpartnerschaft**, an deren Beginn die Erfahrung von Befreiung steht.

Gott trägt im altorientalischen Kontext vor allem **männliche und patriarchalische** Züge. Umso bemerkenswerter ist es, dass sich an einigen Stellen auch weibliche Attribute zeigen. Der religionsgeschichtliche Grund dafür dürfte die weibliche Gottheit **Aschera** sein, die im Tempel von Jerusalem bis zur Kultreform des Königs Joschija (†609 v. Chr.) neben JHWH – evtl. als dessen Frau – verehrt wurde. Sie wird später von der personifizierten Weisheit abgelöst, die die Funktion einer **Mitschöpferin** einnimmt (vgl. Spr 8,27–31). Dem entspricht, dass die Erschaffung des Menschen als Ebenbild Gottes ausdrücklich für beide Geschlechter gilt: „Als Mann und Frau schuf er sie" (Gen 1,27 b). Es passt durchaus ins alttestamentliche Gottesbild, wenn JHWH auch mit weiblichen Bildern in Verbindung gebracht wird: „Mutter" (Jes 66,13), „gebärende Frau" (Jes 42,14) und „Hebamme" (Jes 66,9). Dies geschieht vor allem, wenn es gilt, die Seite Gottes hervorzuheben, die mit Haltungen von Barmherzigkeit, Liebe, Fürsorge, Gnade und Zuwendung verbunden ist – Eigenschaften, die bereits im orientalischen Kontext mit der Frau in Beziehung gebracht wurden: „Ich will meinen glühenden Zorn nicht vollstrecken und Efraim nicht noch einmal vernichten. Denn ich bin Gott, nicht ein Mensch, [...]. Darum komme ich nicht in der Hitze des Zorns" (Hos 11,9). Diese Verbindung von **männlichen und weiblichen Attributen** zeigt, dass die klassisch männlichen Metaphern (Bräutigam, Richter, König, Hirt, Ehemann) nicht ausreichen, um Gottes Wesen zu beschreiben. Vielmehr zeigt sich darin die **Geschlechtstranszendenz** Gottes, mit der er auch die zeitgenössischen Vegetations- und Fruchtbarkeitskulte (z. B. der Baalsreligion) überwindet. Gott ist weder weiblich noch männlich, sondern ein asexuelles Wesen.

Indikativ und Imperativ: Der Gott des Bundes

Die Beziehung zwischen JHWH und seinem Volk ist nicht unverbindlich. Vielmehr schließt Gott einen Bund, dem er – im Gegensatz zu seinem Bundespartner Israel – selbst nie untreu wird.

Es gibt mehrere Stellen im Alten Testament, die explizit von Bundesschlüssen erzählen. Da ist zum einen der **Bundesschluss am Sinai** (Ex 34,1–11). Er erfolgt im Kontext des Exodus und akzentuiert die gegenseitige Hingabe und Verpflichtung der beiden Bundespartner (vgl. Dt 26,17 ff.). Die konkreten Verpflichtungen seitens des Volkes werden in der Bundesurkunde, dem **Dekalog**, auf den Punkt gebracht. Er umfasst die Weisungen für ein glückendes Leben mit Gott und den Menschen.

In der **Zweiteilung der Gebote** zeigt sich, dass das Verhältnis des Menschen zu Gott (1.–3. Gebot) eng mit der Beziehung zu den Mitmenschen (4.–10. Gebot) verknüpft ist. Den **Imperativen**, die den Anspruch Gottes an den Menschen formulieren, geht jedoch der Zuspruch des göttlichen Heilshandelns voraus (im **Indikativ**): „Ich bin Jahwe, dein Gott, der dich aus Ägypten geführt hat, aus dem Sklavenhaus" (Ex 20,2). Damit entspricht der Dekalog einem Vertragstext, der **Leistung und Gegenleistung** fixiert. Denn so, wie sich Israel zum Einhalten der Zehn Gebote verpflichtet, so wird ihm von Gott umgekehrt (und sogar zuerst) dessen Schutz und Zuwendung zuteil.

Der Bundesschluss am Sinai verpflichtet beide Bündnispartner zu gegenseitiger Treue: JHWH will für sein Volk sorgen, das im Gegenzug die Zehn Gebote einhalten soll

Mose steigt vom Berg Sinai hinab und präsentiert dem Volk die steinernen Gesetzestafeln

Auch Noahs Familie und Nachkommen erfahren nach der Rettung in der Arche die Bundeszusage Gottes („**Noahbund**") im Zeichen des Regenbogens (vgl. Gen 9,1–17). Damit verbindet sich das Heilsversprechen Gottes, die Menschheit nie wieder so zu gefährden wie durch die Sintflut, also deren Existenz nie wieder grundsätzlich infrage zu stellen. Noah muss dafür keine Gegenleistung erbringen. Im Gegensatz zur Bundeszusage am Sinai wird hier also der **Gnadenaspekt** betont.

Eine ähnliche Botschaft begegnet auch in den beiden Bundesschlüssen mit Abraham in Gen 15,18 bzw. Gen 17,7, in denen es um das Versprechen von Land, zahlreichen Nachkommen und dem göttlichen Beistand geht. Der **„ewige Bund" mit Abraham** (Gen 17,7) hat zum Zeichen die Beschneidung aller männlichen Nachkommen (vgl. Gen 17,12 ff.). Auch Abraham muss keinerlei Gegenleistung erbringen – zu seiner Erwählung haben alleine **Offenheit**, **Vertrauen** und **Glaubensgewissheit** geführt. Hier kann man daher ebenfalls von einem „**Gnadenbund**" sprechen.

Der **Bund** ist eine **theologische Schlüsselkategorie der alttestamentlichen Gottesoffenbarung** und zeigt, dass Glaube immer ein Beziehungsgeschehen ist zwischen Mensch und Gott, der sich in einer geschichtlichen Situation personal offenbart.

In diesem Zusammenhang entstand auch das **Bilderverbot (Ex 20,4)**, das sich auf eine verbreitete Praxis im Vorderen Orient bezog: Entweder wurde im Bild die Gegenwart Gottes angenommen, sodass das Bild selbst angebetet

wurde, oder das Bild symbolisierte zumindest die Gegenwart der zugehörigen Gottheit, sodass das Bild verehrt wurde. Beides war auf der Grundlage des Exklusivbundes zwischen JHWH und Israel nicht mehr vorstellbar und möglich. Das Bilderverbot erfüllte daher folgende **Funktionen:**
- Garantie des Monotheismus eines transzendenten Gottes,
- Abwendung der Gefahr einer anthropomorphen (griech. „menschenähnlich") Darstellung Gottes,
- Bewahrung Jahwes vor Vergegenständlichung und Verfügbarkeit,
- Wahrung der Lebendigkeit und Dynamik Gottes.

Mit dem Verbot, JHWH durch ein Kultbild zu repräsentieren oder auch nur zu symbolisieren, wird die **Verborgenheit** und **Unbegreiflichkeit** Gottes ausgedrückt; dies ist der biblische Hintergrund der Lehre von der „analogia entis" (vgl. S. 35). Die Unmöglichkeit einer wie auch immer gearteten Objektivierung Gottes zwingt die Menschen zur persönlichen Beziehung und Nähe auf der Grundlage von Offenheit und Vertrauen. Nichtverfügbarkeit und Nähe schließen sich nicht aus, sondern bedingen sich sogar gegenseitig. Der Gott des Bundes erweist damit auch seine **Menschenfreundlichkeit** und **Partnerschaftlichkeit**.

Kreativität und Universalität: Gott, der Schöpfer

Die altorientalischen Schöpfungsmythen, auf deren Grundlage die biblischen Schöpfungstexte entstanden sind, vergöttlichen Natur, Gestirne und das Universum. Die Schöpfungserzählungen der Bibel trennen dagegen klar zwischen der Welt und Gott als ihrem transzendenten, einzigartigen Schöpfer – z. B. indem die Gestirne im ersten Schöpfungstext (Gen 1,1–2,4) nicht bei ihren traditionellen Namen genannt werden, die allesamt Götterbezeichnungen waren, sondern ganz nüchtern als „Lampen" beschrieben werden (Entdivinisierung = Entgöttlichung bzw. Säkularisierung der Natur). Gleichzeitig wird auch Gott entmythologisiert und transzendiert. Er ist nicht als Sonne, Mond oder sonstige Naturerscheinung Teil der Welt, sondern steht als deren alleiniger Schöpfer jenseits von ihr. Damit setzen sich die Schöpfungstexte religionsgeschichtlich radikal von ihrer altorientalischen Umwelt ab.

Auch das Bekenntnis zur **Ewigkeit** und **Unverfügbarkeit** Gottes ist eine deutliche Absage an den damaligen **Pantheismus** (griech. *pan* = „alles"; *theos* = „Gott", vgl. S. 64), demzufolge Gott in allen Dingen existent, ja identisch mit der Welt sei. Gott ist stattdessen, so die Bibel, alleiniger Schöpfer der Welt, steht ihr also gegenüber, und transzendiert dadurch auch Raum und Zeit. Daher ist er auch nicht beeinflussbar durch Magie, Kult und Rituale.

Ewigkeit und Unverfügbarkeit, verbunden mit der **Universalität** Gottes, sind aber auch unvereinbar mit dem **Polytheismus** (vgl. S. 64), der den Göttern lokale und kompetenzmäßige Verschiedenheit beimisst.

Die Grundaussage der Schöpfungstexte ist jedoch, dass die Welt ihren **Ursprung im Schöpfungshandeln Gottes** hat – damit wird eine umfassende Antwort gegeben auf die Frage nach dem Sinn. Der Refrain der ersten Schöpfungserzählung (vgl. Gen 1,1–2,4a), „Gott sah, dass es gut war", drückt das Vertrauen in den Bestand des Seins aus, das zwar von Chaos und Zerstörung bedroht ist, mit Gottes Hilfe aber nicht überwältigt wird. Das Sein entspringt nicht einem blinden Zufall, sondern dem liebenden Willen eines transzendenten und personalen Gottes. Das **Babylonische Exil als Entstehungszeit und -hintergrund** (vgl. S. 63) dieses Textes verleiht der Kernbotschaft alttestamentlichen Glaubens besondere Glaubwürdigkeit. Denn hier entsteht das hoffnungsvolle Vertrauen auf Gottes Nähe und Erlösung gerade im Kontext der Bedrängnis und der Perspektivlosigkeit. Der zweite Schöpfungstext (vgl. Gen 2,4b–3,24) steht dieser Hoffnungsperspektive nur scheinbar konträr gegenüber: Er zeigt zwar die Ambivalenz und Vergänglichkeit der Welt und des Lebens, das Phänomen der Schuld und die Mühen des Menschen. Zugleich hat jedoch auch hier das Heilshandeln Gottes das letzte Wort. Dieser löst die Todesdrohung gegen Adam und Eva nach dem Sündenfall nicht ein, sondern kleidet das Menschenpaar und zeigt damit seine ungebrochene Zuwendung:

> [20] Adam nannte seine Frau Eva (Leben), denn sie wurde die Mutter aller Lebendigen. [21] Gott, der Herr, machte Adam und seiner Frau Röcke aus Fellen und bekleidete sie damit. [22] Dann sprach Gott, der Herr: Seht, der Mensch ist geworden wie wir; er erkennt Gut und Böse. Dass er jetzt nicht die Hand ausstreckt, auch vom Baum des Lebens nimmt, davon isst und ewig lebt! [23] Gott, der Herr, schickte ihn aus dem Garten von Eden weg, damit er den Ackerboden bestellte, von dem er genommen war. *(Gen 3,20–23)*

Theokratie: Gott als Richter und König

Mit der Sesshaftwerdung in Kanaan nach Exodus und Wüstenwanderung begann die **Richterzeit** (ca. 1200–1020 v. Chr.). Aus den zwölf Stämmen Israels konstituierte sich ein lockerer Verband ohne Staatsoberhaupt. JHWH wurde zum obersten **Richter Israels** und setzte menschliche „Richter" als Stellvertreter ein. So entstand die Charakterisierung JHWHs als transpolitischer, universaler Herrscher, die schließlich in der Vorstellung vom **Königtum Gottes** mündete und einen menschlichen König überflüssig erscheinen ließ.

In der **Königszeit** (ca. 1020–587/586) – von König Saul zum Untergang der beiden Reiche Israel und Juda – setzte sich diese Vorstellung durch und war auch für das Gottesbild der Propheten bestimmend. Die menschlichen Könige konnten nur Stellvertreter oder Adoptivsöhne (vgl. Ps 2,7) des einzigen wahren Königs sein. JHWH bekam damit die Rolle des **Beschützers Israels** gegen seine Feinde und trat zugleich als **Erzieher und Richter seines Volkes** auf. Die Propheten fungierten entsprechend als Bevollmächtigte JHWHs, die König, Regierung und Volk an die Bundestreue erinnerten und damit eine Mahn- und Warnfunktion übernahmen. Die Vorstellung von JHWH als König schlug sich auch in den sog. „Jahwe-Königspsalmen" nieder:

> [10] Es sollen dir danken, HERR, alle deine Werke und deine Heiligen dich loben [11] und die Ehre deines Königtums rühmen und von deiner Macht reden, [12] dass den Menschen deine gewaltigen Taten kundwerden und die herrliche Pracht deines Königtums. [13] Dein Reich ist ein ewiges Reich, und deine Herrschaft währet für und für. *(Psalm 145, 10–13, aus: Lutherbibel Standardausgabe mit Apokryphen © 1999 Deutsche Bibelgesellschaft, Stuttgart)*

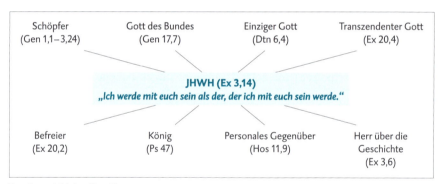

Das Gottesbild des Alten Testaments

Zusammenfassung

Die beiden Strukturprinzipien des alttestamentlichen Gottesbildes sind **Evolution** und **Dualismus:** Während sich das Gottesbild in einem redaktionellen Entstehungszeitraum von rund einem Millennium stark wandelt, kristallisieren sich Gegensatzpaare heraus, deren Spektrum die Pluralität und Vielschichtigkeit der alttestamentlichen Gottesoffenbarung zeigt. Der starke Wandel der Gottesvorstellungen ist der theologischen Interpretation einschneidender geschichtlicher Erfahrungen geschuldet (Exodus, Königszeit, Exil) sowie in der Auseinandersetzung mit anderen religiösen Strömungen (Polytheismus, Naturreligionen, Götzenkulte).

Evolution	Dualismus
• Vom Polytheismus über die Monolatrie zum Monotheismus	• Nähe und Nichtverfügbarkeit • Geschichtsmächtigkeit und Transzendenz • Personalität und Ewigkeit/Heiligkeit/ Unermesslichkeit (Bilderverbot!) • Partnerschaft und universale Herrschaft • Zuspruch (Indikativ) und Anspruch (Imperativ)

Die Strukturprinzipien des alttestamentlichen Gottesbildes

3.2 Das Gottesbild des Neuen Testaments

Das neutestamentliche Gottesbild entwickelte sich während eines Zeitraums von rund 70 Jahren im Anschluss an den Kreuzestod Jesu und die Erfahrung der Auferstehung. Es ist aufs Engste an die Person Jesu Christi gebunden. Das durch **Jesus von Nazareth** im wahrsten Sinne des Wortes **personifizierte Gottesbild** hat seine Wurzeln zwar in der **Heilsgeschichte des Volkes Israel** und knüpft an die **Messiastradition** der nachexilischen Zeit an. Es wird jedoch von Jesus Christus durch sein Leben und Wirken, vor allem durch die **Auferstehung**, in unüberbietbarer Weise korrigiert und präzisiert. Denn durch das Osterereignis wird rückwirkend klar: Gott ist Mensch und damit zum echten „Ebenbild des unsichtbaren Gottes" (Kol 1,15 a) geworden. Zugleich ist dieses wahre Ebenbild, Jesus Christus, „der Erstgeborene der ganzen Schöpfung" (Kol 1,15 b). Das alttestamentliche **Bilderverbot** wird dadurch überflüssig, ebenso wie etablierte und nicht hinterfragte alttestamentliche Aussagen durch Leben, Lehren und Wirken Jesu auf ihren **heilsgeschichtlichen Kern** zurückgeführt werden, z. B. in den Antithesen der Bergpredigt.

Die jüdische Messiaserwartung und ihre Erfüllung in Jesus, dem Sohn Gottes

Im Volk Israel keimte während des Babylonischen Exils die Hoffnung auf eine Wiederherstellung der politischen Unabhängigkeit Judas und die Erneuerung des Königtums Davids. Die Schlüsselrolle sollte dabei ein von JHWH beauftragter politischer Heilsbringer spielen, der auch als „Menschensohn" (Dan 7,13), „Gottesknecht" (vgl. Jes 42,1), „Friedensfürst" (vgl. Jes 9,6) und „Sohn Gottes" (vgl. 2 Sam 7,14) bezeichnet wurde. Auch der königliche Würdename **„Messias"** wurde auf diesen Erlöser angewandt, unter dem man sich einen Nachfahren Davids vorstellte. Über die politischen Hoffnungen hinaus verbanden sich mit der Erwartung an das Auftreten des Messias auch apokalyptische Vorstellungen eines große Endgerichts und der Vollendung der Welt.

> **info**
>
> Das Wort **Messias** (hebr. *Maschiach*, griech. *Christos*, lat. *Christus*) bedeutet „der Gesalbte" (vgl. Ps 89,21) und wurde vor dem Exil nur für den regierenden König aus der Dynastie Davids verwendet. Durch die Salbung mit heiligem Öl wurde er zum Sohn Gottes erhoben, der stellvertretend die Herrschaft Gottes auf Erden repräsentierte und vollzog. Mit dem Untergang Judas (586 v. Chr.) gerieten die Könige jedoch in Misskredit, sodass die Propheten den Messiastitel auf einen zukünftigen Heilskönig übertrugen, der unvergleichlich gerecht und gottesfürchtig sein würde. Mit ihm verbanden sich auch Hoffnungen auf Frieden (vgl. den Tierfrieden in Jes 11) und Gotteserkenntnis seiner Untertanen. Die Anhänger Jesu brachten mit dem Eigennamen „Jesus Christus" zum Ausdruck, dass sie ihn als den prophezeiten Heilskönig betrachteten; die Formel „Jesus (ist der) Christus" wird damit zur Urform des christlichen Glaubensbekenntnisses.

Jesus von Nazareth wirkte zu einer Zeit, als durch die **Vorherrschaft Roms** das **Bedürfnis Israels nach Befreiung und Gerechtigkeit** erneut groß war. Die erhoffte Unabhängigkeit, politische Stärke und vor allem die Wiedervereinigung Israels und Judas unter einem neuen Sohn Davids war noch nicht eingetreten. Jesu Lebenspraxis und seine Verkündigung standen daher im Kontext einer **wiederauflebenden Messiastradition**, in die sich Jesus selbst stellte. Vor allem die Hoffnungen auf einen politischen Befreier wurden von Jesus dabei in gewisser Hinsicht enttäuscht – bei genauerem Hinsehen jedoch um ein Vielfaches überboten. Denn Jesus als der Messias kam nicht als neuer weltlicher König, sondern als universaler Erlöser.

Vom Exklusivismus („mein Vater") zum Universalismus („Vater unser")
Jesu Anrede Gottes als **„Abba"** (aram. für „Vater" oder auch „mein/unser Vater") ist der Schlüssel zum besonderen Verhältnis Jesu zu Gott, das durch **innige familiäre Verbundenheit und absolutes Vertrauen** gekennzeichnet ist. Diese Bezeichnung Gottes ist für die jüdische Tradition unerhört und revolutionär, denn es herrschte sowohl das **Bilderverbot** als auch die **Vermeidung des Namens JHWH**. Stattdessen wurden Bildworte benutzt, die die Erhabenheit Gottes betonten und Ehrfurcht forderten: „Herr", „König", „Schöpfer der Welt", „Heiliger" und „Ewiger". Die Betonung der Vaterschaft Gottes dagegen hebt die Wesensmerkmale **Barmherzigkeit und Liebe** hervor, wie sich in der Parabel vom verlorenen Sohn (Lk 15,11–32), die auch als Parabel vom barmherzigen Vater gelesen werden kann, gleichnishaft zeigt: Gott geht auf den Menschen zu, verzeiht ihm und ermöglicht ihm damit innere Umkehr.

Die **Vaterschaft Gottes** im Sinne Jesu ist jedoch nicht exklusiv, sondern erstreckt sich auf alle Menschen: „Vater unser im Himmel" (Mt 6,9b). Damit werden der alttestamentliche Bund Gottes mit seinem Volk und das Angebot der Erlösung ausgeweitet auf die ganze Menschheit als das neue Volk Israel. Die alttestamentliche Gottesoffenbarung unterliegt im Hinblick auf die Heilswirksamkeit einem **Paradigmenwechsel vom Exklusivismus zum Universalismus**.

Die Lebenspraxis Jesu: „Gott ist die Liebe"

Leben und Wirken Jesu lassen erkennen, welche Wesenseigenschaften den Gott des Neuen Testaments charakterisieren. Dabei ist zu berücksichtigen, dass die Evangelien als Quellen der Überlieferung zu Jesus von Nazareth unter dem Eindruck der Auferstehung verfasst wurden – einer Perspektive, die einen wichtigen Einfluss auf die Schilderung der konkreten geschichtlichen Ereignisse im Leben Jesu hatte. Denn schließlich erfolgte die Darstellung von Leben und Wirken Jesu in der Gewissheit, dass er mit seiner Auferstehung den Tod überwunden hat. Daher sind historischer Jesus und Christus des Glaubens in den Evangelien auf untrennbare Weise miteinander verschränkt. Ihre Unterscheidung in der historisch-kritischen Exegese im Dienste der literarischen Analyse bedarf daher am Ende unbedingt einer theologischen Synthese. Die begriffliche Klammer für diese Synthese von historischer Gestalt Jesus und Christus als einem Gegenstand des Glaubens bildet die **Lehre vom Reich Gottes** (auch: Herrschaft oder Königreich Gottes), das sich im Leben und Wirken Jesu bereits zeigt. Sichtbare Zeichen für die anbrechende Gottesherrschaft sind Sündenvergebungen und Heilungen – als Zeichen der Liebe Gottes.

Bei den **Heilungen** handelt Jesus, legitimiert durch die Vollmacht Gottes, therapeutisch und erlösend: „Wenn ich aber die Dämonen durch den Finger Gottes austreibe, dann ist doch das Reich Gottes schon zu euch gekommen" (Lk 11,20). Die Not der Menschen ist dabei stets Ausgangspunkt der Gottesbegegnung. Für diese Begegnung wiederum ist nicht nur die **Zuwendung** Jesu konstitutiv, sondern auch Offenheit und Vertrauen des Kranken und **Annahme** des Geschenkes der Heilung.

In den **Sündenvergebungen** kommt ebenfalls die göttliche Vollmacht Jesu zum Ausdruck. Er tut etwas, was bisher allein Gott vorbehalten war. Zugleich werden gesellschaftliche Konventionen ignoriert, wenn Jesus stigmatisierte **Außenseiter** wahrnimmt, in seine Nähe holt, ihnen **Resozialisierung** und **Zukunft** eröffnet (man denke an die Zöllner oder Sünder, die Kranken, Bettler etc.). Gott, in Gestalt Jesu Christi, schenkt seine **Vergebung** also vorbehaltlos.

Jesus heilt den Blindgeborenen (JohEv 9,1–41)

Damit wird an das alttestamentliche Paradigma von **Indikativ und Imperativ** angeknüpft und dieses zugleich überboten: Für die heilende Begegnung spielen einerseits weder Bund noch Thora eine Rolle, weder gesellschaftliche noch kultische Regeln. Andererseits zeigt sich die Erfüllung des Bundes und des Gesetzes darin, dass nach der Sündenvergebung das **Bekenntnis zu Jesus** erfolgt und **Gemeinschaft** mit ihm ermöglicht wird.

In diesem **Heilshandeln Gottes**, das in empörender und provozierender Weise **gegen religiöse und gesellschaftliche Normen** verstößt, wird das Reich Gottes bereits Wirklichkeit. Jesu Handeln ist das Paradigma der Erlösung der Menschen durch Gott: „Und wer mich sieht, sieht den, der mich gesandt hat" (Joh 12,45). Während die synoptischen Evangelien die **Selbstoffenbarung Gottes** vor allem im konkreten Handeln und Reden Jesu zeigen, ist im Johannesevangelium die Sendung und Person Jesu selbst Gegenstand der Offenbarung, z. B. in den sog. **„Ich-bin-Worten"**:
- „das Brot des Lebens" (Joh 6,35.48),
- „das Licht der Welt" (Joh 8,12),
- „die Tür" (Joh 10,7.9),
- „der gute Hirt" (Joh 10,11.14),
- „die Auferstehung und das Leben" (Joh 11,25),
- „der wahre Weinstock" (Joh 15,1), „der Weinstock" (Joh 15,5).

Mit den „Ich-bin-Worten", die sich auf den unmittelbaren Erfahrungsbereich der Menschen beziehen und lebensnotwendige Dinge wie Licht, Nahrung Schutz etc. umfassen, knüpft der johanneische Jesus an die alttestamentliche **JHWH-Offenbarung „Ich-bin-da" (Ex 3,14)** an. In Jesus ist Gott ganz nah bei den Menschen. So wie sich JHWH als der große Befreier zeigt, der Bundes-treue hält und die Thora mit Weisungen für das Leben gibt, erscheint Jesus als der **Christus** (griech./lat. „Gesalbter"), der sich als Retter und Erlöser für die Menschen erweist.

Darüber hinaus entwickeln Johannesevangelium und -briefe eine eigene Theologie, die die Reich-Gottes-Botschaft als Grundlage der neutestamentlichen Gottesoffenbarung in spezifischer Weise interpretiert: **„Gott ist die Liebe"** (1 Joh 4,8 b). Diese Botschaft wird zum Kern der Verkündigung Jesu, die komplementär zur Reich-Gottes-Botschaft der synoptischen Evangelien steht.

Die Verkündigung Jesu: „Das Reich Gottes ist nahe!" (Mk 1,15 a)

Die Predigt Jesu enthält die zentrale Botschaft: Das Reich Gottes ist in seinem Wirken bereits angebrochen. Es zeigt sich bereits in Jesu Heilungen, Sündenvergebungen, Wundern und seiner liebevollen Zuwendung zu ausnahmslos allen Menschen, gerade auch den Außenseitern. Damit ist Jesus Christus nicht nur **Botschafter der Offenbarung**, sondern hat selbst **Offenbarungscharakter**. Seine **Identität als Sohn Gottes, neuer Mose, Initiator einer Sammlungsbewegung und Erlöser aller Menschen** erschließt sich in Gleichnissen und Parabeln, Reden und Streitgesprächen, Jüngerberufungen und Selbstaussagen. Die **Reich-Gottes-Botschaft** umfasst jedoch auch den futurischen Aspekt, wenn mit der Zusage der Auferweckung und des ewigen Heils eine Perspektive für ein „Leben nach dem Tod" eröffnet wird.

Der Kernpunkt des neutestamentlichen Gottesbildes: Kreuzestod und Auferstehung

Das Gottesbild des Neuen Testaments erhält seine zentrale Prägung durch Tod und Auferstehung Jesu Christi. Der Kreuzestod galt im Römischen Reich als ein adäquates Hinrichtungsmittel für besonders geächtete Gesetzesbrecher wie Aufständische, Piraten oder Sklaven. Historisch gesehen war der Prozess gegen Jesus und der **Kreuzestod** als Strafe die logische Konsequenz, die sich aus seiner nonkonformistischen Lebensführung ergab. Zugleich wird im Tod des Gottessohnes für die Glaubenden „Gottes Kraft und Gottes Weisheit" (1 Kor 1,24) ersichtlich, wenn am Kreuz zwar der irdische Weg Jesu endet, mit der Auferstehung jedoch seine himmlische Fortsetzung findet. Der Tod am Kreuz steht für das **stellvertretende Leiden für die Sünden der Menschheit insgesamt** (vgl. 1 Kor 15,3) und als besonderes **Zeichen für Versöhnung und Frieden** (vgl. Kol 1,20). So wurde aus dem „Ärgernis" (1 Kor 17) des Kreuzestodes Jesu ein **Heilsereignis**.

Diese Deutung des Kreuzes war nur möglich aus der **österlichen Perspektive**, also der Erfahrung und dem Wissen um die Auferstehung, die sich im Gegensatz zum Kreuzestod einer historischen Verifizierung entzieht. Zwar reichen die ersten Auferstehungszeugnisse historisch nah an dieses Ereignis heran, können es selbst jedoch nicht unmittelbar dokumentieren. Das vermutlich älteste Auferstehungszeugnis stammt aus dem Brief des Apostels Paulus an die griechische Gemeinde von Korinth, der ca. 55 n. Chr., also noch rund 20 Jahre vor dem ersten Evangelium, entstand. **Mit dem Glauben an die Auferstehung steht und fällt** nach Paulus die neutestamentliche Botschaft der Menschwerdung Gottes und damit **der ganze christliche Glaube:**

Szene aus Wagners „Parsifal", Deutsche Oper Berlin

> ¹³ Wenn es keine Auferstehung der Toten gibt, ist auch Christus nicht auferweckt worden. ¹⁴ Ist aber Christus nicht auferweckt worden, dann ist unsere Verkündigung leer und euer Glaube sinnlos. *(1 Kor 15,13 f.)*

Den zeitgenössischen Debatten um die Historizität der Auferstehung stellt Paulus keine Fakten gegenüber, sondern zitiert das **glaubwürdige Zeugnis der Tradition**, die nach den Forschungen der biblischen Exegese spätestens um 40 n. Chr. entstanden sein muss, also nur wenige Jahre nach dem Tod Jesu:

> ³ Denn vor allem habe ich euch überliefert, was auch ich empfangen habe: Christus ist für unsere Sünden gestorben, gemäß der Schrift, ⁴ und ist begraben worden. Er ist am dritten Tag auferweckt worden, gemäß der Schrift, ⁵ und erschien dem Kephas, dann den Zwölf. *(1 Kor 15,3 – 5)*

Auf dieser Grundlage wurden Jesus **christologische Hoheitstitel** wie „Herr", „Messias", „Menschensohn" oder „Sohn Gottes" zugeschrieben und es entwickelten sich **Christushymnen**, von denen der sog. **„Philipperhymnus"** einer der ältesten und damit ein Schlüsseltext des neutestamentlichen Gotteszeugnisses ist:

⁵ Seid untereinander so gesinnt, wie es dem Leben in Christus Jesus entspricht: ⁶ Er war Gott gleich, hielt aber nicht daran fest, wie Gott zu sein, ⁷ sondern er entäußerte sich und wurde wie ein Sklave und den Menschen gleich. Sein Leben war das eines Menschen; ⁸ er erniedrigte sich und war gehorsam bis zum Tod, bis zum Tod am Kreuz. ⁹ Darum hat ihn Gott über alle erhöht und ihm den Namen verliehen, der größer ist als alle Namen, ¹⁰ damit alle im Himmel, auf der Erde und unter der Erde ihre Knie beugen vor dem Namen Jesu ¹¹ und jeder Mund bekennt: „Jesus Christus ist der Herr" – zur Ehre Gottes, des Vaters. *(Phil 2,5–11)*

Während dieser Hymnus die Menschwerdung **(Inkarnation)** Gottes hervorhebt, betont ein anderes Loblied (Kol 1,15–20) die **Wesensgleichheit von Vater und Sohn** und entwickelt daraus eine umfassende Heilsgeschichte:

¹⁵ Er ist das Ebenbild des unsichtbaren Gottes, der Erstgeborene der ganzen Schöpfung. ¹⁶ Denn in ihm wurde alles erschaffen im Himmel und auf Erden, das Sichtbare und das Unsichtbare, Throne und Herrschaften, Mächte und Gewalten; alles ist durch ihn und auf ihn hin geschaffen. ¹⁷ Er ist vor aller Schöpfung, in ihm hat alles Bestand. ¹⁸ Er ist das Haupt des Leibes, der Leib aber ist die Kirche. Er ist der Ursprung, der Erstgeborene der Toten; so hat er in allem den Vorrang. ¹⁹ Denn Gott wollte mit seiner ganzen Fülle in ihm wohnen, ²⁰ um durch ihn alles zu versöhnen. Alles im Himmel und auf Erden wollte er zu Christus führen, der Friede gestiftet hat am Kreuz durch sein Blut. *(Kol 1,15–20)*

Darüber hinaus betont der Prolog des Johannesevangeliums (Joh 1,1–18) die **Präexistenz Christi**, der als Wort Gottes (griech. *logos*) bereits vor der Schöpfung da war und mit der Überwindung des Todes durch die Auferstehung der ganzen Welt ein universales Heilsangebot eröffnet hat.

¹ Im Anfang war das Wort, und das Wort war bei Gott, und das Wort war Gott. ² Im Anfang war es bei Gott. ³ Alles ist durch das Wort geworden und ohne das Wort wurde nichts, was geworden ist. ⁴ In ihm war das Leben und das Leben war das Licht der Menschen. ⁵ Und das Licht leuchtet in der Finsternis und die Finsternis hat es nicht erfasst. ⁶ Es trat ein Mensch auf, der von Gott gesandt war; sein Name war Johannes. ⁷ Er kam als Zeuge, um Zeugnis abzulegen für das Licht, damit alle durch ihn zum Glauben kommen. ⁸ Er war nicht selbst das Licht, er sollte nur Zeugnis ablegen für das Licht. ⁹ Das wahre Licht, das jeden Menschen erleuchtet, kam in die Welt. ¹⁰ Er war in der Welt und die Welt ist durch ihn geworden, aber die Welt erkannte ihn nicht. ¹¹ Er kam in sein Eigentum, aber die Seinen nahmen ihn nicht auf. ¹² Allen aber, die ihn aufnahmen, gab er Macht, Kinder Gottes zu werden, allen, die an seinen Namen glauben, ¹³ die nicht aus dem Blut, nicht aus dem Willen des Fleisches, nicht aus dem Willen des Mannes, sondern aus Gott geboren sind. ¹⁴ Und das Wort ist Fleisch ge-

worden und hat unter uns gewohnt und wir haben seine Herrlichkeit gesehen, die Herrlichkeit des einzigen Sohnes vom Vater, voll Gnade und Wahrheit. [15] Johannes legte Zeugnis für ihn ab und rief: Dieser war es, über den ich gesagt habe: Er, der nach mir kommt, ist mir voraus, weil er vor mir war. [16] Aus seiner Fülle haben wir alle empfangen, Gnade über Gnade. [17] Denn das Gesetz wurde durch Mose gegeben, die Gnade und die Wahrheit kamen durch Jesus Christus. [18] Niemand hat Gott je gesehen. Der Einzige, der Gott ist und am Herzen des Vaters ruht, er hat Kunde gebracht. *(JohEv 1,1–18)*

Dynamik und Lebendigkeit: Der Heilige Geist als göttliche Kraft

Insbesondere bei Johannes kommt der **Heilige Geist als dritte Person des einen göttlichen Wesens** ins Spiel:

> Wenn aber jener kommt, der Geist der Wahrheit, wird er euch in die ganze Wahrheit führen. Denn er wird nicht aus sich selbst heraus reden, sondern er wird sagen, was er hört, und euch verkünden, was kommen wird. *(Joh 16,13)*

Damit erscheint der Heilige Geist als **göttliche Person** mit eigener Machtvollkommenheit, die vor allem in **Erneuerung**, **Motivation**, **Stärkung und Zusammenführung** besteht.

Bereits im Alten Testament begegnet uns der Geist Gottes, jedoch nicht im personalen Sinn, sondern als **dynamisches Potenzial**. Das hebräische Wort „ruach" meint dabei zunächst den Atem des Lebens, die Lebendigkeit. Nach der ersten **Schöpfungserzählung** wird der Mensch durch die Einhauchung dieses Atems (vgl. Gen 2,7) nicht nur ein lebendiges Wesen, sondern sogar Ebenbild Gottes. Im Urzustand der Schöpfung (vgl. Gen 1,1) schwebt der Geist Gottes über den Urfluten. Der Geist ist damit stets mit **Präsenz, Lebendigkeit und Repräsentation des Göttlichen** verknüpft. Darüber hinaus wird der Begriff, der etwa 400-mal im Alten Testament erscheint, in großer semantischer Vielfalt gebraucht: Wind, Sturm, Weite, Geist des Menschen, Gottesgeist und -kraft. Es handelt sich stets um bildhafte Attribute Gottes.

Die synoptischen Evangelien und die Apostelgeschichte lassen den Heiligen Geist dagegen als **eigenständige Person des göttlichen Wesens** erscheinen. So heißt es in der Pfingsterzählung:

> Aber ihr werdet die Kraft des Heiligen Geistes empfangen, der auf euch herabkommen wird; und ihr werdet meine Zeugen sein in Jerusalem und in ganz Judäa und Samarien und bis an die Grenzen der Erde. *(Apg 1,8)*

Nach Mk 1,10 kam der Geist Gottes bei der Taufe Jesu als Taube auf diesen herab

Glasmalerei aus dem Petersdom

Die Wirkung dieser göttlichen Kraft zeigt sich in der **Begeisterung und Inspiration der Menschen**, die der Verbreitung der christlichen Botschaft Schubkraft verleiht und die Kirche als Sammlungsbewegung Gleichgesinnter grundlegt: „Diese Leute versetzen die ganze Welt in Aufruhr" (vgl. Apg 17,6).

Aufgrund der Geistsendung sind die Gläubigen mit **Charismen** (griech. *charisma* = „Gnadengabe") ausgestattet (z. B. der Fähigkeit zu prophetischer Rede, der Begabung, andere zu lehren, etc., vgl. 1 Kor 12), wodurch eine pluralistische Gemeinde entsteht, die jedoch durch den gemeinsamen Glauben und die Taufe geeint ist. Wesen und Einheit der christlichen Glaubensgemeinschaft bestehen in ihrem Auftrag (dem sog. **„Missionsbefehl"**): „Darum geht zu allen Völkern und macht alle Menschen zu meinen Jüngern; tauft sie auf den Namen des Vaters und des Sohnes und des Heiligen Geistes" (Mt 28,19).

Dreieinigkeit: Gott als Vater, Sohn und Heiliger Geist

Der Missionsbefehl bildet die Grundlagen der christlichen **Trinitätslehre** (vgl. S. 140 ff.), in der die neutestamentliche Gottesoffenbarung ihre systematische und umfassende Ausprägung erfährt. Es handelt sich keineswegs um einen verkappten Polytheismus, denn die drei Personen sind **wesensgleich**, haben also keine verschiedenen Identitäten. Zugleich aber unterscheiden sie sich hinsichtlich ihrer **funktionellen Eigenart:**

- **Gott-Vater** ist allmächtiger und universaler **Schöpfer** der Welt (vgl. Gen 1–2), transzendentes und personales Du (vgl. Ex 3,14),
- **Gott-Sohn** ist menschgewordener Gott, Jesus Christus, Messias und „Ebenbild des unsichtbaren Gottes" (Kol 1,15), Auferstandener und **Erlöser** (vgl. Phil 2,6–11),
- Heiliger Geist ist **Beweger**, **Erneuerer** und **Stärker**.

Auch die Trinitätstheologie unterliegt dem **Vorbehalt der „analogia entis"** (vgl. S. 35), derzufolge sich Glaubenswahrheiten weder logisch noch sprachlich adäquat erfassen lassen. Daher unternahm man in der Dogmengeschichte verschiedene sprachliche Annäherungsversuche:

- Philosophisch-theologisch: Trinität als Figur einer in sich dynamischen Beziehung der drei göttlichen Personen, in der sich Gott dem Menschen auf verschiedene Weise offenbart.
- Bildhaft-symbolisch: Analogie zu den drei Aggregatzuständen des Wassers (fest – flüssig – gasförmig), zum Kleeblatt aus drei Einzelblättern, zu den drei Seiten eines gleichseitigen Dreiecks.
- Bildhaft-metaphorisch: Gott wird gedacht als „offene, einladende Gemeinschaft"[19] (Jürgen Moltmann).

info

Die christliche Lehre von der **Trinität** (lat. *trinitas* = „Dreifaltigkeit/-einigkeit"), die 325 n. Chr. auf dem Konzil von Nizäa verkündet wurde, besagt, dass das eine und einzige göttliche Wesen aus drei Personen besteht: Gott-Vater, Gott-Sohn und Heiliger Geist. Diese drei Personen sind „wesensgleich", (griech. *homousios*), d. h. es besteht Homousie („Wesenseinheit").

Zusammenfassung

Das Gottesbild des Neuen Testamentes entwickelt sich aus einer **Korrektur, Erweiterung und Vertiefung** des alttestamentlichen Gottesbildes:

- Aus dem **treuen Bundesgott** entwickelt sich die Erkenntnis **Gottes als Liebe** (1 Joh 4,16 b), die in der Menschwerdung ihren sichtbarsten Ausdruck findet.
- **Sündenvergebung, Heilung und Zuwendung** sind zentrale Dimensionen der voraussetzungslosen Menschenfreundlichkeit Gottes, die die Treue Gottes für den Gehorsam gegenüber der Thora übersteigt.
- Das nationale Heilsangebot an Israel weitet sich zur **Rettung aller Völker** durch die Auferstehung Jesu und die Verheißung der Vollendung der Welt.
- Aus einem vorwiegend patriarchalischen Gott entwickelt sich die **Trinität des einen göttlichen Wesens**.

Die christliche Gotteslehre basiert auf den biblischen Konturen der Gottesoffenbarung des Alten und Neuen Testaments. Ohne die Heilsgeschichte Israels

---

19 Moltmann, Jürgen: Geist des Lebens. Eine ganzheitliche Pneumatologie, München 1991, S. 231.

wäre eine Menschwerdung Gottes im Duktus der biblischen Offenbarung nicht vorstellbar. Der Exodus des Volkes Israel findet seine unübertroffene Erneuerung im Exodus des Menschen in der Auferstehung.

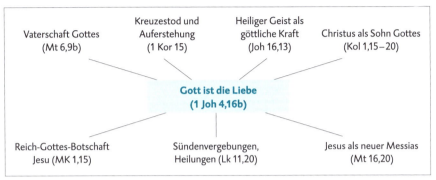

Das Gottesbild des Neuen Testaments

4 Außerbiblische Transzendenzerfahrungen

Die Heilige Schrift ist das Zeugnis unzähliger **Transzendenzerfahrungen** (Erfahrungen, die über das natürliche Alltagserleben hinausgehen, vgl. S. 187 f.) des Volkes Israel (AT) und der Menschen aus dem Umfeld Jesu (NT). Diese Erfahrungen führten bei ihnen zu religiöser Reflexion, Bekenntnis oder Gebet, Gottesdienst oder tätiger Nächstenliebe und fanden zugleich in der Bibel ihren schriftlichen Niederschlag.

Die zunehmende historische **Distanz der nachfolgenden Generationen zur Entstehungszeit der Bibel** (ca. 1200 v. Chr.–120 n. Chr.) und besonders der Trend zu **Säkularisierung** und **neuen Formen von Religiosität** führen jedoch dazu, dass die heutigen Menschen oft **Schwierigkeiten** haben, biblische Aussagen über Gott nachzuvollziehen. Auch fällt es ihnen immer schwerer, persönliche Transzendenzerfahrungen als solche zu erkennen und sich darauf einzulassen.

Doch was sind Transzendenzerfahrungen eigentlich? Die Religionspsychologie lehrt uns, dass es vor allem **existenzielle menschliche Grunderfahrungen** (z. B. Angst, Tod, Versagen, aber auch Glück, Liebe, Versöhnung) sind, die den Charakter religiöser Transzendenzerfahrungen aufweisen. Durch diese Grunderfahrungen teilen Christen mit ihren nichtchristlichen Mitmenschen oft mehr an praktizierter Religiosität, als ihnen selbst bewusst ist. Zumindest ergeben sich Ansatzpunkte, um miteinander ins Gespräch zu kommen.

> **In diesem Kapitel lernen Sie ...**
>
> - Anlässe und Möglichkeiten für heutige Transzendenzerfahrungen zu identifizieren,
> - ein Bewusstsein für alternative Wege der Transzendenzerfahrung zu entwickeln.

Es gibt einige **Grundbedingungen**, die, sofern sie gegeben sind, das Erleben von Transzendenzerfahrungen erleichtern oder befördern können. Exemplarisch seien folgende genannt:

Offenheit

Im Zuhören und Wahrnehmen überschreiten wir Menschen die Grenze unserer Ich-Bezogenheit. Wir werden dadurch offen für das, was jenseits von uns liegt – seien es immanente Dinge (z. B. unsere Mitmenschen) oder das Transzendente (Gott). „Der Glaube kommt vom Hören" (vgl. Röm 10,17). Wenn wir innerlich **achtsam und wahrnehmungsbereit** geworden sind, können wir uns darüber hinaus **bewusst** Situationen aussetzen, die das Potenzial haben, die Begegnung mit dem Transzendenten zu befördern. Dazu zählen vor allem beeindruckende **Naturerfahrungen**, die Teilnahme an **kulturellen Veranstaltungen**, die uns besonders berühren, oder die Beschäftigung mit **philosophischen Themen** – denn all diese Tätigkeiten werfen Fragen auf, deren Antworten sich nicht im Bereich des Immanenten finden lassen. So wird unsere **Aufmerksamkeit** ganz automatisch auf den Bereich des Transzendenten gelenkt. Dass es heutigen Menschen schwerfällt, sich in dieser Weise für das Transzendente offen zu machen, hat wohl auch damit zu tun, dass vielfältige **Ablenkungen** und **mediale Einflüsse** ihre ganze Aufmerksamkeit in Beschlag nehmen. **Papst Benedikt XVI.** beklagte diesen Zustand bei seiner Deutschlandreise im Jahr 2006: „Es gibt eine Schwerhörigkeit Gott gegenüber", sagte der Papst, „an der wir gerade in dieser Zeit leiden. Wir können ihn einfach nicht mehr hören – zu viele andere Frequenzen haben wir im Ohr." Eine Möglichkeit, diese anderen Frequenzen leiser zu stellen, stellt die Meditation dar (siehe Punkt 2).

Innere Einkehr

Stille und Meditation sind für alle Menschen notwendige Voraussetzungen für Besinnung, Erholung und Konzentration auf das Wesentliche. So wie der natürliche Rhythmus von Wachen und Schlafen die menschliche Existenz gesund hält, ist auch der **Wechsel von Aktivität („vita activa") und Muße („vita contemplativa")** konstitutiv für ein bewusstes und würdevolles Leben.

Ruhe und Einkehr suchen in Zeiten der Hektik

Nur in einer Sphäre von Ruhe und Sammlung eröffnen sich spirituelle Erfahrungsräume. Unsere Zeit ist von großer Hektik, enormer Beschleunigung, Kurzlebigkeit von Beziehungen und Informationsüberflutung geprägt. Umso mehr scheint die **Sehnsucht nach Meditation und Innehalten, nach Ruhe und Spiritualität** zu wachsen.

Innere Einkehr ist jedoch nicht nur die Voraussetzung für persönliche Transzendenzerfahrungen. Auch die Bewältigung globaler Herausforderungen im Bereich von Ökologie, internationalem Frieden, sozialer Gerechtigkeit und wirtschaftlichem Wohlstand ist darauf angewiesen. Denn es ist offensichtlich, dass die Lösung der anstehenden Probleme nicht alleine durch die Konzentration auf innerweltliche Instrumente (Politik, Wissenschaft und Wirtschaft) und deren Grundsätze möglich ist – auch religiöse Überzeugungen, die letztlich auf Transzendenzerfahrungen zurückgehen, müssen mit einbezogen werden (z. B. beim Thema Menschenrechte oder Verteilungsgerechtigkeit). So gewinnen interreligiöser Dialog und Bemühungen um ein Weltethos immer stärkere Bedeutung. Die davon angestoßenen gesellschaftlichen, politischen und religiösen Veränderungsprozesse haben nicht selten ihren Ursprung in Besinnung, Gebet, Meditation und Sammlung.

info

Unter **Spiritualität** (lat. *spiritus* = „Geist, Hauch" bzw. *spiro* = „ich atme") versteht man eine geistige Verbindung zum Transzendenten. Im Mittelpunkt der christlichen Spiritualität steht die besondere Verbindung zu Jesus Christus. Sie kann durch bestimmte Techniken angebahnt oder erreicht werden (z. B. Kontemplation, Bibellektüre, Gebet, Nächstenliebe, Exerzitien, Wallfahrt, Kirchenmusik), wird aber vor allem als unverdientes Geschenk (Gnade) erlebt.

Kontingenzerfahrungen

Kontingenzerfahrungen machen dem Menschen **die eigene Unvollkommenheit und Endlichkeit** bewusst. Die damit verbundenen existenziellen Grundfragen führen nicht selten zur Überzeugung, dass das eigene Sein und Wesen geschenkt ist: Die **Erfahrung von Begrenztheit** und das **Vertrauen in eine unbegrenzte Macht** sind aufs Engste miteinander verknüpft. Dabei sind sowohl positive wie negative Kontingenzerfahrungen möglich:

- Glückserfahrungen reichen von Erlebnissen wie Geburt, Genesung, Liebe und Versöhnung bis hin zu Erfahrungen von Anerkennung und Erfolg. Sie vermitteln eine Ahnung vom paradiesischen Zustand der Sorgenfreiheit und Bedürfnislosigkeit. Zugleich wird im Moment des Glücks auch dessen Brüchigkeit und Vergänglichkeit bewusst. Diese Erkenntnis führt nicht selten zur Dankbarkeit gegenüber einem transzendenten Wesen.

- Angst, Einsamkeit, Leid und schließlich der Tod führen uns Menschen wie keine anderen Erfahrungen an unsere Grenzen. Sie wecken die Sehnsucht nach Sinn, Erlösung und Rettung, nach einer Hoffnungsperspektive, die die Gegenwart auf die Zukunft hin transzendiert. Nicht selten geschieht über die Akzeptanz unveränderlicher Gegebenheiten wie z. B. einer schweren Krankheit eine religiöse Bekehrung: Es geht dabei nicht (nur) um eine kurzfristige Bewältigungsstrategie in schwerer oder aussichtsloser Situation, sondern um eine tragfähige Grundlage und überzeugende Perspektive für das Leben insgesamt.

Feier und Ritual

Gottesdienst und Kult stehen zwar im Christentum in engster Verbindung zur Heiligen Schrift, tragen aber auch ein eigenes Potenzial von Transzendenzerfahrung in sich. So wie Kirchen in ihrem Baustil die religiösen Bedürfnisse, Themen und Trends ihrer Zeit ausdrücken und damit Tore zur Transzendenz öffnen, so ermöglichen **Gottesdienste und religiöse Gemeinschaftserlebnisse** auch Nichtchristen zumindest eine Ahnung oder sogar den Mitvollzug religiösen Erlebens und das Transzendieren des eigenen Lebens. Auch in unserer säkularen Gesellschaft geben die geprägten **Zeiten des Kirchenjahres** wichtige Impulse und rhythmisieren das Jahr. **Advent und Weihnachtszeit** bieten willkommene Anlässe für die Menschen, innezuhalten, zurückzuschauen und ggf. neue Perspektiven für ihr Leben zu entwickeln. Die **Sakramente** strukturieren das menschliche Leben und stellen es in den heilsgeschichtlichen Zusammenhang. Die Geburt eines Kindes beispielsweise bedeutet einen großen Einschnitt im Leben der Eltern und verlangt nach einer Deutung, wie sie z. B. in der Taufe erfolgt.

Rituale geben Sicherheit, bringen die Menschen zusammen und haben die Kraft, das eigene Leben zu transzendieren

Auch wenn die Bibel der zentrale und genuine Weg christlich-jüdischer Gotteserfahrung ist, dürfen andere Zugänge zur Transzendenz nicht außer Acht gelassen werden. So lehrt uns die Geschichte des frühen Christentums, dass gerade die produktive Auseinandersetzung mit dem Hellenismus grundlegende und wertvolle Impulse für die Entfaltung des christlichen Gottesglaubens gebracht hat. Ebenso lassen sich auch in der heutigen Zeit wichtige Impulse für den Glauben aus außerbiblischen Quellen gewinnen. Daher gibt es neben der Bibel auch noch zahlreiche andere Wege der Transzendenzerfahrung.

info

Das **Ritual** (lat. *ritus* = „religiöse Vorschrift, Zeremonie, Brauch") ist eine oft feierliche Handlung mit bestimmtem Symbolgehalt, die nach vorgegebenen Regeln abläuft. Sie wird meist von festgelegten oder überlieferten sprachlichen Formeln und entsprechenden Gesten begleitet und kann religiöser oder säkularer Art sein (z. B. gottesdienstliche Rituale, Begrüßungsrituale, Hochzeitsrituale). Eine geordnete Abfolge von rituellen Handlungen bezeichnet man als Ritus.

Aufgaben

M 1: Franz Kafka (1883–1924): „Der Aufbruch" (1936)

Ich befahl mein Pferd aus dem Stall zu holen. Der Diener verstand mich nicht. Ich ging selbst in den Stall, sattelte mein Pferd und bestieg es.

In der Ferne hörte ich eine Trompete blasen, ich fragte ihn, was das bedeutete. Er wusste nichts und hatte nichts gehört.

Beim Tore hielt er mich auf und fragte: „Wohin reitet der Herr?" „Ich weiß es nicht", sagte ich, „nur weg von hier, nur weg von hier. Immerfort weg von hier, nur so kann ich mein Ziel erreichen." „Du kennst also dein Ziel", fragte er. „Ja", antwortete ich, „ich sagte es doch: ‚Weg-von-hier' – das ist mein Ziel." „Du hast keinen Essvorrat mit", sagte er. „Ich brauche keinen", sagte ich, „die Reise ist so lang, dass ich verhungern muss, wenn ich auf dem Weg nichts bekomme. Kein Essvorrat kann mich retten. Es ist ja zum Glück eine wahrhaft ungeheure Reise."

Quelle: Raabe, Paul (Hg.), Franz Kafka. Sämtliche Erzählungen, Frankfurt 1970, S. 320.

M 2: Heinz Rudolf Kunze (geb. 1956): „Ich geh meine eigenen Wege"

Kannst Du mir noch folgen?
Kannst Du mich noch sehn?
Ich hab's tatsächlich riskiert,
Dir den Rücken zuzudrehn.
Doch so wahr ich jetzt hier stehe:
ich bereue keinen Schritt.
Und so wahr ich weitergehe:
Meine Zeit mit Dir kommt mit.

Ich geh meine eigenen Wege,
ein Ende ist nicht abzusehn.
Eigene Wege sind schwer zu beschreiben,
sie entstehen ja erst beim Gehn.

Schau, die große Karawane
zieht vorbei im alten Trott.
Für Kamele gibt's Gebete,
für die Reiter einen Gott.
Von Oase zu Oase
jede Nacht ein neuer Tanz.
Nie verlassen sie die Wege
des geringsten Widerstands.

Ich geh meine eigenen Wege,
welcome to this One Man Show!
Ich geb mir die Sporen, sonst bin ich
verloren, volles Risiko.

Ich geh meine eigenen Wege,
ein Ende ist nicht abzusehn.
Eigene Wege sind schwer zu beschreiben,
sie entstehen ja erst beim Gehn.

Quelle: Werk [204219200]: Meine eigenen Wege. Text, 01: Kunze, Heinz Rudolf. © Edition Intro Gebr. Meisel GmbH, Berlin

M 3: Der Auszug aus Ägypten (Ex 14,19–31)

[19] Der Engel Gottes, der den Zug der Israeliten anführte, erhob sich und ging an das Ende des Zuges und die Wolkensäule vor ihnen erhob sich und trat an das Ende. [20] Sie kam zwischen das Lager der Ägypter und das Lager der Israeliten. Die Wolke war da und Finsternis und Blitze erhellten die Nacht. So kamen sie die ganze Nacht einander nicht näher.

[21] Mose streckte seine Hand über das Meer aus und der Herr trieb die ganze Nacht das Meer durch einen starken

Ostwind fort. Er ließ das Meer austrocknen und das Wasser spaltete sich. ²²Die Israeliten zogen auf trockenem Boden ins Meer hinein, während rechts und links von ihnen das Wasser wie eine Mauer stand. ²³Die Ägypter setzten ihnen nach; alle Pferde des Pharao, seine Streitwagen und Reiter zogen hinter ihnen ins Meer hinein.

²⁴Um die Zeit der Morgenwache blickte der Herr aus der Feuer- und Wolkensäule auf das Lager der Ägypter und brachte es in Verwirrung. ²⁵Er hemmte die Räder an ihren Wagen und ließ sie nur schwer vorankommen.

Da sagte der Ägypter: Ich muss vor Israel fliehen; denn Jahwe kämpft auf ihrer Seite gegen Ägypten.

²⁶Darauf sprach der Herr zu Mose: Streck deine Hand über das Meer, damit das Wasser zurückflutet und den Ägypter, seine Wagen und Reiter zudeckt.

²⁷Mose streckte seine Hand über das Meer und gegen Morgen flutete das Meer an seinen alten Platz zurück, während die Ägypter auf der Flucht ihm entgegenliefen. So trieb der Herr die Ägypter mitten ins Meer. ²⁸Das Wasser kehrte zurück und bedeckte Wagen und Reiter, die ganze Streitmacht des Pharao, die den Israeliten ins Meer nachgezogen war. Nicht ein Einziger von ihnen blieb übrig.

²⁹Die Israeliten aber waren auf trockenem Boden mitten durch das Meer gezogen, während rechts und links von ihnen das Wasser wie eine Mauer stand.

³⁰So rettete der Herr an jenem Tag Israel aus der Hand der Ägypter. Israel sah die Ägypter tot am Strand liegen. ³¹Als Israel sah, dass der Herr mit mächtiger Hand an den Ägyptern gehandelt hatte, fürchtete das Volk den Herrn. Sie glaubten an den Herrn und an Mose, seinen Knecht.

4 Beschreiben Sie die unterschiedliche Gestaltung des Wegmotivs in M 1 und M 2 und vergleichen Sie die jeweiligen Lebenseinstellungen des Sprechers mit dem Glauben Israels an Gott (vgl. M 3, Ex 14,31).

5 Entfalten Sie – ausgehend von der Selbstoffenbarung Gottes als JHWH (vgl. Ex 3,14) – Konturen des alttestamentlichen Gottesbildes.

6 Erläutern Sie die neutestamentliche Anwendung des alttestamentlichen Titels „Messias" auf Jesus von Nazareth und zeigen Sie dabei die Bedeutung der österlichen Perspektive für das Jesusbild der Evangelien auf.

7 Entwerfen Sie unter Einbeziehung der Materialien M 1 **oder** M 2 (einer der beiden Texte muss gewählt werden) **und** M 3 (verpflichtend) die Gliederung für eine Predigt in einem Firmgottesdienst (ganze Sätze).

8 Interpretieren Sie die alttestamentliche Exoduserzählung (M 3) hinsichtlich heutiger Situationen von „Knechtschaft" und Unterdrückung.

Verantworteter Gottesglaube:
Anfragen, Ablehnung, Annäherungen

1 Lebenserfahrungen und Gottesvorstellungen

Die Grundentscheidung eines Menschen für oder gegen das Urvertrauen in einen transzendenten Gott hängt ganz wesentlich von seinen prägenden Lebenserfahrungen ab. Diese persönlichen Erlebnisse und deren Deutung spielen meist eine viel größere Rolle als rationale Einsichten oder Reflexionen. So wandelt sich das **Gottesbild** eines Menschen im Laufe seiner eigenen Entwicklung. In ähnlicher Weise ändern sich auch die gesellschaftlichen **Gottesvorstellungen** in Abhängigkeit von geschichtlichen, kulturellen, politischen, wirtschaftlichen und wissenschaftlichen Rahmenbedingungen. Der größte Zweifel an der Legitimität und Rationalität des Glaubens an Gott besteht in der **Theodizee:** Wie lässt sich die Existenz eines allmächtigen und gütigen Gottes mit dem Leid in der Welt vereinbaren?

> **In diesem Kapitel lernen Sie ...**
>
> - verschiedene Gottesvorstellungen zu beschreiben,
> - die Bedingtheit und Fragwürdigkeit von Gottesvorstellungen zu erläutern,
> - die Argumentation der Theodizee-Frage darzustellen und entsprechende theologische Antworten zu erörtern.

1.1 Formen und Zerrbilder von Gottesvorstellungen

Nach der 16. Shell Jugendstudie „Jugend 2010" (Frankfurt a. M. ^{2}2011) spielt der Gottesglaube im Sinne traditioneller Religiosität in der gegenwärtigen Jugendkultur insgesamt eine geringe Rolle.

Eine differenzierte Analyse – befragt wurde eine repräsentative Auswahl von 2 604 Jugendlichen im Alter von 12 bis 25 Jahren – ergibt allerdings einen sehr vielschichtigen Befund, der eine **starke Polarisierung hinsichtlich religiöser Einstellungen** zeigt: Einer kleinen „Minderheit, die den Glauben an Gott für die Lebensführung wichtig findet, steht eine relative Mehrheit der Jugend gegenüber, für die Gottesglauben im Leben nur wenig bedeutet", ist in der Studie zu lesen (S. 204). Zudem schwindet der Glaube an einen persönlichen Gott bei Jugendlichen seit Jahrzehnten, wobei sich diese Tendenz am meisten unter jungen Katholiken zeigt, aber kaum unter Anhängern nichtchristlicher Religionen.

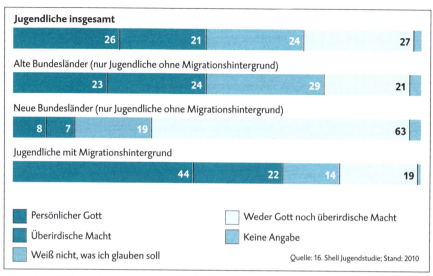

Woran Jugendliche glauben (im Alter von 12–25 Jahren, Angaben in %)

So bekennt sich jeder fünfte katholische oder evangelische Jugendliche nicht zu einem persönlichen Schöpfergott, sondern zu einem unpersönlichen, göttlichen Prinzip. Insgesamt bezeichnet sich etwa die Hälfte der Jugendlichen als religiös, während sich die andere Hälfte aus überzeugten Atheisten (31 %) und religiös unsicheren (27 %) Jugendlichen zusammensetzte.

In der **Vielfalt der Gottesvorstellungen** unter denjenigen Jugendlichen, die sich als gläubig bezeichnen, sind typische Formen erkennbar, die sich in verschiedene Kategorien einteilen lassen, und zwar je nach Art der Beziehung zwischen der Welt des Glaubenden und deren transzendentem Bezugspunkt:

- Der **Theismus** (griech. *theos* = „Gott") bezeichnet im Gegensatz zum **Atheismus** die Haltung desjenigen gläubigen Menschen, der einer transzendenten, göttlichen Instanz vertraut und deren Eingreifen in die Geschicke der Welt für wahr hält.

- Demgegenüber lehnt der **Deismus** (lat. *deus* = „Gott") als typische religiöse Strömung der Aufklärung jedwede übernatürliche Offenbarung ab und möchte das Wirken Gottes auf den Schöpfungsakt beschränkt wissen.

- Im **Pantheismus** (griech. *pan* = „alles") sieht man das Göttliche in allen Formen der Existenz verwirklicht (Gott und die Welt sind identisch). Eine Trennung von Universum und göttlicher Sphäre gibt es in dieser religiösen Haltung nicht. Damit widersprachen die Pantheisten der traditionellen Gottesvorstellung, nach der Gott als Schöpfer der Welt überlegen sein muss.

- Der **Emanat(ion)ismus** (lat. *emanatio* = „Ausfließen") richtet seinen Blick auf die transzendente, heilige Quelle als Ursprung für die Vielfalt alles Seienden und Lebenden. Das göttliche Urprinzip ist dabei aber transzendent und nicht wie im Pantheismus der Wirklichkeit immanent.

Theismus	„Gott hat die Welt erschaffen und lenkt sie noch immer."
Deismus	„Gott hat nur die Welt erschaffen und ist jetzt abwesend."
Pantheismus	„Gott ist immanent in allen Dingen."
Emanationismus	„Alles geht aus einem göttlichen Urprinzip hervor."

Traditionelle Gottesvorstellungen

Die **Gottesvorstellung des Christentums** ist eine Form des **Theismus**: Gott erweist sich von Anfang an als erfahrbarer Gott, dessen Handeln sich geschichtlich manifestiert. Dennoch bleiben seine Allmacht, Transzendenz und Nichtverfügbarkeit, worin auch das Bilderverbot (2. Gebot) begründet ist, sowie die Unmöglichkeit bestehen, sich diesem Gott sprachlich oder wissenschaftlich zu nähern. Zudem vereint der Gott des Alten und Neuen Testamentes so viele Eigenschaften in sich, dass die Verabsolutierung bestimmter Attribute stets zu **Zerrbildern** führt. Diese wiederum lassen sich oft auf **Wunschvorstellungen der Menschen** zurückführen, die in sehr einseitiger und selektiver Weise das Bild Gottes konstruieren. Von diesem erwarten sie sich entweder etwas ganz Außergewöhnliches (z. B. Wunder) oder vermenschlichen ihn durch Zuschreibung bestimmter Eigenschaften (z. B. der alte Mann). Folgende **Zerrbilder Gottes** werden auch heute immer wieder gezeichnet:

- **Gott als „Lückenbüßer"** dient der Erklärung von (bisher) Unfassbarem. Dies können große Katastrophen sein, hinter denen der Wille eines strafenden Gottes angenommen wird, oder unerklärliche wissenschaftliche Phänomene. Gott füllt diejenige Lücke aus, die durch die fehlende Antwort auf eine bislang unbeantwortete Frage besteht, so etwa nach dem Grund für das Leid der Menschen (das z. B. als Strafe Gottes gedeutet wurde).

- **Die Vorstellung von Gott als „gutem Freund"** ignoriert bewusst die ethischen Implikationen des Glaubens und reduziert Gott auf einen Solidarpartner, **der nichts fordert, aber alles versteht**. Hierbei handelt es sich um die Projektion menschlicher Wünsche nach einem allseits präsenten, immer unterstützenden und einfühlsamen Wesen, ähnlich einem Haustier, als Ersatz für einen Partner.

- Gott wird oft als **männlicher Vater-Gott** oder, seltener, **weiblicher Mutter-Gott** („Göttin") beschrieben, um durch die Zuordnung zu einem Geschlecht gewisse Eigenschaften Gottes hervorzuheben (z. B. Strenge bzw. Barmherzigkeit). Hinter diesen **anthropomorphen** (griech. *anthropos* = „Mensch"; *morphe* = „Form, Gestalt") **Gottesbildern** steht meist entweder das Interesse, an traditionellen Vorstellungen festzuhalten (Patriarchat), oder gerade diese Vorstellungen zu überwinden (Feminismus). In beiden Fällen entsteht ein einseitiges Gottesbild.

Ein typisches anthropomorphes Gottesbild: Gott als alter Mann mit weißem Bart

- **Gott als jenseitiger Vertröster und Belohner** soll die Ungerechtigkeit des menschlichen Lebens kompensieren, ein bestimmtes religiöses oder ethisches Verhalten belohnen und letztlich dazu dienen, das Leben erträglicher und den Glauben an eine überirdische Macht attraktiv zu machen.

- Von **Gott als Aufpasser und Kontrolleur** wird erwartet, über die Einhaltung von Regeln zu wachen. Zugleich übernimmt er die Rolle des sanktionierenden **Richters**, der den Menschen für sein Verhalten zur Rechenschaft zieht. Nicht selten übernehmen selbst ernannte Stellvertreter Gottes wie z. B. religiöse oder politische Führer diese Funktion, um damit die eigene Machtposition zu legitimieren und zu sichern.

- Gerade in säkularisierten Gesellschaften ist die Funktion des **Nothelfers oder Lakaien** recht verbreitet: Erst dann, wenn der Mensch sich selbst nicht mehr zu helfen weiß, vertraut er sich einem transzendenten Absoluten an, von dem die **Lösung konkreter Probleme oder Schwierigkeiten** erwartet wird.

- Gott als **Handelspartner** erscheint vor allem in jenen Glaubensvorstellungen, in denen der Gläubige sich durch ein bestimmtes Verhalten die Gnade und das Wohlwollen Gottes nach dem Prinzip des **„do ut des"** (lat. „ich gebe, damit du gibst") erkaufen möchte. Umgekehrt wird Gott im Falle der Abwesenheit seiner Hilfe für eine Illusion erklärt.

- Gott als **temporäres kulturelles Phänomen** tritt immer dann auf, wenn Menschen bei bestimmten persönlichen oder gesellschaftlichen Anlässen feiern, beten oder sich zumindest in religiöse Veranstaltungen begeben, die Anbetungscharakter haben. Eine zeitlich befristete Zuwendung an die Transzendenz kommt dem Staunen und der Ergriffenheit bei einem kulturellen Erlebnis nahe. Der Rezipient erhält eine Ahnung vom Religiösen und lässt sich seinen Alltag gerne unterbrechen, um dann aber wieder in seine atheistische Haltung zurückzufallen.

- Insbesondere bei kirchlichen Großereignissen oder auch bei gruppendynamisch wirksamen, religiösen Erfahrungen zeigt sich ein **Gott des Events, der Ekstase oder zumindest der Begeisterung**. Im Stil des Pfingstereignisses (vgl. Apg 2,1–42) werden Menschen von einem religiösen Enthusiasmus erfasst, der für sie zugleich mit einer bestimmten Gotteserfahrung und -vorstellung verbunden ist.

Religiöse Großereignisse fördern das Bild eines begeisternden Gottes im Sinne des Pfingstereignisses; hier eine Aufnahme vom Abschlussgottesdienst des 2. Ökumenischen Kirchentags auf der Münchner Theresienwiese (2010)

- Die völlige **Entpersonalisierung Gottes** lässt das Transzendente lediglich als unpersönliche, kosmische und jenseitige Kraft erscheinen, die aber in keiner kommunikativen Beziehung zu Mensch und Universum steht. Der Glaube an diese nicht näher bestimmte „Macht" stellt die **stark säkularisierte Form einer theistischen Gottesvorstellung** dar.

1.2 Bedingtheit und Fragwürdigkeit von Gottesvorstellungen

Individuelle Bedingungen

Zahlreiche Faktoren bedingen die Entstehung von Gottesvorstellungen. Dazu zählen zunächst die frühkindlichen Erfahrungen in der **Familie** mit ihren spezifischen Rollenmustern. Das Erleben der Zuwendung von Mutter und Vater sowie die Erfüllung bzw. das Versagen der kindlichen Bedürfnisse durch die Eltern sind für das spätere Gottesbild äußerst prägend. Damit rückt auch die **Erziehung** als determinierender Faktor ins Zentrum: Werte, Normen und Ziele,

Die Familie hat entscheidenden Einfluss auf die Entstehung von Gottesbildern

Erziehungsstil und religiöses Vorbildverhalten sind hier entscheidend. Daneben haben Grunderfahrungen des jungen Menschen in Grenzsituationen (z. B. der Tod eines Angehörigen) große Bedeutung für die Gottesvorstellung – wenn sie religiös gedeutet werden, z. B. durch Gebet, Gottesdienst und Rituale. Auch die materielle Situation spielt eine Rolle, wie natürlich auch der **Charakter** eines Menschen, seine **genetische Disposition** und seine individuellen **Neigungen**.

Lebensumfeld

Der Mensch entwickelt seine Gottesvorstellung im Kontext der Verhältnisse, in denen er lebt und aufwächst („**soziokulturelles Umfeld**"). Es spielt eine Rolle, ob sich Religiosität unter den Bedingungen einer Diktatur oder einer freiheitlichen Demokratie entfaltet **(politische Situation)**. Eine **gesellschaftliche Situation**, die von Individualismus, Pluralität und Säkularisierung gekennzeichnet ist, stellt ein anderes Umfeld dar als eine volkskirchlich geprägte, relativ homogene bürgerliche Gesellschaft. Ferner spielt die **wirtschaftliche Situation** eine Rolle: Während in sozialistischen Gesellschaften ein staatlich verordneter Atheismus den geistigen Horizont bildet, erscheinen in kapitalistischen Systemen nicht selten Wachstum und Wohlstand als Ersatzgötter. Die sich in diesen Gesellschaftsmodellen entwickelnden Gottesvorstellungen enthalten oft Projektionen unterdrückter Wünsche der Menschen, z. B. Gott als Befreier und Erlöser oder als Freund der Menschen, der auf das Herz sieht.

Kulturelle Einflüsse

Der ehemals kirchlich gesteuerte religiöse Diskurs findet in säkularisierten Gesellschaften nicht selten in kulturellen Kontexten statt. **Kunst, Literatur und Musik** sind daher heutzutage wirkmächtige Ausdrucksformen und Vehikel von Gottesvorstellungen. Besonders in der darstellenden Kunst prägen biblische und andere religiöse Motive z. B. aus der Heiligenverehrung oder der Volksfrömmigkeit das ästhetische (Unter-)Bewusstsein schon im Kindesalter. Auch künstlerische Darstellungen in Kirchen haben wesentlichen Einfluss auf die Entwicklung des Gottesbildes. Daneben bilden auch Märchen (z. B. Frau Holle von den Gebrüdern Grimm), Novellen (z. B. „Peter Schlemihls wundersame Geschichte" von Adelbert von Chamisso), Romane (z. B. „Ijob" von Joseph Roth) und andere Erzählungen in eingängiger Form religiöse Muster ab, die die Entwicklung von Gottesvorstellungen beeinflussen.

Insgesamt wird deutlich, dass sich Gottesvorstellungen unter konkreten Rahmenbedingungen entwickeln, sich deshalb immer sehr persönlich ausprägen und wandeln. Stets besteht die **Gefahr der Projektion**, wenn grundlegende Bedürfnisse, Hoffnungen und Wünsche von Menschen auf ein ideales, transzendentes Wesen übertragen werden, von dem sie sich die Erfüllung ihrer Sehnsüchte erwarten. Diese Vorbehalte dürften mit ein Grund für das Bilderverbot des Alten Testamentes gewesen sein. Zugleich ist unbestritten, dass wir Menschen ohne Gottesvorstellungen nicht glauben können, denn ...

- um sich eine Vorstellung vom Unfassbaren machen zu können, kann der Mensch nicht anders, als in Bildern zu sprechen – auch wenn sich diese der Wahrheit nur annähern können („analogia entis", vgl. S. 35),
- Glaube als Beziehungsgeschehen erfordert ein personales Du und keine anonyme und diffuse Macht,
- Ehrfurcht, Demut, Schweigen und die Haltung gläubigen Vertrauens können sich erst entwickeln, wenn sich Gott auch durch die menschliche Vorstellungskraft und Vernunft erschließt, einschließlich seiner Transzendenz und Nichtverfügbarkeit.

1.3 Theodizee als Prüfstein der Gottesfrage

Der logische Widerspruch

Zu den schlimmsten Lebenserfahrungen gehören **Leid und Tod**, insbesondere dann, wenn sie plötzlich und unerklärlich auftreten und ungerecht oder sinnlos erscheinen, z. B. das Leiden unschuldiger oder besonders vorbildhafter

Menschen, tragische Unglücksfälle, schwere Krankheiten oder der Tod von Kindern. In solchen Situationen drängt sich die Frage auf, **wie ein allmächtiger und gütiger Gott dieses Leid zulassen kann** oder warum er es nicht gänzlich verhindert. Gott selbst gerät unter **Rechtfertigungsdruck**, zumindest aber der Glaube an ihn. Dieses Argument ist der schwerwiegendste Einwand gegen den Glauben an einen Schöpfergott, der Welt und Menschen befreien und erlösen will.

Bereits im frühen Christentum beschäftigte man sich mit diesem Grundproblem der Theologie. So schrieb der Kirchenvater **Laktanz** (250–320) im 13. Kapitel seines „De ira Dei" (lat. „Vom Zorn Gottes") dem Philosophen **Epikur** (341–271) folgende Formulierung des **logischen Widerspruchs** zu, der sich aus der Annahme eines allmächtigen und gütigen Gottes ergibt:

> Gott will entweder die Übel aufheben und kann nicht; oder Gott kann und will nicht; oder Gott will nicht und kann nicht; oder Gott will und kann. Wenn Gott will und nicht kann, so ist er ohnmächtig; und das widerstreitet dem Begriffe Gottes. Wenn Gott kann und nicht will, so ist er missgünstig, und das ist gleichfalls mit Gott unvereinbar. Wenn Gott nicht will und nicht kann, so ist er missgünstig und ohnmächtig zugleich, und darum auch nicht Gott. Wenn Gott will und kann, was sich allein für die Gottheit geziemt, woher sind dann die Übel, und warum nimmt er sie nicht hinweg? [20]

Epikur (340–270 v. Chr.)

Die Theodizee im Buch Ijob

Auch das alttestamentliche **Buch Ijob (Hiob)** greift die Frage auf, wie Gott das Leid zulassen kann. Es gehört zur altorientalischen Gattung der **Weisheitsliteratur**, die das richtige menschliche Verhalten thematisiert, und entstand im Zeitraum zwischen dem 6. Jh. v. Chr. und 200 v. Chr. Eine **Rahmenerzählung** über das Schicksal des Protagonisten umschließt einen **Redezyklus**, in dem in Dialogform Antworten auf die Kernfrage nach dem Sinn des Leids diskutiert werden. Die Handlung um Ijob kann als zugespitztes **Paradigma des menschlichen Leides** gesehen werden: Trotz großer Frömmigkeit verliert dieser nacheinander Besitz, Kinder und Gesundheit. Die **Rahmenerzählung** (Ijob 1,1–2,10; 42,7–17) wertet dieses Schicksal als Prüfung seiner Glaubensstärke; **Satan wettet mit Gott**, dass selbst ein so frommer und gerechter Mensch wie Ijob durch Elend und Krankheit vom Glauben abfallen werde.

[20] Laktanz: *De ira Dei liber*. hrsg. v. Heinrich Kraft und Antonie Wlosok, Darmstadt 1971.

Ijob erhält die „Hiobsbotschaften": Sein gesamter Besitz wie auch seine zehn Kinder sind verloren; als er Gott daraufhin immernoch preist, zerstört Satan auch noch Ijobs Gesundheit

Die **Dialogreihen** (Ijob 3–31) mit den Freunden Ijobs greifen dagegen ein bekanntes theologisches Muster der Weisheitsliteratur auf: den **Tun-Ergehen-Zusammenhang**. Demnach entsprechen sich Verhalten und Schicksal, sodass der Mensch für sein Verhalten durch Gott **belohnt oder bestraft** wird. Letztlich erweist sich dieses Erklärungsmuster aber als weder rational noch emotional tragfähig.

Auf die Dialogreihen folgen die **Monologe Elihus** (= „Mein Gott ist allein Er", d. h. JHWH) in Ijob 32–37. Elihu betont die **uneingeschränkte Gerechtigkeit Gottes**, und folgert daraus, dass sich der anklagende Ijob gegenüber Gott im Unrecht befindet. Zugleich setzt sich Elihu von der Vergeltungstheorie der Freunde ab und versucht, Ijob zu neuem Vertrauen in die Gerechtigkeit Gottes zu bewegen.

Doch erst die sog. „**Gottesreden**" (Ijob 38–41) weiten den Blick und stellen das Thema in einen übergeordneten Zusammenhang: Gott tritt mit Ijob unmittelbar in Kontakt und zeigt sich ihm in seiner Schöpferkraft als **Herr des Kosmos**. Durch die Haltung der **Demut** gelingt es Ijob, **das Leid anzunehmen und dadurch zu überwinden.** Weder Vertröstung noch passive Duldsamkeit, weder traditionelle Argumente noch theologische Winkelzüge konnten Ijob helfen – erst aus der **unmittelbaren Beziehung zu Gott**, die sich zunächst in der Anklage und später in der Begegnung realisiert, entsteht ein Ausweg aus dem Gefängnis von Selbstmitleid und Perspektivlosigkeit. Ehrfurcht und Vertrauen führen zu Hoffnung, Kraft und Trost. So wird der Glaube an Gott zur **Voraussetzung**, **das Leid** annehmen und es dadurch, trotz allem Schmerz, letztlich **verarbeiten zu können.**

Die Erfahrung unvorstellbaren und unerklärlichen Leids mündet bei Ijob in eine Gotteserfahrung: Gott ist in seiner Schöpferkraft frei und souverän. Er ist unbegreiflich und unermesslich. Keinesfalls darf Leid als Strafe Gottes gesehen werden, sondern muss als **Ausgangspunkt der Hoffnung auf Gottes Nähe und Erlösung** verstanden werden. Es wären Zerrbilder, wenn sich Gott rechtfertigen, erpressen oder gar mit sich handeln lassen würde. Gott muss sich nicht rechtfertigen; stattdessen wird sich der Mensch angesichts des Leides, das ihn überfordert und an seine Grenzen bringt, seiner Schwachheit und Begrenztheit bewusst.

	Argument	Reaktion Ijobs
Dialogreihen	Tun-Ergehen-Zusammenhang	Ijob rebelliert dagegen, da er sich für gerecht hält, und fordert Gott heraus
Monologe Elihus	Absolute Gerechtigkeit Gottes	Auch Elihu kann Ijob nicht zu einer neuen Einstellung gegenüber dem Leid verhelfen
Gottesreden	Macht und Treue Gottes	Ijob nimmt das Leiden an und kann es so überwinden, er entschuldigt sich für sein Aufbegehren

Die Theodizee im Buch Ijob

Die Antwort des Buches Ijob auf das Theodizee-Problem ist keine theologisch überzeugende Argumentation, sondern ein **Zuspruch des Vertrauens**, ein Hoffnungswort des Trostes. Es zeigt sich, dass der Weg zur Gotteserkenntnis über die Beziehung führt und nicht allein über die Vernunft. Dennoch hat der Mensch als „animal rationale" immer wieder versucht, sich einer Antwort auf das Theodizee-Problem auch auf (theo-)logischem Wege zu nähern.

Die Theodizee bei Leibniz

Ein wichtiger Vertreter dieser theologischen Annäherung ist der Philosoph **Gottfried Wilhelm Leibniz** (1646–1716), der damit auf die Religionskritik des 19. und 20. Jahrhundert reagierte, in der die Frage nach dem Leid zum „Fels des Atheismus"[21] (Georg Büchner) geworden war. Im Jahr 1710 publizierte er sein Werk „Essai de Théodicée" und prägte damit den Fachbegriff **„Theodizee"** (griech. *theos* = „Gott"; *dike* = „Gerechtigkeit"). Leibniz entwickelte darin folgenden **deistischen Gedankengang:**

---

21 Aus dem 3. Akt von Georg Büchners (1813–1837) Drama „Dantons Tod" (1835).

1. Gott ist allmächtig und gütig. Deshalb kann die real existierende Welt, in die Gott nicht mehr eingreift, nur **„die beste aller denkbaren Welten"** sein. Diese von Gott einmalig im Schöpfungsakt hergestellte und für alle Zeiten bestehende Harmonie erklärt Leibniz mit seiner **Monadenlehre** (griech. *monas* = „Einheit"). Demnach setze sich die Welt aus unzähligen, unteilbaren, nicht stofflichen und voneinander isolierten **Monaden** zusammen – vergleichbar mit Atomen –, die sich in Wechselwirkung miteinander befinden. Im Schöpfungsakt verband sie **Gott als Urmonade** zu einem harmonischen Ganzen.
2. Diese Welt ist charakterisiert durch **größtmögliche Ordnung und maximale Vielfalt**.
3. Dennoch gibt es zweifellos das Übel. Es lässt sich in drei Grundformen unterteilen und entsprechend erklären:
   - **Das metaphysische Übel**, z. B. der Tod, ist den **Bedingungen** der menschlichen Existenz und der Natur geschuldet.
   - **Das moralische Übel**, also Sünden gegen andere und sich selbst, ist möglich, weil der Mensch von Gott mit **Freiheit** ausgestattet wurde.
   - **Das physische Übel**, z. B. Krankheiten oder Naturkatastrophen, ist Folge der **Unzulänglichkeit** der Natur.
4. Im Gesamten der Schöpfung ist das **Übel im Vergleich zur Großartigkeit** allerdings verschwindend gering.

Weitere Ansätze

Wie bereits bei Leibniz geschehen, gab es in der Folge auch bei vielen anderen Theologen Ansätze, die drei Grundformen des Übels erklärend zu betrachten. Einige Beispiele dafür werden im Folgenden vorgestellt:

- Das Leid ist der **Preis der Eigengesetzlichkeit des Kosmos**. Gott hat die Welt erschaffen, er begleitet sie und wird sie erlösen. Zugleich lässt er der Welt ihren Freiraum: Es gelten die Naturgesetze und die Regeln der Evolution. Denn auch die Welt als ganze ist, wie der Mensch, nicht vollkommen. Daher sehnt sich auch nicht nur der Mensch nach Erlösung, sondern mit ihm die gesamte Schöpfung (vgl. Röm 8,22 f.). Schicksalhafte Ereignisse und Katastrophen sowie ungerechtfertigtes und unerklärliches Leid gehören bis dahin zum Leben auf Erden dazu. Trotz dieses Erklärungsansatzes bleibt eine gewisse Spannung zur Gottesvorstellung vom Befreier und Erlöser bestehen, dessen Heilshandeln bereits in der Geschichte wirksam wird.

- Das Leid kann dem Menschen als **Anlass des Lernens und der Reifung und als Motivation zum Engagement für das Gute** dienen. Die Möglichkeit, auch negative Erfahrungen zu sammeln, Dinge wahrzunehmen, zu analysieren, zu erforschen und Konsequenzen zu ziehen, ist Ausdruck der Würde des Menschen. Besonders schreckliche Ereignisse haben die Kreativität und Verantwortungsbereitschaft des Menschen schon immer in besonderer Weise herausgefordert und gefördert. Darin aktualisiert sich die Ebenbildlichkeit Gottes. Zugleich darf in einer solchen Sicht aber das Leid nicht bagatellisiert und der Leidende nicht einfach nur beschwichtigt werden.
- Indem Gott Mensch wird und damit **unser Leiden teilt**, erweist sich Gott als **solidarisch** mit seinen Geschöpfen. Jesus endet als Folge seiner radikalen Zuwendung zu den Außenseitern der Gesellschaft am Kreuz; er stirbt einen schmählichen Tod und sieht sich selbst in größter Gottverlassenheit: „[...] *Eloï, Eloï, lema sabachtani?*, das heißt übersetzt: Mein Gott, mein Gott, warum hast du mich verlassen?" (Mk 15,34). Jesus als menschgewordener Gottessohn stirbt, doch Christus überwindet in der Auferstehung Leid und Tod. Für Menschen in der Nachfolge Christi heißt das, dass sie sich dem Leid stellen sollen, um es zu *be*stehen, auch wenn sie es nicht *ver*stehen. Ein christlich motivierter Umgang mit Leid ist bestimmt von der Aufforderung zur vertrauensvollen Zuwendung zu Gott und der Hoffnung auf Erlösung.
- Das moralische Leid ist die **Folge der relativen Willensfreiheit des Menschen**. Die Fähigkeit, sich für Gut oder Böse zu entscheiden, schließt die Möglichkeit mit ein, sich und anderen Schaden zuzufügen.
- Der Mensch kann das Leid nicht verstehen, weil es menschliches Vorstellungsvermögen übersteigt. Als endliches und fehlbares Wesen vermag er sich dem Transzendenten nur anzunähern. Das gilt auch und insbesondere dann, wenn ihn schwere Schicksalsschläge treffen. Ein Ausweg liegt allein in der unbedingten **Annahme des Leides**. Dieser Ansatz entspricht auch dem verhaltenstherapeutischen Vorgehen bei der Bewältigung von Trauer: Die Kraft zum Loslassen kommt von der Akzeptanz des Schmerzes als Voraussetzung zu seiner Überwindung.

Es bleibt festzuhalten, dass die Theodizee-Frage eine besonders große Herausforderung an den Auftrag der Christen ist, „jedem Rede und Antwort zu stehen, der nach der Hoffnung fragt, die euch erfüllt" (1 Petr 3,15 b).

2 Klassiker der Religionskritik

Schon seit der Ablösung des mythologischen Denkens durch die griechische Philosophie im 6. Jh. v. Chr. werden religiöse Überzeugungen und Glaubensinhalte mithilfe der Vernunft hinterfragt: Nach **Prodikos** (450/445–399) beispielsweise spiegeln Götter lediglich menschliche Gefühle wider (z. B. Dankbarkeit für lebenswichtige Dinge), ohne dass ihnen eine eigene Realität zukommt. Auch **Epikur** (341–271) war bestrebt, den Aberglauben durch philosophische Reflexion zu ersetzen. Er glaubte zwar an die Existenz von Göttern, hielt diese jedoch für innerweltliche Phänomene, nicht für souveräne, transzendente Wirklichkeiten. So wurde das Göttliche philosophisch entzaubert. Erst seit der Neuzeit werden jedoch Kirche, Glauben und Religion insgesamt infrage gestellt. Den Anfang machten die Vertreter von **Humanismus und Renaissance** (im 15./16. Jh.), die die scheinbar objektiven Vorgaben von Religion, Gesellschaft oder Kultur relativierten, um den Mensch als Individuum in den Mittelpunkt zu rücken. Auch **Martin Luther** (1483–1546) hob in der **Reformation** den Menschen als Subjekt des Glaubens hervor und bestritt die Notwendigkeit der kirchlichen Autorität als unfehlbarer Vermittlungsinstanz der Offenbarung. Kirchliche Missstände wurden an den Pranger gestellt und der Glaube auf seine biblischen Wurzeln zurückgeführt. Durch **Aufklärung und Französische Revolution** und die mit diesen Strömungen einhergehenden Forderungen u. a. nach Gedankenfreiheit, Grund- und Menschenrechten sowie Volkssouveränität, wurden schließlich alle Traditionen radikal infrage gestellt – ob politisch, gesellschaftlich oder religiös. Vor diesem Hintergrund entwickelte sich im 19. und 20. Jh. eine **grundsätzliche Kritik der Religion**. Der Glaube an einen transzendenten Gott wurde nicht nur nicht gelebt („**praktischer Atheismus**"), sondern mit vernünftigen Argumenten in Zweifel gezogen („**theoretischer Atheismus**"). Letzterer zielt darauf ab, auf Basis einer rational begründeten Leugnung der Existenz Gottes eine andere Lebenshaltung zu etablieren. Man unterscheidet fünf **Grundmuster der Religionskritik**, die im Folgenden dargestellt und aus theologischer Perspektive kritisch gewürdigt werden.

In diesem Kapitel lernen Sie ...

- Motive und Inhalte klassischer Religionskritik zu erläutern,
- die Argumente des theoretischen Atheismus (theo-)logisch zu bewerten,
- aus der rationalen Religionskritik wertvolle Impulse für die Vernunftgemäßheit des Glaubens herauszuarbeiten.

2.1 Der humanistische Atheismus: Religion als Projektion (Ludwig Feuerbach)

Der Philosoph **Ludwig Feuerbach** gilt als der Begründer der atheistischen Philosophie der Neuzeit und hat den späteren Religionskritikern argumentativ und wissenschaftlich den Weg bereitet.

Argumentation, Motiv und Ziel

Für Feuerbach entsteht Religion deshalb, weil der Mensch aufgrund des Bewusstseins seiner eigenen Endlichkeit und des Wunsches nach Absolutheit, Unendlichkeit und Vollkommenheit ideale menschliche Eigenschaften, Sehnsüchte und Wünsche auf ein transzendentes göttliches Wesen projiziert, das es in Wirklichkeit gar nicht gibt: „**Der Mensch schuf Gott nach seinem Bild und Gleichnisse**". Gott ist, in Umkehr von Gen 1,26 f., das Ergebnis **menschlicher Konstruktion**. Damit gelingt es dem Menschen, das Dilemma zwischen der Erfahrung der eigenen Begrenztheit und dem Wunsch nach Unendlichkeit zu überwinden.

Ludwig Feuerbach
(1804–1872)

„Die Religion ist die **Entzweiung des Menschen mit sich selbst:** er setzt sich Gott als ein ihm *entgegengesetztes* Wesen gegenüber. Gott ist *nicht*, was der *Mensch* ist – der Mensch *nicht*, was *Gott* ist. Gott ist das unendliche, der Mensch das endliche Wesen; Gott vollkommen, der Mensch unvollkommen; Gott ewig, der Mensch zeitlich; Gott allmächtig, der Mensch ohnmächtig; Gott heilig, der Mensch sündhaft. Gott und Mensch sind Extreme: Gott das schlechthin Positive, der Inbegriff aller Realitäten, der Mensch das schlechtweg Negative, der Inbegriff aller Nichtigkeiten"[22] (aus: „Das Wesen des Christentums", 3. Kap.).

Diese Projektion ist für den Menschen kontraproduktiv, weil sie ihn **von sich selbst entfremdet** und dadurch davon **abhält, sich auf die eigenen Kräfte zu konzentrieren** und dadurch die Aufgaben der Gegenwart zu bewältigen. Er lebt in einer Illusion, vergeudet Zeit und Energie und lässt so die Möglichkeiten verstreichen, sein Leben selbstbewusst und aktiv zu gestalten.

Für Feuerbach kommt es darauf an, das **Jenseits als Projektion und Illusion** zu entlarven und den Menschen ein reales Verhältnis zu sich selbst finden zu lassen: „**Homo homini deus est**" (lat. „Der Mensch ist dem Menschen

---

[22] Feuerbach, Ludwig: Das Wesen des Christentums. In: Sämtliche Werke, Bd. **VI.**, Leipzig 1849, S. 319 f.

Gott", aus: „Das Wesen des Christentums", 28. Kap.). Theologie muss in **Anthropologie** umgewandelt werden, die Verehrung Gottes in die **Hinwendung zum Menschen** und zu seinen großartigen Möglichkeiten, sich zu verwirklichen und die Welt zu verbessern. Kritik der Religion will die Menschen „aus Gottesfreunden zu Menschenfreunden, aus Gläubigen zu Denkenden, aus Betern zu Arbeitern, aus Kandidaten des Jenseits zu Studenten des Diesseits [...] machen."[23] Diesen **humanistischen Atheismus** oder atheistischen Humanismus entfaltet Feuerbach vor allem in seinem Hauptwerk **„Das Wesen des Christentums"** (1841).

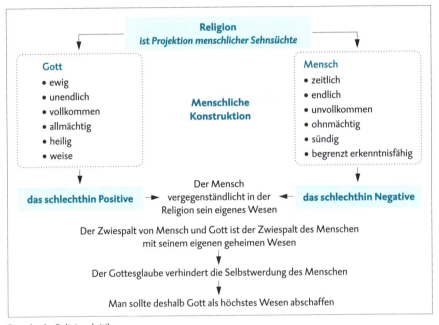

Feuerbachs Religionskritik

Theologische Würdigung

Feuerbachs Grundgedanke entspricht einer Grunderfahrung, die sich bereits im Alten Testament als zentrales Thema der biblischen Gotteslehre findet: **Menschen neigen dazu, sich einen Gott zu konstruieren**, in den sie ihren Wunsch nach Glück, Vollkommenheit und Unendlichkeit hineinprojizieren. Das **alttestamentliche Bilderverbot** greift dieses religiöse Fehlverhalten auf und betont die Nichtverfügbarkeit Gottes. Auch im kirchlich tradierten Glau-

---

23 Schlussworte von Feuerbachs Heidelberger Vorlesungen (1848/49) über „Das Wesen der Religion". In: Sämtliche Werke, Bd. VIII, Leipzig 1851, S. 370.

ben finden sich immer wieder Tendenzen der Funktionalisierung Gottes. Das Verdienst Feuerbachs ist es, die **Entstehung von solch idealisierten, aber mangelhaften Gottesvorstellungen psychologisch erklärt** zu haben. Dies ist für die Religionen **Anlass zur Selbstkritik** und Vorsicht bei der Entfaltung von Gottesbildern.

Jedoch hat Feuerbach zwar auf die Genese religiöser Fehlentwicklungen hingewiesen, aber **keine logisch stringente Theorie** entwickelt, **die die Existenz Gottes zwingend widerlegen könnte**. Denn die Neigung des Menschen, einen idealen Gott zu konstruieren, ist kein Gegenbeweis für die Existenz Gottes als solcher – zumal, wenn ihm z. B. nach biblischem Zeugnis auch Eigenschaften zukommen, die sich nicht als Ausdruck menschlicher Projektion erklären lassen (wie z. B. Eifersucht). Eventuell neigt sogar die Projektionstheorie selbst dazu, aus dem Bedürfnis nach Sicherheit und Eindeutigkeit eine **materialistische Weltsicht** durch die Ablehnung jeder Transzendenz **zu verabsolutieren**. Auch ist die Annahme, dass religiöse Bedürfnisse des Menschen zwingend zu Illusionen führen müssen, lediglich eine **Hypothese**, d. h. eine unbewiesene Aussage. Die materialistische Weltsicht in der Verabsolutierung Feuerbachs wird dadurch **selbst zur Weltanschauung oder sogar Ideologie** – also zu genau dem, wogegen er zu Felde zieht. Außerdem enthalten z. B. Juden- und Christentum in ihrer Lehre viele Impulse, die den Menschen, entgegen der Verdächtigungen des humanistischen Atheismus, sehr wohl in seiner **Würde, Freiheit und Verantwortung** gegenüber sich selbst und anderen **stärken**, ihn immer wieder zur Umkehr und Selbstbesinnung aufrufen und so den Glauben an einen transzendenten Gott mit der **Gestaltung der Gegenwart** verbinden.

2.2 Der soziale Atheismus: Religion als „Opium des Volkes" (Karl Marx)

Während Feuerbach den Menschen als Individuum in den Mittelpunkt seiner Religionskritik stellt, nimmt **Karl Marx** in seinem **sozialen Atheismus** eine gesellschaftliche Perspektive ein. Religionskritik ist ein zentrales Element in der **Theorie des wissenschaftlichen Sozialismus**.

Argumentation, Motiv und Ziel

Die historischen, ökonomischen und politischen Verhältnisse – **der Überbau der Gesellschaft** – determinieren das Wesen des Menschen und die Entwicklung der Gesellschaft, die von einer **Zwei-Klassen-Struktur** bestimmt ist:

Auf der einen Seite stehen die **Kapitalisten**, die über die Produktionsmittel verfügen und vom Mehrwert der geleisteten, jedoch gering bezahlten Arbeit profitieren. Auf der anderen Seite stehen die **Proletarier**, deren Arbeitskraft ausgebeutet wird und die sich in immer kleinschrittigeren Arbeitsprozessen vom eigentlichen Produkt entfremden. Der Religion als illusorischem Glück der Proletarier (**„Opium des Volkes"**)[24] kommt die Funktion zu, diese ungerechten Produktionsverhältnisse zu zementieren, denn sie fordert die Benachteiligten dazu auf, den von Gott

Karl Marx (1818–1883)

zugewiesenen Platz innerhalb der Gesellschaft zu akzeptieren, und vertröstet sie auf ein besseres Jenseits. Dadurch werden die Proletarier vom **revolutionären Engagement** für ein **gerechteres Diesseits ohne Klassengegensätze** abgelenkt. Marx entwickelte seine Gesellschaftstheorie im Kontext der **Industrialisierung und Urbanisierung** des 19. Jh.

Für Marx wird die **Religion von selbst überflüssig**, sobald gesellschaftliche Gerechtigkeit hergestellt ist, denn dann muss niemand mehr vertröstet werden. Daher reicht es für ihn nicht aus, die Religion als Illusion zu entlarven. Echte **Religionskritik ist notwendiger Teil von Gesellschaftskritik und Klassenkampf**, welche auf eine Veränderung des gesellschaftlichen Überbaus durch die soziale Revolution abzielen.

Marx' Religionskritik

Theologische Würdigung

Es gelingt Karl Marx mit seiner Religionskritik, auf die **Gefahr der politischen und gesellschaftlichen Instrumentalisierung der Religion** als Mittel zur Vertröstung und Mahnung zu Anpassung und Wohlverhalten hinzuweisen. Die Kirchengeschichte zeigt, dass das Bündnis aus Imperium und Sacerdotium (politischer und kirchlicher Gewalt) auch dazu diente, gesellschaft-

---

24 Aus Karl Marx' Einleitung zur „Kritik der Hegelschen Rechtsphilosophie" (1834/44). In: Deutsch-Französische Jahrbücher 1844, S. 71 f.

liche Verhältnisse zu stabilisieren, in denen auch der Klerus eine privilegierte Stellung hatte. Im 19. und 20. Jh. gelang es dem Bürgertum und antidemokratischen Strömungen nicht selten, Christentum und Kirche zu vereinnahmen, um Grund- und Menschenrechte, Demokratie sowie die Herstellung sozialer Gerechtigkeit zurückzuhalten. Beispiele hierfür finden sich in der Geschichte konservativer Parteien in den deutschen Parlamenten von der Versammlung in der Paulskirche (1848/49) über die Weimarer Republik und den Nationalsozialismus bis hinein in die Parlamente der Nachkriegszeit. Auch heute besteht die Gefahr, dass das Christentum als kulturelles Beiwerk oder Folklore missbraucht wird, ohne dass die kritischen Impulse zur Aufdeckung und Veränderung ungerechter gesellschaftlicher Verhältnisse auch wirklich ernst genommen werden. Die Religionskritik von Marx erinnert an die **Sozialkritik der alttestamentlichen Propheten**, an die **Bergpredigt als Rede von der neuen Gerechtigkeit** und an die **unlösbare Verbindung von Gottes- und Nächstenliebe** als Wesensmerkmal des christlichen Glaubens. Gott als Befreier und Erlöser in der Geschichte seines Volkes ist nämlich ein Gegenbild zu sozialer Ungerechtigkeit und zur Missachtung der Menschenwürde.

Der Glaube an einen transzendenten Gott und an die Erlösung über den Tod hinaus ist daher gerade nicht logisch verknüpft mit einer ideologischen Instrumentalisierung. **Aus der Tatsache eines möglichen Missbrauchs der Religion lässt sich außerdem die Existenz Gottes auch nicht widerlegen**, insbesondere dann nicht, wenn sich mit diesem Gott die Idee der Menschenwürde, Freiheit, Nächstenliebe und der Erlösung von allem Übel verbindet. Das **Wesen des Christentums** unterscheidet sich fundamental von seiner Instrumentalisierung im Rahmen bürgerlicher Moralvorstellungen. Deshalb hat sich auch die Prophezeiung Marx' nicht erfüllt, dass die Religion mit der Verbesserung gesellschaftlicher Verhältnisse verschwinden werde.

2.3 Der nihilistische Atheismus: Religion als Lebensverneinung (Friedrich Nietzsche)

Der Philosoph und Kulturkritiker **Friedrich Nietzsche** geht über Feuerbach und Marx hinaus. Seine Kritik zielt darauf ab, dass Religion ein Hemmnis für denjenigen Menschen darstellt, der den Willen zur Macht ausleben und seine Kräfte entfalten will. Darin sieht Nietzsche die eigentliche Bestimmung des Menschen. Die Religion sei daher als kontraproduktive Kraft abzuschaffen, um dem Menschen Raum zur Entfaltung seiner Kräfte zu geben.

Argumentation, Motiv und Ziel

In Anlehnung an die Religionskritik Feuerbachs betrachtet Friedrich Nietzsche **Religion als Hindernis auf dem Weg zur eigentlichen Bestimmung des Menschen**. Diese besteht darin, seine **Freiheit** zu verwirklichen sowie **Macht** zu gewinnen. Dazu wird der Mensch laut Nietzsche jedoch erst in der Lage sein, sobald alle derzeit gültigen Werte zerstört sind, weil dadurch ein geistiges und ethisches Vakuum auf der Welt entstehen wird, das zur **kraftvollen Selbstentfaltung** des Menschen nötig ist. Dass die gültigen Werte zerstört werden müssen, leitet Nietzsche daraus ab, dass auf dieser Welt alles nur von der Perspektive des Einzelnen abhängt, weshalb ohnehin keine allgemeingültige, auch moralische, Wahrheit existiert **(Nihilismus)**.

Friedrich Nietzsche (1844–1900)

Jenseits, **Metaphysik** und Transzendenz täuschen über diesen Umstand hinweg, vertrösten den Menschen nur und stehen als Teil einer selbstentfremdenden, realitätsfernen Moral seiner Selbstentfaltung im Wege. Sie müssen unter der Maxime „**Gott ist tot**"[25] abgeschafft werden.

> **info**
>
> Unter **Nihilismus** (lat. *nihil* = „nichts") versteht man eine Überzeugung oder philosophische Lehre, die jegliche Erkenntnis-, Gesellschafts-, Seins- und Wertordnung verneint. Für den Nihilisten ist die Welt sinn- und ziellos.
> **Metaphysik** (griech. *meta physis* = „hinter der Natur") bezeichnet die philosophische Disziplin, die sich mit den grundlegenden Aspekten (Voraussetzungen, Ursachen, Strukturen, Prinzipien, Sinn und Zweck u. a.) der Wirklichkeit beschäftigt. Weitgehend deckungsgleich mit der Metaphysik ist die **Ontologie** (griech. *on* = „seiend", *logos* = „Lehre", also die „Lehre vom Sein"). Beide beschäftigen sich mit der Urfrage der Philosophie: Warum ist überhaupt etwas und nicht nichts? Der Unterschied zur Theologie besteht darin, dass sich philosophische Metaphysik bzw. Ontologie nicht von vornherein auf die Existenz eines transzendenten Urgrundes (Gott) festlegt.

Die Religion und insbesondere die christliche Kirche als Institution stehen gemäß dem nihilistischen Atheismus für eine **massive Lebensverneinung**, indem sie Freiheit und Leben des einzelnen Menschen den bisher gültigen, aber irrealen Werten und Normen (z. B. Nächstenliebe, Solidarität, Rücksichtnah-

---

[25] Nietzsche, Friedrich: Die fröhliche Wissenschaft. 3. Buch, Aphorismus 125 („Der tolle Mensch"), 1882.

me) unterordnen und ihn dadurch in der Entfaltung der eigenen Kräfte schwächen. Stattdessen plädiert Nietzsche, auf der Basis seines Nihilismus, für einen **Vitalismus:** Der Mensch soll als starkes Individuum („**Über-Mensch**") seine Freiheit realisieren und seine Werte selbst schaffen, die um **Durchsetzungsfähigkeit**, **Gesundheit**, **Kraft und Lebensfreude** kreisen. Dadurch kommt es zu einer „**Umwertung aller Werte**". Es geht nicht darum, über den Glauben und die entsprechende Lebenspraxis das abstrakte Wahre, Gute und Schöne anzustreben, sondern Stärke und Vitalität zu erfahren sowie Macht zu gewinnen.

Nietzsche sieht den **historischen Jesus** selbst als Vertreter dieser Botschaft, die aber bereits durch Paulus verfälscht worden sei, da es in dessen Lehre vor allem um Transzendenz gehe. Der **Übermensch** als Atheist, Immoralist und Nihilist **tritt an die Stelle Gottes** als Gesetzgeber und Hüter der bisherigen Moral. Ihm gehört die **Freiheit**, sich immer wieder neu zu entwerfen („**Lehre von der ewigen Wiederkehr**"). Freiheit tritt damit als **Zentralwert** des menschlichen Daseins an die Stelle der **Teleologie** (griech. *telos* = „Ziel, Zweck"), d. h. der Zweckgerichtetheit allen Seins und Geschehens.

Diese Weltsicht entwickelte Nietzsche in einem geistesgeschichtlichen Umfeld, das von empirischen, naturwissenschaftlichen und positivistischen Methoden zur Erschließung der Wirklichkeit geprägt war. Nietzsches Religionskritik als tragende Säule seiner nihilistischen Philosophie postuliert eine **rein immanente Weltsicht** und setzt den Menschen einem brutalen, rücksichtslosen **Kampf ums Überleben in einer sinn- und wertfreien Welt** aus. Der Übermensch hat die Folgen seiner Freiheit und seiner Erfolge selbst zu tragen („**tragische Freiheit**"). Das ist der Preis dieser **Ethik des Stärkeren**.

	Christentum	Nihilismus
Ausgangspunkt	Gott hat die Welt geschaffen, sie hat Sinn	„Gott ist tot", es gibt keinen Sinn
Werte	Von der Gottesoffenbarung abgeleitete Moral: Nächstenliebe, Solidarität, Rücksichtnahme	Es gibt keine verbindliche Moral; der Mensch soll seine Werte selbst festsetzen und dabei die christl. Werte „umwerten" in: Durchsetzung des Stärkeren, Gesundheit, Kraft, Lebensfreude
Wirkung (nach Nietzsche)	Schwächung durch kontraproduktive Lebensverneinung	Vitalismus durch kraftvolle Selbstentfaltung
Ziel (nach Nietzsche)	Vertröstung auf das Jenseits	Freiheit und Macht des „Übermenschen" im Hier und Jetzt

Nietzsches Religionskritik

Theologische Würdigung

Nietzsches Entwurf enthält eine Fülle von Anfragen an das Christentum – vor allem hinsichtlich seines moralischen Anspruchs. Aber auch die christliche Überzeugung vom Sinn der Welt und des menschlichen Lebens wird von Nietzsche infrage gestellt. Der **Gefahr, dass sich Christentum und Kirche zu sehr in Fragen der Moral verlieren** und dadurch den Kern ihrer Botschaft verdunkeln könnten, muss begegnet werden. Nietzsche gibt Christen zudem wichtige **Anstöße zur Selbstvergewisserung bezüglich der praktischen Bedeutung des Glaubens im Alltag** und zur kritischen Betrachtung der eigenen Lebens- und Glaubenspraxis.

Nietzsches Religionskritik entspricht jedoch andererseits eher einem philosophischen Manifest als einer wissenschaftlichen Theorie des Atheismus: Wie bereits Feuerbach **gelingt es auch ihm nicht, die Existenz eines Gottes zu widerlegen** oder dem Glauben eine irrationale Grundhaltung nachzuweisen. Religion und Glaube sind lediglich nicht zweckmäßig, um den von Nietzsche geforderten Zustand von Welt und Mensch zu erreichen. Offensichtlich ist, dass sich Nietzsche auf ein **verzerrtes Gottes- und Menschenbild** bezieht, **das mit der biblischen Sicht nicht vereinbar ist**.

Die Hypothese vom **Nihilismus** vermag **keinen Beitrag zur philosophischen Erklärung der Wirklichkeit** zu leisten, wo doch sogar naturwissenschaftliche Methoden zur Erschließung der Wirklichkeit darauf hinweisen, dass Entwicklung, Ordnung und Struktur Bauprinzipien des Seins sind und nicht der bloße Zufall regiert. Die **Lehre von der „ewigen Wiederkehr"** ist eine **subjektive Spekulation**, die eher im Bereich der Mythologie als einer rationalen Betrachtung der Welt anzusiedeln ist.

Schließlich erweist sich die **Ideologie vom Herren- oder Übermenschen** als **inhuman** und asozial. Erfahrung und Vernunft zeigen, dass Menschen, die ihrem Nächsten in Zuwendung und Liebe begegnen (wie es das Christentum fordert), daraus gerade nicht in ihrer eigenen Entwicklung geschwächt, sondern im Gegenteil sogar beflügelt werden und große Befriedigung daraus ziehen. Auch Nietzsche selbst war im Übrigen gegen Ende seines Lebens durch eine Erkrankung auf diese Zuwendung angewiesen.

Die Überzeugung von der Sinnhaftigkeit des Seins ist zweifelsohne eine Herausforderung. Es ist jedoch nicht legitim, aus der eigenen Kapitulation davor den Schluss zu ziehen, die Sinnlosigkeit der Welt sei eine objektive Wahrheit.

2.4 Der psychoanalytische Atheismus: Religion als Illusion (Sigmund Freud)

Der österreichische Arzt und Psychiater **Sigmund Freud** gilt als Begründer der **Psychoanalyse**. Auch er knüpft an die Religionskritik Feuerbachs an, entwickelt allerdings eine psychologische Begründung für seine These, dass Religion eine Illusion sei.

Freud geht auf der Grundlage seiner medizinischen Forschungen von einer **pathologischen** („krankhaften") **Grundkonstellation des gläubigen Menschen** aus und wählt damit einen völlig anderen methodischen Ansatz als Feuerbach, Marx oder Nietzsche. Der Hintergrund seiner Religionskritik ist die **Theorie von der Triebstruktur des Menschen** (vgl. S. 169 ff.), die er über das Individuum hinaus auch auf geistige, gesellschaftliche, kulturelle und religiöse Bereiche anwendet.

Argumentation, Motiv und Ziel

Glaube dient dem Menschen nach Freud als **infantiles**, d. h. unreifes und kindliches **Instrument zur Schuldbewältigung** und stellt damit eine **Zwangsneurose** dar, d. h. eine psychische Störung, die den Gläubigen zur religiösen Haltung zwingt und ihm mit den daraus resultierenden (moralischen) Einschränkungen des Lebensalltags die Willensfreiheit zur Veränderung seines Zustandes raubt. Wie Feuerbach und Nietzsche geht er davon aus, dass der Glaube einem **Bedürfnis des Menschen nach Trost und Schutz** entspricht, jedoch eine **wahnhafte Wunschvorstellung** darstellt.

Sigmund Freud (1856–1939)

Die Genese einer religiösen Haltung beginnt in der Kindheit mit der existenziellen Erfahrung von Hilflosigkeit und dem Wunsch nach Schutz. Wenn der Mensch sich ein Leben lang religiös verhält, kommt er in dieser Hinsicht über das Stadium der Infantilität nicht hinaus. Religion dient der Vermittlung im Konflikt zwischen den unerfüllten (sexuellen) Wünschen des **Es (Triebinstanz)**, die vom **Ich (Vernunftinstanz)** nur bedingt zugelassen, meist abgewehrt und unterdrückt werden, und den im **Über-Ich (Moralinstanz)** gebündelten und durch Erziehung angeeigneten Geboten, Verboten, Normen und Werten. Allerdings geschieht dies auf dem Weg von Drohung, Strafe und Belehrung durch triebfeindliche Moral- und Wertvorstellungen. Diese krankhafte Form der Konfliktbewältigung lässt Religion als **kollektive Zwangsneurose** erscheinen, von der der Mensch geheilt werden muss. Gott ist eine **überhöhte Vaterfigur**, der die Rolle von Repression und Strafe zukommt. Er verlangt **Triebverzicht** und verspricht dafür Trost und Erlösung. Damit führt die Religion zu einem **Realitätsverlust** und weg von den ureigensten Bestrebungen des Menschen, seinen eigenen Bedürfnissen und Wünschen nachzukommen.

Nach Freud ist die **Religion mithilfe von Vernunft und Wissenschaft abzuschaffen**, um den Einzelnen und die ganze Menschheit in ethischer und kultureller Hinsicht zu fördern. Anstelle einer sinnlosen Konzentration auf potenzielle jenseitige Freuden sollte sich der Mensch den eigenen Grundbedürfnissen widmen und einen **philanthropischen Humanismus** entwickeln. So kann Befreiung und Heilung von der Neurose gelingen und der Mensch aus der **religiösen Pseudowelt** in die Wirklichkeit zurückkehren.

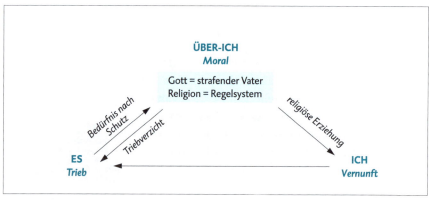

Freuds Religionskritik

Theologische Würdigung

Insgesamt hat Freuds Modell des psychischen Apparats einschließlich seines religionskritischen Ansatzes eine produktive Wirkung für Glaube und Theologie entfaltet: **Religiöser Glaube und Humanität bedingen sich und dürfen nie im Widerspruch zueinander stehen.** Die absichtliche Kultivierung von Angst, Schuldgefühlen, Selbstentfremdung und Triebunterdrückung (auch bei anderen) sind mit dem Glauben an einen liebenden Schöpfer- und Erlösergott unvereinbar. Die **Menschwerdung Gottes** zeigt, dass auch der wahre Christ den **Weg der Humanisierung** beschreitet, der zu sich selbst führt und ihn in die Lage versetzt, sich anderen Menschen zuzuwenden: „Du sollst deinen Nächsten lieben wie dich selbst" (Mt 22,39). Auch gibt die Religionskritik Freuds zahlreiche Impulse, um den christlichen Glauben, aber auch die eigene religiöse Haltung kritisch zu überprüfen und vor Fehlentwicklungen und Instrumentalisierungen zu bewahren. Illusion und Projektion, Ersatzbefriedigung oder Selbstentfremdung sind **latente Gefahren** des Glaubens an eine transzendente Wirklichkeit, die aus elementaren Grundbedürfnissen des Menschen herrühren. Das **Urvertrauen in einen liebenden Schöpfergott** kann und darf **niemals im Widerspruch zur gesunden Entwicklung des Menschen** stehen. Die Gottesvorstellung des guten Hirten und lieben Vaters wird pervertiert, wenn der Glaube an ihn zur drückenden Last wird.

Dennoch gibt es auch bei Freud eine argumentative Schwäche: Der Psychoanalytiker hat in erster Linie **pathologische Fehlformen von Religion** und ihre Auswirkungen auf die seelische Entwicklung von Menschen im Blick, die er in unzulässiger Weise generalisiert. Er erfasst daher weder den christlichen Glauben in seiner biblischen Urform noch die Religion insgesamt. Sein Ansatz ist daher nicht geeignet, der Religion die Existenzberechtigung abzusprechen oder gar die Existenz Gottes zu falsifizieren. Im Grunde handelt es sich bei Freuds Religionskritik um eine **Theorie der Entstehung religiöser Pathologien**. Darüber hinaus hat auch Freuds Behauptung, das Bedürfnis nach Sinn, insbesondere angesichts von Leid und Tod, sei grundsätzlich eine infantile Illusion, keine Überzeugungskraft. Das Bedürfnis an sich ist urmenschlich und eine religiöse Haltung ist nicht prinzipiell infantil, nur weil es nicht empirisch beweisbar ist, dass dem irdischen Wunsch nach Sinn eine transzendente Wirklichkeit entspricht. Freuds Religionskritik ist also erneut nur eine spekulative Hypothese. Zudem können, entgegen Freuds Vermutung, gerade vom Glauben entscheidende Impulse für Selbstbewusstsein und eine gesunde Persönlichkeitsentwicklung ausgehen.

2.5 Der existenzialistische Atheismus: Religion als Widerpart der Freiheit (Jean-Paul Sartre)

Der französische Philosoph und Schriftsteller **Jean-Paul Sartre** hat als Hauptprotagonist des **atheistischen Existenzialismus** seine theoretischen Aussagen und Überzeugungen auch in politischem Engagement umgesetzt. Die Grundannahme seiner Philosophie der Freiheit lautet: „**Die Existenz geht der Essenz voraus.**" Das bedeutet, dass das Dasein des Menschen zeitliche und logische Priorität vor seiner Wesensbestimmung hat. Oder anders gesagt: „[...] **der Mensch ist nichts anderes, als wozu er sich macht**. Das ist der erste Grundsatz des Existenzialismus" (aus: „Der Existenzialismus ist ein Humanismus" von 1946). Der Mensch selbst muss **eine Idee von sich entwerfen**, sein eigenes Wesen schaffen und einen Lebensplan für sich aufstellen, da er keine vorab definierte menschliche Wesensnatur und keinen festgeschriebenen Sinn vorfindet. Dementsprechend gibt es auch keine vorgegebenen Werte oder Normen. Vielmehr legt der Mensch in seiner **radikalen Freiheit** selbst fest, welche ethischen Maßstäbe für alle Menschen gelten. Darin besteht seine **moralische Verantwortung** – aber nicht gegenüber einer transzendenten Instanz. Der Mensch strebt ohnehin zum Guten, sodass es weder Schuld gibt noch Umkehr nötig ist.

---

info

Der **Existentialismus** ist eine philosophische Strömung, die alle vorgegebenen systematischen Deutungsversuche von vornherein verwirft. Jeder Einzelne wird vor die Aufgabe gestellt, sein Leben bewusst zu gestalten, um ihm angesichts seiner Sterblichkeit Sinn zu verleihen.

Existenz (lat. *existentia* = „Bestehen") bezeichnet das Vorhandensein einer Sache, Person oder auch nur eines ideellen Dinges (z. B. auch eines Gefühls). **Essenz** (lat. *essentia* = „Sein") meint demgegenüber das Wesen im Sinne eines gestaltbaren Soseins einer Sache, Person oder eines ideellen Dinges. Nimmt man einer Person etwas von ihrer Essenz, so hört sie auf, sie selbst zu sein. Beispiel: Die Haarfarbe gehört zur Existenz eines Menschen, aber nicht zu seiner Essenz. Zur Essenz hingegen gehört, je nach Definition von „Mensch", z. B. seine Vernunft. Im Christentum gehören zur Essenz des Menschen seine Transzendenzfähigkeit oder Gottebenbildlichkeit (Würde). Existentialisten wehren sich gegen solche generellen Zuschreibungen.

Argumentation, Motiv und Ziel

Für Sartre existiert kein allmächtiger und gütiger Gott, da die **Tatsache unendlichen Leids**, vor allem unschuldiger Menschen, dazu im Widerspruch steht (Theodizee-Frage). Zudem sei die **absolute Freiheit des Menschen unvereinbar mit der Existenz eines transzendenten Gottes**, die stets mit einem vorgegebenen Sinn, einem bestimmten Menschenbild und einer definierten Ethik verbunden ist. Menschliches Leben ist absurd, sinnlos und das Individuum gegebenenfalls einsam; seine Würde bewahrt es jedoch, indem es sein sinnloses Schicksal annimmt

Jean-Paul Sartre (1905–1980)

und der Welt durch humanitäres oder politisches Engagement einen Sinn verleiht. Dies ist der Preis der absoluten, jedoch nicht selbst gewählten Freiheit des zufällig in die Welt geworfenen Menschen: **Der Mensch ist zur Freiheit verdammt.**

Theologische Würdigung

Der konsequente Ansatz beim Menschen und seiner existenziellen Situation ist nachvollziehbar – auch der christliche Glaube setzt hier an. Insofern stellt Sartres Philosophie eine Aufforderung an Theologie und Kirche dar, über die Analyse und Verkündigung des Wortes Gottes den Menschen als Subjekt des Glaubens nicht zu vergessen. Die **Zuweisung von Freiheit und Verantwortung an den Einzelnen** entspricht wesentlichen Aspekten des biblischen Menschenbildes. Problematisch sind die **Verabsolutierung dieser Freiheit und die Leugnung jeder potenziellen transzendenten Wirklichkeit**. So haben sich über Jahrtausende und Kontinente hinweg die Menschen verschiedenster Kulturen und Religionen **in Freiheit für einen Transzendenzbezug entschieden**. Eine Ausklammerung der Religion stellt also in gewisser Hinsicht eine Einschränkung der von Sartre selbst geforderten radikalen Freiheit dar. Außerdem ist den Menschen nicht geholfen, wenn die **Erfahrung von Schuld oder Reue** als nicht notwendig erachtet und somit eigentlich ignoriert wird. Sie ist, zusammen mit der Erfahrung der Versöhnung, **Teil der menschlichen Existenz** und wirft die Frage auf, wie der Mensch damit umgehen kann und sollte.

Grundsätzlich ist zweifelhaft, ob der Mensch zur totalen Freiheit berufen ist. Aufgrund der Beobachtung vielfältigster Abhängigkeiten (wie z. B. von der Herkunft oder der finanziellen Situation der Eltern) schon von Geburt an (mit der Festlegung der Erbanlagen sogar bereits zuvor) ist es daher legitim, stattdessen von einer **relativen Freiheit als existenzieller Ausgangssituation**

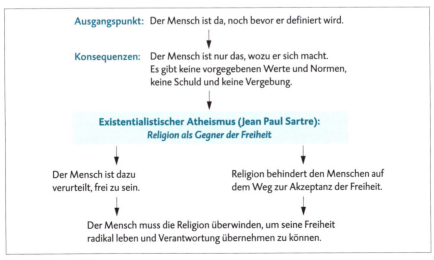

Sartres Religionskritik

des Menschen zu sprechen. Aufgrund dieser nur relativen Freiheit ist bei Weitem nicht jeder in der Lage, Sartres Forderungen, sich und seine Wertvorstellungen selbst völlig eigenständig zu „entwerfen", zu erfüllen. Nicht einmal bei günstigsten Konditionen ist dies vollumfänglich möglich. Zwar spricht Sartre nur von Freiheit im Denken und Handeln, doch wie soll diese Freiheit beispielsweise umgesetzt werden bei Kontingenzerfahrungen wie schwerer Krankheit oder gar im Angesicht des nahenden Todes, die auch das Denken oftmals vollständig gefangen nehmen und den Menschen auch im Handeln lähmen können? Die Erfahrung von Freiheit bedingt zudem nicht zwingend auch die Notwendigkeit, die von Sartre geforderte Verantwortung wahrzunehmen; auch **asozialer Egoismus** wäre eine Handlungsalternative.

Erkenntnistheoretischer Schwachpunkt der Religionskritik Sartres ist seine These, dass die **Freiheit des Menschen keinen essenziellen Hintergrund** hat, d. h., dass sie nicht per se zu seinem Wesen gehört; es ist schließlich ein Widerspruch, zu behaupten, der Mensch sei auf rein gar nichts festgelegt, ihm dann jedoch radikale Freiheit zuzuschreiben, ihn also doch auf zumindest eine Wesenseigenschaft von vornherein festzulegen. Wäre Sartre konsequent, so müsste er sagen: Der Mensch ist auf nichts festgelegt – noch nicht einmal auf Freiheit. Insofern **gesteht das Christentum dem Menschen sogar mehr Freiheit zu als Sartre**, denn hier wird offen bekannt: Die Schöpfung des Menschen als Ebenbild Gottes und die damit einhergehende Würde sind die Voraussetzung seiner Freiheit, die sich in der Wahrnehmung der Grundrechte realisiert. Da ihm seine Würde von Gott verliehen wurde, kann sie ihm niemand nehmen – also kann ihm auch seine Freiheit niemand nehmen. Das mit der Gottebenbildlichkeit vorgegebene Menschenbild bietet dem Einzelnen eine Grundlage, auf der er individuelle Perspektiven der Lebensgestaltung entwickeln und in der Hoffnung auf Vollendung leben darf.

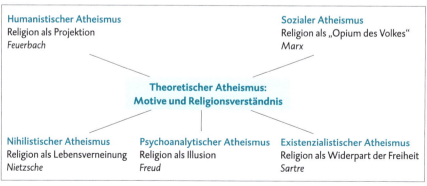

Klassiker der Religionskritik

2.6. Praktischer Atheismus und religiöser Indifferentismus

Diese „Klassiker" des theoretischen Atheismus zeichnen sich durch eine völlig diesseitig orientierte Lebenshaltung aus, in der die Existenz Gottes keine Rolle spielt. Auch für den **praktischen Atheismus** hat der **Glaube an einen Gott keinerlei lebenspraktische Relevanz**, auch wenn er im Gegensatz zum „theoretischen" Atheismus grundsätzlich vielleicht gar nicht geleugnet wird. Viele „Taufschein-" oder „Sonntagschristen" leben diese Form des praktischen Atheismus, auch wenn sie sich offiziell dazu gar nicht bekennen würden. Davon zu unterscheiden ist eine Haltung des Desinteresses oder der Gleichgültigkeit gegenüber der Gottesfrage, die auch als **religiöser Indifferentismus** bezeichnet wird. Die Indifferenz ist in einer pluralistischen und individualisierten Gesellschaft in Verbindung mit einer gewissen Tabuisierung des Religiösen weitverbreitet. Gerade in den westlichen Konsumgesellschaften verbindet sich diese passive Einstellung zur Religion mit einer **Haltung des Pragmatismus**, die sich darauf beschränkt, den Alltag zu bewältigen und Fragen nach dem Sinn auszublenden. Es fehlen hierfür auch Sprachformen und Rituale, sodass man auch von **religiösem Analphabetentum** sprechen kann.

3 Agnostizismus, szientistischer Atheismus und komplementäre Zugänge zur Wirklichkeit

Eine große intellektuelle Herausforderung für die moderne Theologie ist der grundsätzliche **Zweifel an der rationalen Erkennbarkeit Gottes** sowie die Behauptung seiner **Irrelevanz für die Erschließung der Wirklichkeit**. Vertreter dieser Positionen lassen sich gar nicht mehr auf die Frage nach Sein oder Nichtsein Gottes ein, sondern erklären allein schon die Möglichkeit einer religiösen Haltung für inakzeptabel oder überflüssig. Demgegenüber steht die Position einer **komplementären Sicht der Wirklichkeit**, die wissenschaftliche und religiöse Zugänge integriert.

> **In diesem Kapitel lernen Sie ...**
>
> - Argumente des Agnostizismus und seiner Varianten zu entfalten,
> - den szientistischen Atheismus der empirischen Wissenschaften als geschlossene wissenschaftstheoretische Position zu erklären,
> - komplementäre Zugänge zur Wirklichkeit (auch am Beispiel „Evolution und Schöpfung") zu beschreiben und zu vergleichen.

3.1 Agnostizismus und seine Varianten

Vertreter des **Agnostizismus** (griech. *agnostos* = „nicht erkennbar") sind von der Unmöglichkeit überzeugt, mithilfe der Vernunft Erkenntnisse über die Existenz oder Nichtexistenz Gottes zu gewinnen und entsprechende Aussagen zu treffen. Der berühmte Agnostiker **Protagoras** (490–411), der den Menschen als „Maß aller Dinge" (homo-mensura-Satz) betrachtete, beschrieb diese Haltung in seinem Werk „Über die Götter" folgendermaßen:

> Was die Götter angeht, so ist es mir unmöglich, zu wissen, ob sie existieren oder nicht, noch, was ihre Gestalt sei. Die Kräfte, die mich hindern, es zu wissen, sind zahlreich und auch ist die Frage verworren und das menschliche Leben kurz.[26]

Diese grundsätzliche Ablehnung jeder Erkenntnismöglichkeit Gottes tritt in folgenden Varianten auf:

- Der **methodische Agnostizismus** ist eine wissenschaftliche Position, nach der Gott weder Gegenstand noch Erklärungshypothese wissenschaftlicher Forschung sein kann, anderer Wirklichkeitsbereiche hingegen schon. Manchmal spricht man in diesem Zusammenhang auch von „**szientistischem Atheismus**" (vgl. 3.2).
- Der **weltanschauliche Agnostizismus** vertritt die Überzeugung, dass es grundsätzlich keine absolute Wahrheit gibt. Nicht selten ist diese Haltung mit der Überzeugung verbunden, dass allein (natur-)wissenschaftliche Aussagen über die Wirklichkeit möglich sind, gerade weil sie einer permanenten Weiterentwicklung unterworfen sind.
- Demgegenüber herrscht im **religiösen Agnostizismus** eine Ablehnung der rationalen Wissenschaft als Instrument zur Erschließung der Wirklichkeit vor. Religiöse Agnostiker sind der Meinung, dass die Erkenntnis Gottes keinesfalls über die menschliche Vernunft erfolgen kann, sondern nur auf religiösem, d. h. gerade auf irrationalem, ganzheitlichem Weg.

3.2 Szientistischer Atheismus

Wenn Wissenschaftler oder Forscher das Ziel der **völligen Autonomie der Wissenschaften** mit der Forderung nach **radikalem Ausschluss religiöser Fragen** oder Themen verbinden, handelt es sich um Vertreter eines szientisti-

---

[26] Diels/Kranz, Fragmente der Vorsokratiker 80B4 = Diogenes Laertios, Über Leben und Lehren berühmter Philosophen 9,51.

schen Atheismus. Oft verbindet sich diese Position mit einem **rigiden Naturalismus** (eine Wirklichkeitssicht, die sich ausschließlich auf die Beschreibung und Analyse natürlicher Phänomene beschränkt und alles „Übernatürliche" ablehnt), der in zwei Varianten auftritt:

- Ein **epistemologischer Naturalismus** (griech. *episteme* = „Erkenntnis") betrachtet nur diejenigen Bereiche der Wirklichkeit als rational erkennbar, die mit naturwissenschaftlichen Methoden erfasst werden können. Damit liegt eine Form des **methodischen Agnostizismus** bzw. des eines methodisch begründeten Atheismus vor.
- Der **ontologische Atheismus** (griech. *on* = „seiend", *logos* = „Lehre") gesteht nur den Dingen einen Wirklichkeitscharakter zu, die über naturwissenschaftliche Methoden erschlossen werden können. Hier geht es also um einen Atheismus, der nicht (wie der methodische Agnostizismus) von der Erkenntnismethode, sondern vom Erkenntnisobjekt ausgeht.

Der **szientistische Atheismus** hat eine längere Tradition, die sich in der europäischen Geistesgeschichte vor allem seit Beginn der Neuzeit entfaltet hat. Im Zentrum steht das spannungsreiche Verhältnis von Naturwissenschaft und Glaube, das erst im 20. Jh. nach vielen Konflikten, Missverständnissen und Infragestellungen zu einem kritisch-konstruktiven Miteinander geführt hat. Im Folgenden werden wesentliche Meilensteine und Strömungen genannt:

- In **Renaissance und Humanismus** rückten der Mensch und seine Möglichkeiten zunehmend in den Mittelpunkt. Die **Ablösung des geozentrischen durch das heliozentrische Weltbild** und der Bedeutungsgewinn **der Naturwissenschaften** vor allem in der **Aufklärung** stellten das christlich geprägte, geo- und anthropozentrische Weltbild infrage. Dies wurde als **Gefahr für den Geltungsanspruch des Christentums** verstanden. Zugleich erhoben (Natur-)Wissenschaftler den Anspruch, die Wirklichkeit allein mit empirischen Methoden erschließen und logisch erklären zu können. Im Prozess um **Galileo Galilei** (1564–1642) erreichte der Diskurs einen prominenten Höhepunkt. In der Auseinandersetzung zwischen den atheistischen Strömungen der Aufklärung und dem kirchlichen Lehramt kam es durch wechselseitige Anzweiflungen und Verurteilungen zu einem geistigen Gegensatz, der sich bis ins 20. Jh. hinein auch als völlige Trennung beider Bereiche zeigte.
- Der von **Auguste Comte** (1798–1857) geprägte **Positivismus** des 19. Jh. schloss jede metaphysische Spekulation aus und gestand nur positiven, d. h. sinnlich erfahrbaren Wirklichkeiten das Potenzial zu, objektiv erkennbar zu

sein. Mit seinem **„Drei-Stadien-Gesetz"** beschrieb Comte die notwendige Entwicklung des menschlichen Denkens im Lauf der Geistesgeschichte hin zum optimalen Zustand:
1. **theologisches Stadium:** Erscheinungen der Welt werden als Wirken eines oder mehrerer übernatürlicher Wesen gedeutet,
2. **metaphysisches Stadium:** An die Stelle übernatürlicher Wesen treten abstrakte Ideen (z. B. Natur),
3. **positives Stadium:** Konzentration allein auf wahrnehmbare Fakten; Erlangung von Erkenntnissen durch Erfahrung und Beobachtung.

- **Neopositivistische** und **neoempiristische** Strömungen des 20. Jh. modifizieren die positivistische Weltsicht. Der Philosoph **Bertrand Russell** (1872–1970) erkennt in sog. **„Gotteserfahrungen"** rein innerweltliche Gegebenheiten (z. B. menschliche Vorstellungen, Fantasien etc.); zudem müsse auch „Gott" verursacht sein. Der neoempiristische **Wiener Kreis** unterscheidet sinnvolle von sinnlosen Aussagen, wobei theologische Sätze zur letzten Kategorie gehören, da sie weder empirisch noch logisch überprüfbar seien. **Ludwig Wittgenstein** (1889–1951) als Repräsentant der analytischen Sprachphilosophie sieht die **Sprache als Abbild der Welt** und geht davon aus, dass man nur über die gegenständliche Welt sprechen könne. Deshalb sei es sinnlos, metaphysische Begrifflichkeiten wie „Gott" sprachlich zu verwenden: „Was sich überhaupt sagen lässt, lässt sich klar sagen; und wovon man nicht reden kann, darüber muss man schweigen" (aus dem Vorwort zum „Tractatus Logico-Philosophicus" von 1918). Allerdings gesteht Wittgenstein jenen religiösen Aussagen eine Sinnhaftigkeit zu, die für die Bewältigung ethischer Herausforderungen im Alltag nützlich sind.

Von links nach rechts: Auguste Comte, Bertrand Russel, Ludwig Wittgenstein

3.3 Komplementäre Zugänge zur Wirklichkeit

Das 20. Jh. war gekennzeichnet von politischen und wissenschaftlichen Katastrophen, die zu Skepsis gegenüber einer **schrankenlosen Technik- und Wissenschaftsgläubigkeit**, zum Zweifel an einer ebenso naiven wie **gefährlichen Fortschrittsideologie** sowie zur Ablehnung eines **grenzenlosen Wachstumsstrebens** geführt haben. Es ist bemerkenswert, dass vor allem prominente Vertreter der Physik vor diesem Hintergrund für die **Komplementarität** („gegenseitige Ergänzung") unterschiedlicher Zugangswege zur Wirklichkeit plädieren.

- **Max Planck** (1858–1947), Nobelpreisträger und Begründer der Quantentheorie, betont die gegenseitige Ergänzungsbedürftigkeit von Naturwissenschaft und Religion: „Für den gläubigen Menschen steht Gott am Anfang, für den Wissenschaftler am Ende aller seiner Überlegungen."

- **Werner Heisenberg** (1901–1976), ebenfalls Nobelpreisträger und Physiker („Heisenbergsche Unschärferelation"), betont stärker als Planck die gegenseitige Zuordnung von Naturwissenschaft und Glaubenswissen, da sowohl die Forschung als auch der Gottesglaube in der Natur Zentrum und Ordnung finden. Aus der Natur kommt auch der Kompass für das menschliche Handeln, das sich am Guten als dem Willen Gottes orientiert.

- **Albert Einstein** (1879–1955), Nobelpreisträger und Begründer der Relativitätstheorie, sieht in der Unbegreiflichkeit des Universums die unendliche transzendente Wirklichkeit geoffenbart: „Jedem tiefen Naturforscher muss eine Art religiösen Gefühls naheliegen, weil er sich nicht vorzustellen vermag, dass die ungemein feinen Zusammenhänge, die er erschaut, von ihm zum ersten Mal gedacht werden. Im unbegreiflichen Weltall offenbart sich eine grenzenlos überlegene Vernunft. – Die gängige Vorstellung, ich sei Atheist, beruht auf einem großen Irrtum. Wer sie aus meinen wissenschaftlichen Theorien herausliest, hat sie kaum begriffen."[27]

Demnach besteht zwischen Religion und Naturwissenschaft ein **Verhältnis gegenseitiger Bereicherung**, da es sich um zwei völlig verschiedene Wege zur Erschließung der Wirklichkeit handelt. Ziel der Naturwissenschaft ist die objektive, empirisch überprüfbare **Beschreibung der materiellen Wirklichkeit**. Demgegenüber stellen Religion und Glaube eine **Antwort auf die Grundfragen** des Menschen dar: Woher komme ich? Wer bin ich? Was soll

---

[27] zitiert nach: Moszkowski, Alexander: Einstein – Einblicke in seine Gedankenwelt, Hamburg 1921, S. 58.

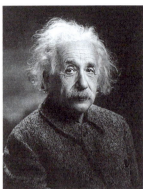

Von links nach rechts: Max Planck, Werner Heisenberg, Albert Einstein

ich tun? Wohin gehe ich? Glaube ist daher eine sehr **subjektive** und **persönliche** Angelegenheit – obwohl der einzelne Gläubige natürlich von der hinter allem Sein liegenden Wahrheit überzeugt ist. Glaube ist **nicht relativistisch**, weil er aufs Ganze geht. Doch während naturwissenschaftliche Aussagen für vernünftige Menschen einen allgemeinen Wahrheitsanspruch mit sich bringen, sind Glaubensüberzeugungen stets ein **unaufdringliches Angebot an Weltdeutung und Sinnfindung**, deren Verweigerung ein Grundrecht darstellt und nicht Ausdruck einer irrationalen Haltung ist. Daher ist der Wahrheitsanspruch des Christentums immer mit der Grundhaltung der **Toleranz** verbunden.

Naturwissenschaft und Theologie auf dem heutigen Stand der Forschung sind sich der Möglichkeiten und Grenzen ihrer Bereiche bewusst und weitgehend darüber einig, dass sich ihre spezifischen Zugangsweisen gegenseitig ergänzen und bereichern. Die folgende schematische Gegenüberstellung zeigt die Spezifika und Unterschiede beider Erschließungswege der Wirklichkeit.

Beispiel: Schöpfung und Evolution
Besonders in Biologie, Physik und Medizin gibt es eine Fülle von Erkenntnissen über das Universum und den Menschen (z. B. in der Genetik, der Elementarteilchenphysik oder hinsichtlich neuer Therapiemöglichkeiten). Sie werfen grundlegende ethische und theologische Fragen z. B. nach dem Wert des Lebens oder der Bedeutung von Zeit und Raum auf, die nicht nur die Wissenschaftler, sondern auch die Gläubigen insgesamt bewegen. Die seit dem 19. Jh. diskutierte Frage nach dem Verhältnis von Schöpfungsglaube und Evolutionstheorie ist in diesem Zusammenhang nach wie vor hoch aktuell – auch angesichts fundamentalistischer Tendenzen v. a. in den USA (z. B. die sog.

	Wissenschaft	Religion und Glaube
Voraussetzung	Die Wirklichkeit ist objektiv wahrnehmbar, empirisch beschreibbar und logisch erklärbar.	Ursprung, Entwicklung und Ziel der Wirklichkeit sind abhängig vom Willen einer transzendenten Macht. Sie verleiht dem Sein einen Sinn.
Gegenstand, Objekt	sinnlich wahrnehmbare Gegenstände der Wirklichkeit	der Mensch als Suchender (nach Hoffnung, Sinn etc.) und die dieser Suche entsprechende Haltung (der Glaube)
Ziel	stichhaltige Beweise	Deutung, Annäherung
Erkenntnisleitende Fragen	kausal: Wodurch ist ein Phänomen verursacht oder bedingt? modal: Auf welche Art und Weise geschieht etwas?	Worin liegt der sinnhafte Ursprung? Worin besteht das sinnhafte Ziel? Welche Bedeutung haben bestimmte Begebenheiten (z. B. die Erfahrung von Leid) für den Menschen und seine Beziehung zur Transzendenz?
Sprache	eindeutig, objektiv, definierte Begriffe, logische Syntax, sachlich, informativ	mehrdeutig, subjektiv, symbolisch, poetisch, emotional, appellativ
Grenzen	Trotz des sachlichen Anspruchs oft mangelnde weltanschauliche Neutralität, Inkompetenz hinsichtlich Sinnfrage und Weltdeutung, Ambivalenz des Fortschritts (Gefahr des Missbrauchs), Wissenschaftsgläubigkeit als Ideologie	Absolutheitsanspruch und Intoleranz, Subjektivität und Irrationalität, Instrumentalisierung zu sachfremden Interessen oder Zwecken

Erkenntnis im Bereich von Wissenschaft bzw. Religion und Glaube

„Kreationisten", s. u.). An diesem Beispiel lässt sich zeigen, wie Wissenschaft und Glaube sich gegenseitig ergänzen und bereichern können:

1. Die **Schöpfungserzählungen** (Gen 1,1–3,24) treffen folgende Aussagen:
    - Die Welt ist **nicht Produkt des Zufalls**, sondern entspringt dem Willen Gottes, der ihr eine Ordnung gegeben hat.
    - Der Mensch ist nach Gottes Willen erschaffen und ihm kommt als **Ebenbild des Schöpfers** eine besondere **Verantwortung** zu, da er sich im Auftrag seines Schöpfers um die Welt kümmern soll.

- Schon in den Schöpfungstexten zeigt sich, dass der Mensch schuldig wird, wenn er in seinem Ehrgeiz seine natürlichen Grenzen überschreitet. Daher ist er **erlösungsbedürftig** und die Welt als ganze bedroht.

2. Die **Evolutionslehre von Charles Darwin** (1809–1882) legt ein wissenschaftliches Modell der Welterklärung vor:
   - Tier- und Pflanzenarten sind nicht statisch, sondern verändern sich mit der Zeit **(Variation und Modifikation)**.
   - Die Besten und Stärksten überleben im Kampf ums Dasein **(Selektion, „survival of the fittest")**.
   - Auch der Mensch unterliegt diesen beiden Gesetzen.

Es ist evident, dass die Evolutionstheorie nicht die Frage nach dem Sinn, der Bedeutung und der Perspektive der Welt beantworten kann. Dagegen nennt die biblische Schöpfungslehre im Sinne eines religiösen Angebots entsprechende Antworten. Beide Zugänge zur Frage nach der Entstehung der Welt und ihrer Bedeutung **ergänzen sich** und können nicht im Widerspruch zueinander stehen, wenn man die jeweiligen Zugangswege ernst nimmt: **Die Bibel ist kein naturwissenschaftliches Lehrbuch**; umgekehrt treffen die Naturwissenschaften keine Aussagen zu religiösen Aspekten der Weltdeutung.

Problematisch hinsichtlich der Vereinbarkeit mit naturwissenschaftlichen Theorien ist hingegen der sog. „Kreationismus". Seine Vertreter sind der Auffassung, dass es sich bei den biblischen Schöpfungsberichten um **objektive Tatsachenberichte** handelt, sodass die darin enthaltenen Aussagen den Charakter einer naturwissenschaftlichen Erklärung haben. Die Evolutionslehre wird deshalb als unzutreffend abgelehnt.

Vertreter des **Evolutionismus** sind im Gegensatz zu den Kreationisten von der Evolutionstheorie überzeugt. Anders als manche Naturwissenschaftler schlussfolgern sie daraus allerdings nicht, dass die Welt keinen göttlichen Ursprung hat, sondern nur, dass Gott die Welt nicht in einem einzigen Akt geschaffen hat und daher nicht im klassischen Sinne „Schöpfergott" ist. Stattdessen verstehen die Evolutionisten Gott eher als eine Art Architekten, der die Welt planend und strukturgebend formt und dadurch die Evolution erst ermöglicht. Sie verdankt sich also dem **„intelligent design"** Gottes.

Aus theologischer Sicht ist der **Kreationismus** inakzeptabel, weil er **objektive Erkenntnisse der Bibelwissenschaften ignoriert** und den spezifischen Charakter der Schöpfungserzählungen sowie die sachlichen Spannungen und Widersprüche der beiden Texte außer Acht lässt.

Auch der **Evolutionismus** ist theologisch nicht überzeugend, da er bei seiner Weltentstehungstheorie **die Existenz des Endlichen und Kontingenten, von Leid und Schuld ausklammert**. Das Verständnis Gottes als eines intelligenten Designers ignoriert den Handlungsspielraum des Menschen und dessen Möglichkeit, die ihm von Gott geschenkte Freiheit zum Bösen zu missbrauchen.

4 Rationale Gotteserkenntnis: Möglichkeiten und Grenzen

Die Geschichte Israels mit Jahwe ist geprägt von der Beziehung Gottes zu seinem Volk. Die biblischen Darstellungen von Schöpfung, Exodus, Landnahme und Königsherrschaft zeigen, dass Heilsgeschichte und Offenbarung sowohl von den Gotteserfahrungen der Menschen als auch von Reflexion und Argumentation bestimmt werden. So können die Propheten ihrer Rolle als Mahner nur gerecht werden, indem sie argumentieren, Zusammenhänge aufzeigen, erinnern, kritisieren und warnen. Im Neuen Testament gehören Lehrgespräche, Reden, Gleichnisse und Bildworte mit didaktischem Charakter zum Kernbestand der biblischen Überlieferung über Leben und Wirken Jesu. Besonders bei Paulus finden sich viele **rationale Annäherungen an bestimmte Glaubensinhalte**. Denn Glaube erfasst den Menschen als Ganzes: seine Gefühle, seinen Willen und seinen Verstand. Es gilt die Formel Anselm von Canterburys: **„Fides quaerens intellectum"** (lat. „Glaube, der nach Einsicht sucht"). Als Leitmotiv kann der programmatische Aufruf des 1. Petrusbriefes verstanden werden: „Seid stets bereit, jedem Rede und Antwort zu stehen, der nach der Hoffnung fragt, die euch erfüllt" (1 Petr 3,15 b).

Der **rationale Zugang zur Gotteserkenntnis** ermöglicht einerseits die Vermittelbarkeit des Glaubens in der modernen Gesellschaft, andererseits den schon seit vielen Jahrhunderten fruchtbaren Austausch der **Theologie** als einer der ältesten universitären Disziplinen mit den anderen Wissenschaften. Zwar kann auch die Theologie die Existenz Gottes nicht rational erzwingen, dennoch vermag sie, Argumente für die **Vereinbarkeit des Glaubens mit der Vernunft** aufzuzeigen. Daneben kommt der Theologie auch eine Schutzfunktion zu, um Fehlformen des Glaubens aufzudecken oder zu vermeiden, wie sie auch in der Kirchen- und Dogmengeschichte zu finden sind. Am Ende schließt aber auch rationale Gotteserkenntnis die **Einsicht der Unbegreiflichkeit und Nichtbeweisbarkeit Gottes** ein.

> **info**
>
> Die christliche **Theologie** („Lehre von Gott"; griech. *theos* = „Gott", *logos* = „Wort/ Sinn") ist die Wissenschaft, die sich mit den Quellen des Glaubens (biblische Theologie), seiner Geschichte (historische Theologie), seinen Glaubensinhalten (systematische Theologie) und der Glaubenspraxis (praktische Theologie) auseinandersetzt. Als Geisteswissenschaft arbeitet sie unter bestimmten geistigen Voraussetzungen (z. B. der Annahme eines transzendenten Gottes), mit bestimmten Methoden (z. B. der historisch-kritischen Exegese) und klaren Zielsetzungen (z. B. Entwurf von Konzepten für Religionsunterricht und Seelsorge). Die **Philosophie** (griech. *philos* = „Freund", *sophia* = „Weisheit") entstand im christlichen Abendland erst mit der Aufklärung als eigenständige Disziplin. Sie beschäftigt sich mit der Deutung der Wirklichkeit, ohne sich dabei auf einen bestimmten Gottesbegriff festzulegen. Die Philosophie ist auch eine Disziplin innerhalb der systematischen Theologie (christliche Philosophie).

> **In diesem Kapitel lernen Sie ...**
>
> - Chancen und Grenzen der rationalen Annäherung an den Glauben zu erörtern,
> - theologische Argumente für die Vernunftgemäßheit des Glaubens darzustellen,
> - die Bedeutung eines aufgeklärten Glaubens nachzuweisen.

4.1 Argumente für die Vernunftgemäßheit des Glaubens

In der Geschichte der christlichen Theologie entstanden argumentative Grundmuster, mit deren Hilfe man die Vernunftgemäßheit des Glaubens darlegen wollte. Der herkömmliche Begriff „**Gottesbeweise**" ist sachlich nicht korrekt, da es sich niemals um logische Herleitungen handeln sollte, die keinen Raum mehr für die persönliche Glaubensentscheidung lassen. Im Gegenteil: Am Anfang stand immer der Glaube, den man nachträglich mit Vernunftargumenten zu untermauern suchte. Zudem lassen sich zu allen „Beweisen" auch entsprechende kritische Einwände formulieren. Deshalb ist es angemessener, von „Gottesaufweisen", „**Gottesargumenten**", „Hinweisen" oder „Wegen zu Gott" zu sprechen.

Das noetische Argument (Platon, Augustinus, Descartes, Leibniz)

Ausgangspunkt ist die empirische Beobachtung, dass der Mensch eine **Intuition für das Wahre, Gute und Schöne** hat, was sich in ästhetischen, geistigen und kulturellen Errungenschaften widerspiegelt. Es zeigt sich, dass es auch für diese Bereiche universell gültige Gesetze (wie die goldene Regel) und Prinzipien gibt, z. B. in der bildenden Kunst oder in der Ethik. Nach dem noetischen (griech. *noesis* = „Erkenntnis") Argument können diese vorgegebenen Gesetze und Prinzipien nicht vom Menschen kommen, sonst wären sie nicht universell gültig. Deshalb geht das Wahre, Gute und Schöne auf eine **absolute, ewige und transzendente Wirklichkeit** zurück, die man „Gott" nennt. Die **Empfänglichkeit** des Menschen für das Wahre, Gute und Schöne ist ein zwingender Hinweis auf die Existenz dieses Absoluten.

Kritik: Auch universal gültige Ideale, Gesetze und Prinzipien sind gedankliche Konstrukte des Menschen, die mit Sicherheit der immanenten Wirklichkeit entstammen, nicht zwingend jedoch einer hypothetischen Transzendenz zugeordnet werden können.

Das historische Argument (Aristoteles, Cicero)

Es ist eine Erfahrungstatsache, dass es in allen Phasen der menschlichen Zivilisation über die Grenzen der Völker und Kontinente hinweg **Spuren des Religiösen sowie institutionalisierte Religionen** gegeben hat und immer noch gibt. Dies ist ein Hinweis darauf, dass die Religiosität zum Wesen des Menschen bzw. die Religion zur irdischen Wirklichkeit dazugehört. Dies wäre nicht so, wenn es nicht auch **das Absolute als transzendente Entsprechung** zu dieser innerweltlichen Wirklichkeit gäbe.

Kritik: Religiosität und Religion sind als rein menschliche Gegebenheiten auch psychologisch oder kulturell erklärbar und für sich verständlich. Es bedarf dazu nicht zwingend einer transzendenten Entsprechung.

Das ontologische Argument (Anselm von Canterbury)

Dem „Proslogion" des Anselm von Canterbury zufolge ist Gott das, **„quo nihil maius cogitari possit"** (lat. „worüber hinaus nichts Größeres gedacht werden kann"). Damit meint er nicht das „größte Denkbare", sondern etwas, das tatsächlich größer ist als alles, was gedacht werden kann. Daran schließt sich seine Argumentation an: Gott könnte nicht dieses Wesen sein, wenn ihm etwas fehlte, nämlich die reale Existenz, daher muss er existieren. Anders gesagt: Würde Gott allein als Idee in der menschlichen Vorstellung existieren, so könnte widersprüchlicherweise noch etwas Vollkommeneres gedacht werden als „das, worüber

Anselm von Canterbury (1033–1109)

hinaus nichts Größeres gedacht werden kann" (nämlich ein existierender Gott), denn reale Existenz ist mehr wert als reine Fiktion.

Kritik: Auch Vorstellungen gehören dem Bereich der Wirklichkeit an und bedürfen daher keiner dinglichen Entsprechung, um „real" zu sein. Außerdem ist nach Kant (einem prominenten Kritiker von Anselms Gottesargument) Existenz ist nicht per se eine Aufwertung (aus 100 gedachten Talern werden durch die Existenz nicht 101 Taler, so Kant).

Die fünf Wege des Thomas von Aquin

In seiner „Summa theologiae" stellt Thomas von Aquin die **„quinquae viae"** (lat. „fünf Wege") vor. Der Kirchenlehrer greift bei diesen fünf Gottesargumenten vor allem auf Gedanken zurück, die schon bei Aristoteles auftauchen. Ausgangspunkt seines Denkens ist immer die reale Welt, die jeder Mensch als vernunftbegabtes Wesen analysieren und durchschauen kann. Da sich in der realen Wirklichkeit Spuren Gottes zeigen, kann der Mensch Gott also auf dem Wege von Empirie und Logik erkennen. Methodisch wendet Thomas den **Dreischritt des schlussfolgernden Syllogismus** an.

Thomas von Aquin (1225–1274)

> **info**
>
> Ein **Syllogismus** (griech. *syllogismos* = „Zusammenrechnen, logischer Schluss") ist ein bestimmter Typ eines logischen Arguments und deshalb immer nach dem gleichen Muster aufgebaut: Obersatz und Untersatz als Prämissen (Voraussetzungen) führen zu einer Konklusion (Schlussfolgerung). Die Prämissen und die Konklusion sind Aussagen, die wahr oder falsch sein können. Sind Ober- und Untersatz wahr, muss auch die Conclusio wahr sein. Ein Beispiel:
>
> Obersatz: Sokrates ist ein Mensch (wahr)
> Untersatz: Alle Menschen sind sterblich (wahr)
> Conclusio: Sokrates ist sterblich (wahr)

1. **Das kinetische/kinesiologische Argument (Bewegungsbeweis):** Es ist eine allgemein akzeptierte Beobachtung, dass es in der Welt Bewegung gibt (Obersatz). Aus physikalischer Sicht ist unmittelbar einleuchtend, dass jede Bewegung (griech. *kinesis* = „Bewegung"; Kinesiologie daher „Lehre von der Bewegung") durch einen Impuls entsteht (Untersatz). Allerdings ist diese Impulskette nicht bis ins Unendliche zurückführbar; es muss daher ei-

nen ersten, **unbewegten Beweger** geben, der seine Energie nur aus sich selbst heraus beziehen kann. Dieser Ur-Beweger heißt Gott (Schlusssatz).

Kritik: Der erste Beweger muss nicht einer transzendenten Wirklichkeit entstammen, sondern kann auch eine naturwissenschaftliche Gegebenheit sein, die wir derzeit noch nicht kennen.

2. **Das Kausalitätsargument (Wirkursachenbeweis):** Wir stellen fest, dass alle Dinge bedingt sind, d. h. jede Wirkung hat eine Ursache (Obersatz). Nun lässt sich die Kette von Ursachen (lat. *causa* = „Ursache") und Wirkungen nicht bis ins Unendliche zurückführen (Untersatz). Es muss eine **erste Ursache** geben, die nicht selbst verursacht ist. Ohne erste Ursache gäbe es keine Wirkungen. Eine Ursache, die sich selbst bedingt und aus sich heraus Wirkungen entfaltet, kann nur absoluter, unbeeinflussbarer und transzendenter Art sein (Schlusssatz). Sie wird Gott genannt.

   Kritik: Hier gilt dieselbe Kritik wie bei Weg 1 – auch die erste Ursache muss nicht transzendent sein.

3. **Das Kontingenzargument (Kontingenzbeweis):** Alle empirisch fassbaren, immanenten Gegenstände (z. B. Pflanzen, Tiere, Menschen, Dinge) entstehen aus anderen, sind nicht notwendig und daher entbehrlich (Obersatz). Die Dinge der Immanenz sind also kontingent. Alles Kontingente ist abgeleitet und gibt sich seine Existenz nicht selbst (Untersatz). Da die Reihe dieser Abhängigkeiten nicht unendlich ist, geht sie von einem Anfang aus, der allen kontingenten Dingen ihr Sein gibt. Andernfalls gäbe es auch die immanenten Dinge nicht. Dieser **Beginn allen kontingenten Seins** heißt Gott (Schlusssatz).

   Kritik: Gerade die kontingenten Dinge können nicht auf einen nicht-kontingenten (transzendenten) Anfang zurückgehen, weil sonst irgendwo zwischen Kontingenz und Transzendenz ein qualitativer Sprung stattfinden müsste, der nicht rational erklärbar ist.

4. **Das (Seins-)Stufenargument (Seinsstufenbeweis):** Es ist laut Thomas unmittelbar einleuchtend, dass die Dinge der Welt eine unterschiedliche Qualität aufweisen (Obersatz), sie also nicht alle gleich gut, wahr und schön sind. Diese Hierarchie oder Stufenleiter der unterschiedlichen Wertigkeiten muss eine Spitze oder Endstufe haben (Untersatz). Diesem **höchsten Wert**, der **das absolut Gute**, **Wahre und Schöne** darstellt, muss eine transzendente Wirklichkeit entsprechen, die Gott heißt (Schlusssatz).

   Kritik: Das Sein ist stets immanent, selbst wenn es den höchsten Wert in der Skala der Seinsstufen hat. Dass es unterschiedlich „gute" Seinsstufen gibt, ist außerdem bereits eine Vorannahme – für einen Atheisten gibt es möglicherweise gar kein objektives „Gut" und „Böse" und daher auch keine Qualitätsunterschiede im Sein.

5. **Das physikotheologische oder teleologische Argument (Finalitätsbeweis):** Das Universum ist gekennzeichnet durch Ordnung, Zweckmäßigkeit und Zielgerichtetheit (Obersatz). Es gibt keine zielorientierte (teleologische) Struktur, die sich nicht einer höchsten, souveränen Ordnungsmacht verdankt (Untersatz). Der so konstruierte Kosmos gründet in einer **unabhängigen**, **transzendenten Macht**, die Gott genannt wird (Schlusssatz).

Kritik: Ordnung und Zielgerichtetheit des Universums können durchaus Ausdruck und Ergebnis natürlich erklärbarer Prozesse sein. Außerdem kann man die Welt auch als überwiegend ungeordnet und chaotisch empfinden – Zweckmäßigkeit und Zielgerichtetheit sind also bereits gedankliche Voraussetzungen für dieses Argument.

Das moralische oder ethikotheologische Argument (u. a. Immanuel Kant)

Der Mensch ist sich aufgrund seines Gewissens dessen bewusst, dass es gutes und böses Handeln gibt. Dieses ethische „Grundwissen" des Menschen verweist auf eine **absolute moralische Instanz**, von der her das Ethos und die Beurteilungsmaßstäbe kommen. Diese absolute, transzendente Instanz nennen wir Gott. Dieses Argument kann als Variante des Stufenarguments (4. Weg des Thomas von Aquin) betrachtet werden, da es sich bei der moralischen Ordnung um einen speziellen Seinsbereich handelt, von dem her auf die Plausibilität der Existenz Gottes geschlossen wird.

Kritik: Das Gewissen ist auf die Verwirklichung ethischer Güter (Ideale, Werte) ausgerichtet, die der Mensch auch einfach durch Erlernen von seiner Umwelt verinnerlicht haben kann – nicht durch Ausrichtung auf eine absolute, transzendente Instanz.

Das stochastische Argument (Blaise Pascal)

Das stochastische Argument (griech. *stochastike techne* = „Kunst des Ratens, Wahrscheinlichkeitsrechnung") geht auf den französischen Mathematiker und Philosophen Blaise Pascal zurück. Dieser ist vom **Rationalismus** geprägt und misst daher den klassischen Gottesargumenten nur eine geringe Bedeutung zu. Bei Pascal ist außerdem nicht die Vernunft, sondern das Herz die metaphysische Erkenntnisinstanz: **„Wir erkennen die Wahrheit nicht nur durch die Vernunft, sondern auch durch das Herz"** (Fragment 282, aus: „Les Pensées sur la religion et sur quelques autres sujets" von 1670). Der Mensch trifft seine

Herzensentscheidung jedoch nicht irrational, sondern als Ergebnis einer Wahrscheinlichkeitsrechnung, der sog. **„Pascalschen Wette"**. Demnach wägt der Mensch die Erwartungswerte gegeneinander ab, die sich für ihn aus dem Glauben an Gott bzw. aus dem Unglauben in Relation zur (Nicht-)Existenz Gottes ergeben, und entscheidet sich schließlich, ob es sich für ihn lohnt, auf dessen Existenz zu setzen oder nicht. Vier Konstellationen sind dabei denkbar:

- Man glaubt an Gott und Gott existiert: **Gewinn der ewigen Seligkeit**.
- Man glaubt an Gott und Gott existiert nicht: **weder Gewinn noch Verlust**.
- Man glaubt nicht an Gott und Gott existiert: **Verlust der ewigen Seligkeit**.
- Man glaubt nicht an Gott und Gott existiert nicht: **weder Gewinn noch Verlust**.

Pascal kommt, unter dem Gesichtspunkt der Risikoabschätzung, zu einem klaren Ergebnis: **„Wenn Sie gewinnen**, **gewinnen Sie alles** (nämlich die ewige Seligkeit). **Wenn Sie verlieren**, **verlieren Sie nichts** (nämlich lediglich die nichtige Existenz). Setzen Sie also ohne zu zögern darauf, dass es ihn gibt" (Fragment 233). Auch wenn sich die Existenz Gottes nicht beweisen lässt, ist es für die jenseitigen Folgen des Menschen letztlich am sichersten, von seiner Existenz auszugehen und ein gottgläubiges, d. h. gefälliges Leben zu führen.

Blaise Pascal (1623–1662)

Pascal hatte vor Veröffentlichung seiner Wette ein persönliches Bekehrungserlebnis, das er auf einem Pergamentstreifen dokumentierte; diesen trug er in seiner Kleidung eingenäht immer bei sich. Der Wortlaut dieses Textes zeigt, dass der Wahrscheinlichkeitsrechnung nur eine Hilfsfunktion bei Pascals Entscheidung für Gott zukam: „Jahr der Gnade 1654. Montag, den 23. November [...]. Seit ungefähr halb elf Uhr abends bis ungefähr eine halbe Stunde nach Mitternacht. Feuer. Der Gott Abrahams, der Gott Isaaks und der Gott Jakobs, nicht der Philosophen und Gelehrten. Gewissheit, Gewissheit, Empfinden, Freude, Frieden. Der Gott Jesu Christi. Deum meum et Deum vestrum."[28]

Kritik: Es ist ein logischer Widerspruch, Gott einerseits als absolute Wirklichkeit und andererseits als Ergebnis einer Wahrscheinlichkeitsrechnung anzunehmen.

---

28 Quelle: http://www.nwerle.at/memorial.htm.

Das moralische Gottespostulat (Immanuel Kant)

Kant lehnt in seiner „**Kritik der reinen Vernunft**" (1781) die Gottesbeweise ab, da sie sich als metaphysische Argumente nicht auf die **empirische Wirklichkeit** beziehen. Nur die empirische Wirklichkeit aber kann Objekt menschlicher Erkenntnis sein. Metaphysische Aussagen sind nicht verifizierbar oder falsifizierbar, damit ist die **Existenz Gottes weder beweisbar noch widerlegbar**. Der Glaube an eine transzendente Wirklichkeit ist die persönliche Entscheidung jedes einzelnen Menschen.

Immanuel Kant (1724–1804)

In seinem zweiten Hauptwerk von 1788, „**Kritik der praktischen Vernunft**", legt er dann allerdings doch noch ein „Gottesargument" vor. Die Existenz Gottes, so schreibt er, ist neben Willensfreiheit und Unsterblichkeit der Seele ein **Postulat der praktischen Vernunft** (sittliches Bewusstsein, Gewissen, Moral). Diese diktiert dem Menschen in Form des „**kategorischen Imperativs**" („Handle so, dass die Maxime deines Willens jederzeit zugleich als Prinzip einer allgemeinen Gesetzgebung gelten könne"), sich „gut" zu verhalten – nicht aus Neigung (also z. B. Nächstenliebe, Egoismus etc.), sondern einfach, weil es vernünftig ist und der Mensch damit der Pflicht, die ihm von seiner praktischen Vernunft aufgetragen wird, gerecht wird. Gleichzeitig gehört es für Kant zur Vernunftidee, dass der moralisch „gute" Mensch, der sich also nach den Forderungen des kategorischen Imperativs richtet, auch die **Glückseligkeit** erlangt. Da dies erfahrungsgemäß im Diesseits nicht gelingt, muss es ein allwissendes, allmächtiges Wesen geben, das dem Menschen diese Glückseligkeit im Jenseits verleihen kann.

Kritik: Dass ein moralischer Mensch die Glückseligkeit erlangen muss, entspricht zwar der irdischen Sehnsucht des Menschen, bedarf aber nicht zwingend einer transzendenten Wirklichkeit zur Erfüllung dieser Sehnsucht.

> **info**
>
> **Empirismus** (griech. *empeiria* = „Erfahrung") ist jene geistesgeschichtliche Strömung, nach der Wissen im Sinne wahrer Erkenntnis ausschließlich auf sinnlichen Erfahrungen beruht. Ein gegensätzlicher Ansatz ist der **Rationalismus** (lat. *ratio* = „Vernunft"), wonach Erkenntnis und Wissen auch rein aus der Anwendung der Vernunft ohne empirische Grundlagen möglich ist. Sowohl empirische als auch rationale Zugänge zur Wirklichkeit, die Absolutheitsanspruch erheben, richten sich gegen die religiöse Offenbarung als Quelle der Erkenntnis und des Wissens.

> **info**
>
> Unter **Kategorien** (griech. *kategoria* = „Aussage, Zuschreibung") versteht man Grundmerkmale des Seienden, die der Ordnung der Dinge dienen. Als Begründer der Kategorienlehre gilt Aristoteles; er unterscheidet zehn Kategorien, z. B. Substanz (= ein Hund), Lage (= sitzt), Tun (= bellt). Kant erneuerte den Kategorienbegriff, indem er feststellte, dass diese nicht das tatsächliche Sein eines Dinges beschreiben (also nicht „ontologisch" sind), sondern nur abbilden, was unser Verstand wahrnimmt. Bildlich gesprochen: Unser Verstand hat eine blaue Brille von Vorannahmen auf der Nase (z. B. unser Verständnis von Zeit und Raum). Daher erscheinen uns die Dinge blau – wir können nicht wissen, wie sie wirklich sind. Im „kategorischen Imperativ" steht **kategorisch** (lat. *categoricus* = „zur Aussage gehörend") für „unbedingt gültig".

Das Plausibilitätsargument (Hans Küng)

Der schweizer Theologe Hans Küng (geb. 1928) geht von der Radikalität der Grundfragen Kants aus, die weder Nihilismus noch Atheismus beantworten können, der Gottesglaube jedoch schon: Denn erstens löst das Vertrauen in die Existenz Gottes über die reine Vernunft hinaus die existenziellen Rätsel der Wirklichkeit, zweitens kann der einzelne Mensch nur dann im Angesicht des Leids und im Horizont des sicheren Todes sein Dasein bejahen, wenn Gott als Ursprung und **Ur-Grund der Wirklichkeit** dem Leben einen absoluten Sinn verleiht. Trotz der Erfahrungen von Einsamkeit, Scheitern und Schwachheit ist **Gott als Ur-Halt und Begleiter** des Menschen erfahrbar, schenkt Geborgenheit und Sicherheit. Der Mensch erfährt sowohl seine persönliche Entwicklung als auch die Geschichte des Universums als sinnvoll, wenn es **Gott als Ur-Ziel allen Seins** gibt. Die Alternative lautet: Zufall und Bedeutungslosigkeit allen Seins. Für Küng ist dieses Argument jedoch kein zwingender Gottesbeweis, (daher „Plausibilitätsargument"): „Dass Gott ist, kann nur in einem – in der Wirklichkeit selbst begründeten – Vertrauen angenommen werden."[29]

Kritik: Küng geht von der Sehnsucht des Menschen nach Sinn und Geborgenheit aus, die ihn zur Annahme führt, es müsse ein Gott existieren, der diese Sehnsucht befriedigen kann. Diese Annahme ist jedoch, wie Küng selbst feststellt, unbeweisbar und daher eine Frage des Vertrauens.

Gott als Hoffnung wider die Leere (Karl Rahner)

Der Theologe Karl Rahner sieht die Rationalität der Gotteserkenntnis dadurch begründet, dass der Glaube an einen transzendenten Gott verknüpft ist mit der

---

29 Küng, Hans: Existiert Gott? Antwort auf die Gottesfrage der Neuzeit. München/Zürich 1978, S. 625.

Erfahrung von Sinn und Fülle, von Geborgenheit und Liebe. Dagegen stehen Zufall und Leere, Haltlosigkeit, Einsamkeit und Kälte. Es spricht alles dafür, diesen Glauben an das Geheimnis Gottes zu wagen und der Absurdität einen transzendenten Sinn entgegenzusetzen. Insbesondere im Christentum ist Gott als Befreier und Erlöser erfahrbar und teilt sich auf unüberbietbare Weise in Geburt, Leben und Leiden, Tod und Auferstehung seines Sohnes mit. Dagegen können Widersprüche, Spannungen, Unklarheiten und Enttäuschungen nicht wirklich an,

Karl Rahner (1904–1984)

da die einzige Alternative zur Hoffnung auf Gott nur die Verzweiflung angesichts einer scheinbar völlig sinnentleerten und traurigen Welt wäre.

Kritik: Manche Atheisten (z. B. Sartre) behaupten genau dies, dass nämlich die Welt an sich sinnlos sei, ohne dass deswegen auf Gefühle wie Liebe oder Geborgenheit verzichtet werden müsse. Dass Rahner eine solche Welt als unzumutbar empfindet, ändert nichts daran, dass sie theoretisch möglich ist.

Gott als ewige Wahrheit (Robert Spaemann)

Auch wer die Existenz Gottes ausschließt und der Meinung ist, damit eine „wahre" Aussage zu treffen, geht davon aus, dass es so etwas wie eine absolute, von individuellen Ansichten unabhängige Wahrheit gibt. Anders gesagt: Jeder, der Wahrheit für sich beansprucht (auch der vehemente Leugner der Existenz Gottes), geht von einer **absoluten Wahrheit** aus – also letztlich von Gott; denn die absolute Wahrheit hängt laut Spaemann (geb. 1927) mit der Existenz Gottes untrennbar zusammen (wer sollte sonst Maßstab dessen sein, was absolut wahr ist?). Auch wahre Selbsterkenntnis ist daher, so Spaemann, nur durch Gotteserkenntnis möglich und umgekehrt, denn der Mensch ist die **„Spur Gottes in der Welt". Ohne Gott gibt es also keine Wahrheit an sich.** Der Mensch hat demnach nur die Wahl zwischen Theismus (Anerkennung einer absoluten Wahrheit, also Gottes) und Nihilismus (Leugnung einer absoluten Wahrheit zugunsten der Sinnlosigkeit allen Seins); ein Drittes ist ausgeschlossen. Doch nur unter der Voraussetzung der Existenz Gottes (Theismus), welcher der Welt als Einziger Sinn verleihen kann, sind wahrheitsfähige Aussagen jeglicher (!) Art und auch Gottesbeweise möglich (wer logisch und sinnträchtig argumentieren bzw. Gott beweisen möchte, muss seine Existenz daher notwendigerweise voraussetzen).

Kritik: Absolute Wahrheit muss nicht zwingend auch transzendent, also in irgendeiner Form „göttlich" sein. Auch kann der Mensch sich der absoluten Wahrheit ohnehin nur annähern – wodurch auch die vollkommene Selbsterkenntnis unmöglich ist. Eine vermeintliche Gotteserkenntnis kann darüber hinaus für die Selbsterkenntnis sogar hinderlich sein. Außerdem bleibt, das gibt Spaemann selbst zu, immer die Alternative des Nihilismus, die er allerdings nicht hinnehmbar findet.

Gott als Gegenstand der Neurotheologie (Andrew Newberg)

Hirnforscher setzen sich mit der Frage auseinander, inwieweit sich religiöse Empfindungen oder Wahrnehmungen in biochemischen Vorgängen des Gehirns nachweisen lassen. Der US-amerikanische Radiologe **Andrew Newberg** geht von der Beobachtung aus, dass Menschen in sehr starker religiöser Versenkung oder Meditation die Fähigkeit zur Rezeption von Sin-

Andrew Newberg (geb. 1966)

nesreizen verlieren. Tomografische Verfahren zeigen, dass die entsprechende Gehirnregion kaum mehr durchblutet ist. Newberg erkennt daher im Menschen einen **Mystiker**, der von Natur aus zur **Selbsttranszendenz** fähig ist. Damit ist bewiesen, dass der Mensch zu authentischen religiösen Empfindungen in der Lage ist, die nicht pathologischer Natur sind (wie dies Freud mit seiner Theorie von der Religion als „kollektiver Zwangsneurose" noch behauptet hatte). Religiosität gehört also wesentlich zur gesunden menschlichen Natur dazu.

Kritik: Alle Empfindungen schlagen sich physiologisch wider – das gilt sowohl für religiöse Gefühle als auch für Fantasien oder Träume; die Existenz einer absoluten Wirklichkeit (Gott) ist davon völlig unabhängig.

> **info**
>
> Die christliche **Mystik** (griech. *mysticos* = „geheimnisvoll") ist eine v. a. mit Meister Eckhart (gest. um 1327) verbundene, vielgestaltige Strömung, die mit der unmittelbaren Erfahrbarkeit Gottes in der Gegenwart rechnet. Meister Eckhart beispielsweise vermutete im Menschen eine Stelle, die am durch die Sünde verursachten Abstand des Geschöpfes von Gott nicht teilhabe. Dieses „Seelenfünklein" sei ungeschaffen und dadurch ewig wie Gott – ja sogar Gott selbst. Beim „gefallenen" Menschen sei es verschüttet, sehne sich jedoch nach der Vereinigung mit Gott („unio mystica").

Typ	Theologisches Argument	Einwand
noetisch Platon, Augustin, Descartes, Leibniz	Gedanken und Ideen vom Wahren, Guten und Schönen können nur einer transzendenten Wirklichkeit entstammen.	Gedanken sind immer menschliche Konstrukte, die nicht zwingend auf eine transzendente Wirklichkeit verweisen müssen.
historisch Aristoteles, Cicero	Das immanente Phänomen des Religiösen verlangt das Absolute als transzendente Entsprechung.	Religiosität ist rein psychologisch bzw. kulturell erklärbar und bedarf keiner transzendenten Entsprechung.
ontologisch Anselm von Canterbury	Gott als das, worüber hinaus nichts Größeres gedacht werden kann, muss auch existieren, da er sonst nicht dieses Wesen sein könnte.	Der Gedanke an sich ist schon real; Existenz ist nicht per se eine Aufwertung (aus 100 gedachten Talern werden durch die Existenz nicht 101).
kinetisch Thomas von Aquin	Es muss einen ersten, unbewegten Ur-Beweger geben.	Dies kann auch eine naturwissenschaftliche Gegebenheit sein.
kausal Thomas von Aquin	Es muss eine erste Ursache geben, die nicht selbst verursacht ist.	Auch die erste Ursache muss nicht transzendent sein.
Kontingenz Thomas von Aquin	Der Beginn des kontingenten Seins ist Gott.	Gerade die Kontingenz kann nicht transzendent verursacht sein.
Seinsstufen Thomas von Aquin	Die Spitze und der höchste Wert von allen Seinsstufen ist die Transzendenz.	Die höchste *Seins*stufe muss immanent sein. Die unterschiedliche Qualität im Sein ist eine Vorannahme.
Finalität Thomas von Aquin	Das geordnete und zielgerichtete Universum gründet in einer transzendenten Macht.	Struktur und Zielgerichtetheit sind Vorannahmen und außerdem auch Wesenselemente natürlicher Prozesse.
ethikotheologisch Thomas von Aquin	Das menschliche Gewissen verweist auf eine absolute ethische Instanz.	Es verweist nur auf die von der Umwelt übernommenen Werte und Normen.
stochastisch Blaise Pascal	In Abwägung der jenseitigen Folgen ist es am sichersten, von der Existenz Gottes auszugehen.	Echter Glaube entsteht nicht aufgrund einer rein rationalen Wahrscheinlichkeitsrechnung.
moralisch Immanuel Kant	Gott ist der Garant jenseitiger Glückseligkeit.	Diese Gottesvorstellung entspricht allein einer irdischen Sehnsucht.
Plausibilität Hans Küng	Das Vertrauen in die Existenz Gottes verhilft zur Lösung existenzieller Rätsel der Wirklichkeit (Ursprung, Struktur und Ziel des Seins).	Die Sehnsucht nach Sinn und Geborgenheit hat möglicherweise keine transzendente Entsprechung; daher „Vertrauen"
„Hoffnung wider die Leere" Karl Rahner	Sinn, Geborgenheit und Liebe können nur im Vertrauen auf Gott gegeben sein. Eine gottlose Welt wäre sinnlos.	Atheisten gehen von so einer Welt aus, empfinden aber laut eigener Aussage (mitunter) dennoch Geborgenheit und Liebe.
Ewige Wahrheit Robert Spaemann	Wahre Aussagen kann nur treffen, wer die Existenz einer absoluten Wahrheit (=Gott) anerkennt.	Absolute Wahrheit ist nicht zwingend transzendent und nicht gänzlich erkennbar; Alternative: Nihilismus
neurotheologisch Andrew Newberg	Die Hirnforschung zeigt: Der Mensch ist ein transzendenzfähiges Wesen; Religiosität gehört zu seiner Natur.	Alle Empfindungen schlagen sich im Gehirn nieder; Gottes Existenz ist davon unabhängig.

Argumente für die Vernunftgemäßheit des Glaubens

4.2 Die Bedeutung des aufgeklärten Glaubens

Schon bei Einführung und Darstellung der Gottesargumente ist deutlich geworden, dass es sich nicht um Beweise im Sinne einer logischen Herleitung auf empirischer Grundlage handelt, sondern um Versuche, die **Vernunftgemäßheit** und **Verantwortbarkeit** des bereits bestehenden Gottesglaubens nachzuweisen. In diesem Sinne sind die Gottesargumente auch unwiderlegbar. Für den gläubigen Menschen und die Gemeinschaft der Gläubigen können diese Denkmodelle zudem eine Reihe positiver Wirkungen entfalten:

- Zunächst bleibt festzuhalten, dass die vernünftige und durchaus auch kritische Auseinandersetzung mit Vollzug und Inhalt des Glaubens eine unmittelbare Folge der Rationalität des Menschen als Ebenbild Gottes ist. Die **Vernunft gehört wesentlich zum Menschen dazu**, weshalb der Glaube ihren Anfragen standhalten können muss, wenn er den ganzen Menschen erfassen will. Daher gilt bereits für Paulus: „Prüft alles und behaltet das Gute!" (1 Thess 5,21).
- Glaube ist demnach vernünftiges Vertrauen. Wäre er blindes Vertrauen, geriete er in Gefahr, zur **Ideologie** zu degenerieren. Die kritische Auseinandersetzung mit dem Glauben kann dem entgegenwirken.
- Die Denkwege der Gottesargumente können dem Gläubigen eine Hilfestellung in der persönlichen religiösen Entwicklung sein. Sie geben **Anstöße zum Nachdenken** und unterstützen bei Glaubenszweifeln.
- Die Gottesargumente machen deutlich, dass die **Vernunft** ein unverzichtbares, wenn auch letztlich **nicht allein hinreichendes Instrument** zur Gotteserkenntnis ist (daher „vernünftiges *Vertrauen*"); denn letztlich ist der **Glaube ein Erschließungsgeschehen**, ein Angebot, dem gegenüber der Mensch sich aktiv verhalten muss. Glaube ohne persönliche Entscheidung gegenüber der geoffenbarten Wahrheit ist nicht annähernd denkbar. Kein noch so ausgeklügeltes Gottesargument kann dem Einzelnen diese Entscheidung abnehmen.
- Die Gottesargumente enthalten viele theologische Aussagen zum **Gottesbild** (z. B. die Unbegreiflichkeit Gottes), wie man es auch in der Bibel vorfindet, und präzisieren damit christliche Glaubensüberzeugungen.
- Schließlich verweisen die Gottesargumente auf die **zentrale Funktion des Glaubens:** Es geht darum, eine bewusste und tragfähige Entscheidung zu treffen, in der die Erfahrung nachhaltigen Sinns und tiefer Geborgenheit möglich wird, um daraus Selbstbewusstsein, Sicherheit und Trost angesichts der Kontingenz des Lebens und der Wirklichkeit zu schöpfen.

5 Das trinitarische Gottesbild des Christentums

Die Lehre von der **Trinität Gottes** (lat. *trinitas* = „Dreiheit") bezeichnet die religiöse Überzeugung von der **Dreieinigkeit und Dreifaltigkeit Gottes**. Mit der Formel „una substantia – tres personae" ist gemeint, dass Vater, Sohn und Heiliger Geist drei Personen **eines** göttlichen Wesens sind. Dieses sog. **trinitarische Gottesbild** gehört zum Kernbestand des christlichen Glaubens, was sich z. B. im Kreuzzeichen oder in der trinitarischen Struktur des Glaubensbekenntnisses (Credo) zeigt. Nicht selten wird die Trinitätslehre auch als **Geheimnis** bezeichnet, das die Vernunft übersteigt. Das heißt jedoch nicht, dass diese Glaubensüberzeugung nicht verständlich wäre. Es lässt sich vielmehr zeigen, wie sich diese Lehre auf biblischer Grundlage (vgl. auch S. 81 f.) theologiegeschichtlich entwickelt hat und dass sie im Kontext der heutigen Situation des christlichen Glaubens rational nachvollziebar interpretiert werden kann.

> **In diesem Kapitel lernen Sie ...**
> - die theologiegeschichtliche Entwicklung der christlichen Trinitätslehre nachzuvollziehen,
> - die Bedeutung des trinitarischen Gottesbildes für den Glauben zu erklären,
> - das trinitarische Gottesverständnis des Christentums mit dem Gottesbild einer anderen Religion zu vergleichen.

5.1 Vom biblischen Gottesglauben zur trinitarischen Gotteslehre

Die biblischen Grundlagen der Trinitätslehre finden sich sowohl im Alten als auch im Neuen Testament. Die Vaterschaft Gottes, die Menschwerdung des Vaters im Sohn und die Dynamik des Heiligen Geistes werden als **Dimensionen des einen göttlichen Wesens** und seiner Wirklichkeit vorgestellt. Dieses Gottesbild gerät im Kontext des Neuplatonismus unter **philosophischen Rechtfertigungsdruck**, da dort Sein und Werden der Welt (Welt-, Einzelseele, Materie) als Emanation (lat. *emanatio* = „Ausfluss") göttlicher Güte aus *einer* Ur-Einheit, dem *Einen* verstanden werden. So beginnen im 3. Jh. die dogmatischen Diskussionen über das Wesen der drei göttlichen Personen und ihr Verhältnis zueinander. Folgende Fragenkomplexe wurden verhandelt:

- **Doketismus/Adoptianismus:** Wie verhalten sich Göttlichkeit und Menschlichkeit in der Person Jesu Christi zueinander? Steht seine Göttlichkeit im Vordergrund, während die Menschlichkeit nur vorgetäuscht wird (Doketismus, griech. *dokein* = scheinen), oder war Jesus eher ein besonderer, jedoch mit Gott nicht wesenhaft verbundener, ganzer Mensch, der von Gott nur durch den Hl. Geist adoptiert wurde (Adoptianismus)?

- **Modalismus:** Sind Jesus und der Heilige Geist nur unterschiedliche äußere Erscheinungsweisen (lat. *modi*) Gottes?
- **Subordinatianismus:** Sind Sohn und Geist nur abgestufte, dem Vater untergeordnete und auf ihn hingeordnete Größen?

Typische Darstellung der Trinität, 19. Jh.

Die **Konzilien** von Nizäa (325), Konstantinopel (381) und Chalcedon (451) legen eine trinitätstheologische Definition des Gottesbegriffs vor und überwinden damit den philosophisch spekulativen griechischen Gottesbegriff, der Gott als abstrakte und jenseitige, souveräne Macht definiert. Sie treffen folgende Kernaussagen, die bis heute zentrale Elemente der christlichen Gotteslehre darstellen und sich auch im entsprechenden Glaubensbekenntnis, dem „Nicäno-Konstantinopolitanum", wiederfinden:

- Das **eine göttliche Wesen** entfaltet sich in **drei Personen**, wobei man unter „Person" (griech. *prosopon* = „Maske") den Träger einer sozialen Rolle versteht, der mit anderen in Kontakt tritt. Keine der drei Personen ist einer anderen untergeordnet. Stattdessen stehen sie in einer **dynamischen Beziehung zueinander**, auch wenn sie keine Wesen mit eigenem Selbstbewusstsein oder anderen Eigenschaften menschlicher Personalität darstellen.
- Jesus Christus ist ebenso **wahrer Gott und wahrer Mensch (Zwei-Naturen-Lehre)** – und zwar beides gleichzeitig. Andernfalls könnte sich in seinem Tod und seiner Auferstehung nicht die Erlösung vollziehen; denn wäre Jesus nur ein Mensch gewesen, so hätte er nicht die dazu nötige Kraft und Vollmacht besessen. Wäre er hingegen Gott selbst oder rein göttlich gewesen, so hätte er den Menschen nicht im geschichtlichen Kontext begegnen und den Kreuzestod wahrhaft sterben können.

- Der **Heilige Geist** kann nur Stärke verleihen, Heiligung vermitteln und Gemeinschaft ermöglichen, wenn er **selbst Gott** ist und nicht nur eine göttliche Funktion darstellt – denn nur durch Gott selbst kann der Mensch gestärkt und geheilt werden und zu wahrer Gemeinschaft mit seinen Mitmenschen und mit Gott finden.

5.2 Die Bedeutung des trinitarischen Gottesbildes für den Glauben

Die Rede von der Dreieinigkeit Gottes ist keine historisch abgeschlossene theologische Fachdiskussion oder abstrakte Formel. In dieser Vorstellung spiegeln sich vielmehr konkrete Glaubenserfahrungen aus der Geschichte des Volkes Israel und des Christentums, die auch für heutige Gläubige bedeutsam sind:

- **Gott der allmächtige Vater** ist für den Glaubenden keine abstrakte und unerreichbare Wirklichkeit, sondern ein erfahrbarer, präsenter und liebender Gott: als Schöpfer, Begleiter und Beschützer.

- **Jesus als menschgewordener Sohn** Gottes tritt als historische Person in die Geschichte ein, begegnet den Menschen in heilender und erlösender Weise, stirbt am Kreuz, überwindet den Tod in der Auferstehung und wird dadurch seinen Anhängern als Christus offenbar. Er ist die personifizierte Liebe Gottes.

- **Der Heilige Geist** in seiner „begeisternden" Dynamik durchdringt den Menschen, verleiht ihm Kraft (Apg 1,8) und macht das Wirken Gottes im Leben konkret erfahrbar („Erleuchtung"). Zudem führt er die Menschen, die an Gott glauben, in einer Gemeinschaft zusammen. Durch den Geist wirkt Gott mitten unter uns, denn ersterer setzt das Werk Christi auf Erden fort.

Das Bild von der Dreifaltigkeit Gottes bringt die **lebendige Gemeinschaft der drei göttlichen Personen** und das dynamische, vielfältige Wirken Gottes als Vater, Sohn und Heiliger Geist zum Ausdruck. Ein Spiegel dieser Dynamik ist auch die Lehre von der Dreifaltigkeit, die innerhalb der letzten 2000 Jahre erst langsam entwickelt und immer wieder neu akzentuiert und interpretiert wurde. Das Wesen Gottes selbst, aber auch ein kritischer Blick in die Dogmengeschichte verbieten also eine Haltung des Stillstandes oder der Rückwärtsgewandtheit (z. B. in der theologischen Lehre oder der kirchlichen Verkündigung). Die Trinität fordert uns stattdessen zu einer **Grundhaltung der Hoffnung und Beweglichkeit** auf, zu Fortschritt, Lebendigkeit und Flexibilität.

5.3 Vergleich mit Gottesvorstellungen anderer Religionen

Die Trinitätstheologie stellt das Zentrum des christlichen Gottesbildes dar und markiert zugleich den **wesentlichen Unterschied zu den Gottesbildern anderer Weltreligionen**. Ein Vergleich erscheint an dieser Stelle theologisch besonders interessant, da sich daraus Ansätze des Dialogs zwischen den Religionen ergeben können.

Judentum

Im Judentum ist der Glaube im Sinne des Vertrauens und Gehorsams gegenüber dem einen Gott von zentraler Bedeutung (vgl. Dtn 6,5–9). Die **Betonung der Einheit Gottes** setzt sich in der Akzentuierung der Einheit der Menschen als Brüder und Schwestern fort. Der Glaube hat eine unmittelbare ethische Relevanz, die sich in den höchsten Idealen Gerechtigkeit und Frieden zeigt. **Der Glaube des jüdischen Menschen verifiziert sich im moralischen Handeln** und nicht in der rationalen Zustimmung zu bestimmten Glaubensinhalten. Die Gottesbeziehung ist daher sehr stark von der religiösen und ethischen Alltagspraxis her bestimmt; die Entwicklung vom Stammesgott zum universalen Gott hat bis heute in dieser Gottesvorstellung ihre Spuren hinterlassen, wie sie z. B. auch im weiterbestehenden **Bilderverbot** zeigt. Im Judentum ist dann Gottlosigkeit im höchsten Maße gegeben, wenn Unmenschlichkeit und Ungerechtigkeit herrschen. Ein Vergleich mit dem christlichen Gottesbild führt zu folgenden Ergebnissen:

- Der **Glaube an einen persönlichen Gott** eint beide monotheistischen Weltreligionen. Ebenso verbindet beide die untrennbare Verknüpfung von **Gottes- und Nächstenliebe** (vgl. Mt 22,34–40).
- Der entscheidende **Unterschied** ist die christliche Überzeugung von der Offenbarung Gottes in der historischen Person **Jesus von Nazareth**.

Islam

Der Ursprung des Islam als Religion liegt im Jahr 610, als dem Kaufmann **Muhammad** (ca. 570–632) aus Mekka der Engel Gabriel erschien, um ihm den Willen Gottes zu übermitteln. Die Offenbarungen des Propheten wurden nach seinem Tod in den **114 Suren des Korans** zusammengefasst. Alle Prinzipien und Lehren des Islam gründen im **Monotheismus**, der in der wichtigsten Aussage des Glaubensbekenntnisses, der **Betonung der absoluten Einheit Gottes**, zum Ausdruck kommt. Sure 112 formuliert die monotheistische

Im Islam gelten ein äußerst strenger Monotheismus sowie ein striktes Bilderverbot

Illustration des islamischen Propheten Muhammad, 17. Jh.

Grundüberzeugung mit folgenden Worten: „Im Namen Allahs, des Allerbarmers, des Barmherzigen! Sprich: Er ist **Allah**, **ein Einziger**, Allah, der souveräne (Herrscher). Er hat weder Kinder gezeugt, noch ist er (selber) gezeugt worden. Und keiner kann sich mit ihm messen" (Übers. nach Rudi Paret). Auch im Islam gilt zudem ein strenges **Bilderverbot**.

Eine Gegenüberstellung dieser Gottesvorstellung mit dem trinitarischen Gottesbild des Christentums ergibt folgenden Befund:

- Es eint beide Religionen die Überzeugung, dass das Zentrum des Glaubens die **Hinordnung auf Gott als allmächtiges Wesen** ist. Eine Auflösung der Religion zum Humanismus verbietet sich dabei ebenso wie eine Trennung von Glaubensleben und Alltagsbewältigung. Glaube und Leben greifen sehr eng ineinander.

- Während die **Offenbarung im Islam** einen eher **autoritativen**, **dogmatischen Charakter** hat, versteht das **Christentum** die Offenbarung Gottes von Anfang an als **Beziehungsgeschehen**, das den Menschen als Partner in der Kommunikation mit seinem Schöpfergott vorsieht. Die trinitarische Gottesvorstellung hebt die Lebensdynamik der drei göttlichen Personen hervor, die sich in der Glaubensgemeinschaft widerspiegelt. Demgegenüber ist die Beziehung der Muslime zu Allah eher von asymmetrischer, statischer Natur, die sich in Gebet, Gehorsam und Verehrung ausdrückt – der Mensch unterwirft sich Gott im Glauben.

Buddhismus

Im Erlösungskonzept des Buddhismus steht der **Mensch selbst im Mittelpunkt** (vgl. S. 178 ff.), weil es darauf ankommt, **Mitgefühl** zu entwickeln und sich allen Wesen zuzuwenden. Damit ist die Frage nach Gott nicht entscheidend, wie bereits **Siddharta Gautama** (ca. 560–480) formuliert hat: „Glaubt nicht dem Hörensagen und heiligen Überlieferungen, nicht Vermutungen oder eingewurzelten Anschauungen, auch nicht den Worten eines verehrten Meisters; sondern was ihr selbst gründlich geprüft und als euch selbst und anderen zum Wohle dienend erkannt habt, das nehmt an"[30]. Es geht um den **Ausbruch aus dem Kreislauf von Geburt und Wiedergeburt, um die Erlösung vom Leid**.

Tempel mit Buddhastatue in Chiang Mai, Thailand

Der Gottesbezug entwickelte sich erst mit der Ausbreitung des Buddhismus, da mit der lokalen Herausbildung unterschiedlicher Schulen auch spezifische **Buddhagestalten** entstanden. Diese werden bis heute verehrt und es kommt ihnen meist die Funktion zu, die Gläubigen auf ihrem Weg der Erleuchtung und Erlösung zu unterstützen. Damit zeigen sich sehr grundsätzliche Unterschiede zum trinitarischen Gottesbild des Christentums:

- Erlösung im Christentum erfolgt nur über den **Glauben an den trinitarischen Gott**, der sich in Jesus Christus geoffenbart und durch ihn den Tod überwunden hat. Zentral für den christlichen Glauben ist die Gottesbeziehung. Im Buddhismus steht dagegen die **Beziehung zu sich selbst im Mittelpunkt der Erlösung**; Gott kommt nur eine mittelbare Rolle zu.

- Im Buddhismus geht es um **Verehrung Buddhas**, im Christentum um eine Haltung vernünftigen Vertrauens. Während im Buddhismus Gottesbilder (z. B. Figuren) eine wichtige Funktion für die Präsenz der verschiedenen Götter haben, sind im Christentum bildhafte Darstellungen von Gott nur Hinweise und Hilfestellungen für den Glauben.

---

30 Lauter, Manuel: Unternehmensethik – Wertentwicklungsprozess, Norderstedt 2009, S. 81.

Aufgaben

9 Im Internetauftritt von Radio Vatikan findet sich für den 01. 04. 2011 folgender Eintrag:

Vatikan: Gottes Liebe ist stärker als Fukushima

Der Fastenprediger des Papstes ruft dazu auf, auch angesichts schlimmer Nachrichten den Mut nicht sinken zu lassen.

Im Beisein des Papstes predigte der Kapuzinerpater Raniero Cantalamessa an diesem Freitag (1. April 2011) über die Liebe Gottes – speziell über das Wort des
5 Römerbriefs „Nichts kann uns trennen von der Liebe Gottes".

„Wenn wir die Welt um uns ansehen, bekommen wir es mit der Angst zu tun. Alles scheint auseinanderzufallen, im Uni-
10 versum wie im Atom: Der Mensch ist schwach und allein in einem Universum, das nach den von ihm gemachten wissenschaftlichen Entdeckungen noch bedrohlicher wirkt und das er nicht mehr
15 beherrscht – auf dramatische Weise zeigt uns das der Fall des Atomkraftwerks Fukushima."

Doch Christen könnten trotz aller Unsicherheit und Ungewißheit um sich
20 herum doch auf eines vertrauen: dass Gottes Liebe zu uns stärker sei als alle Gefährdung.

Quelle: http://www.radiovaticana.org/TED/articolo.asp?c=474882

9.1 Skizzieren Sie eine atheistische Position mit entsprechender Argumentation, wie sie von der Erfahrung der Reaktorkatastrophe in Fukushima und deren verheerenden Folgen ausgehen könnte, und thematisieren Sie eine alternative Haltung aus christlicher Sicht.

9.2 Weisen Sie unter Bezugnahme auf das trinitarische Gottesbild nach, dass „Gottes Liebe zu uns stärker (ist) als alle Gefährdung" (Z. 21 f.).

10 „Glaube heißt, nicht wissen wollen, was wahr ist." (Friedrich Nietzsche)

10.1 Erläutern Sie Argumentation, Motiv und Ziel **eines** Vertreters des theoretischen Atheismus und setzen Sie Ihre Darstellung in Bezug zum Ziel des theoretischen Atheismus im Allgemeinen.

10.2 Untersuchen Sie den Wahrheitsbegriff Nietzsches im obigen Zitat und stellen Sie eine Verbindung zum Wahrheitsanspruch des christlichen Glaubens her.

11 Papst Benedikt XVI.: Der Glaube setzt die Vernunft voraus

„Wenn der christliche Glaube authentisch ist, demütigt er die Freiheit und die Vernunft des Menschen nicht; warum sollten also Glaube und Vernunft Angst voreinander haben, wenn sie sich am besten dann zum Ausdruck bringen können, wenn sie einander begegnen und miteinander in Dialog treten? Der Glaube setzt die Vernunft voraus und vervollkommnet sie, und die vom Glauben erleuchtete Vernunft findet die Kraft, sich zur Erkenntnis Gottes und der geistlichen Wirklichkeiten zu erheben. Die Vernunft des Menschen verliert nichts, wenn sie sich den Inhalten des Glaubens öffnet, vielmehr erfordern diese ihre freie und bewusste Zustimmung."

Quelle: Benedikt XVI.: Gott und Vernunft, Aufruf zum Dialog der Kulturen, Sankt Ulrich Verlag Augsburg 2007, S. 9; http://www.ratzinger-papst-benedikt-stiftung.de/theoltheologe.html

11.1 Prüfen Sie die Aussage „Der Glaube setzt die Vernunft voraus" und beziehen Sie dabei einen rationalen Aufweis der Existenz Gottes mit ein.

11.2 Zeigen Sie an **einem** Beispiel auf, welche Chancen der Dialog zwischen Glaube und Vernunft (u. a. Natur- und Sozialwissenschaften oder Philosophie) für beide Seiten bietet.

Der Mensch im Horizont des Gottesglaubens: Christliches Menschenbild

1 Wertorientierungen, Sinnoptionen und Dimensionen des Menschseins

Jeder Mensch formuliert im Verlauf seines Lebens seine ganz persönlichen Antworten auf die Frage nach dem Sinn des Lebens. Diese Antworten werden als **Sinnoptionen** bezeichnet. Eine mögliche Sinnoption wäre beispielsweise der christliche Glaube. Einige Menschen finden aber auch in einem hedonistischen Lebensmodell ihre (zumindest scheinbare) Erfüllung. Sinnoptionen haben aber nicht nur eine Deutungsfunktion, sondern auch praktische Auswirkungen auf die **Lebenswelten**, in denen sich Menschen bevorzugt bewegen (z. B. handwerkliche oder akademische Berufe, Vereine, regionale Verbände, private Freundeskreise, soziale Netzwerke). Schließlich legt sich der einzelne Mensch durch die Wahl einer bestimmten Sinnoption darauf fest, welche Richtung er seinem Leben geben möchte, z. B. was seinen Beruf oder seine Freizeitgestaltung betrifft. Auch der individuelle **Lebensstil** (z. B. Kleidung, Freizeitgestaltung …) ist davon betroffen. Lebenswelten und -stile lassen sich wiederum bestimmten **Milieus** zuordnen, die durch vergleichbare Sinnoptionen charakterisiert sind. Nicht zuletzt lassen sich auch die **Wertorientierungen und Lebenseinstellungen** eines Menschen aus seinen Sinnoptionen ableiten. Erstere prägen, gerade auch bei jungen Leuten, das **Verhalten** in Familie, Freizeit und Ausbildung, die Gestaltung zwischenmenschlicher Beziehungen sowie das Verhältnis zu Gesellschaft, Kultur und Politik.

> **info**
>
> **Milieu** (franz. = „Mitte / Mittel") umfasst die Gesamtheit der sozialen Bedingungen, denen ein Einzelner oder eine Gruppe ausgesetzt sind (soziales Milieu); gesellschaftliche, kulturelle, politische, religiöse und wirtschaftliche Faktoren sind besonders prägende Faktoren eines Milieus.

Wertorientierungen, Lebenseinstellungen, -stile und -welten bzw. die ihnen zugrunde liegenden Sinnoptionen entstehen im charakteristischen Spannungsverhältnis menschlicher Existenz, die hin- und hergerissen wird zwischen ambivalenten Grundaspekten wie Liebe und Aggressivität, freiem Willen und Determination, Gelingen und Versagen. Erst, wenn man sich eingehend mit diesen **Dimensionen menschlicher Existenz**, die das Menschsein ausmachen und z. B. von den Tieren unterscheiden, beschäftigt hat, kann man sich mit konkreten Menschenbildern wie z. B. dem jüdisch-christlichen Menschenbild auseinandersetzen.

> **In diesem Kapitel lernen Sie ...**
>
> - Wertorientierungen und Lebenseinstellungen darzustellen,
> - Sinnoptionen, Lebenswelten und -stile sowie Wert- und Lebenseinstellungen junger Menschen zu erläutern,
> - Dimensionen des Menschseins in ihrer Ambivalenz zu untersuchen.

1.1 Wertorientierungen und Lebenseinstellungen

In der 16. Shell Jugendstudie „Jugend 2010" (vgl. S. 92 ff.) wurden insgesamt 2 604 Jugendliche im Alter von 12 bis 25 Jahren zu ihrer Lebenssituation, ihren persönlichen Glaubens- und Wertvorstellungen, ihrer Einstellung zur Politik und zu weiteren Lebensbereichen befragt. Während die 15. Studie (2006) noch von einer „pragmatischen Generation unter Druck" sprach, wird für das Jahr 2010 eine differenzierte Diagnose formuliert: „Kennzeichnend ist auch weiterhin die auffällig pragmatische Umgehensweise mit den Herausforderungen in Alltag, Beruf und Gesellschaft. Leistungsorientierung und das Suchen nach individuellen Aufstiegsmöglichkeiten im Verbund mit einem ausgeprägten Sinn für soziale Beziehungen im persönlichen Nahbereich prägen diese Generation. Eine pragmatische Generation behauptet sich" (S. 15).

Ein Blick auf die Wertorientierungen der Jugendlichen und deren Entwicklung in der ersten Dekade des 21. Jh. macht deutlich, in welch unterschiedlicher Gewichtung sich fundamentale Aspekte des Menschseins in den Prioritäten einer Generation widerspiegeln. Unter **Wertorientierungen** werden durch Erziehung, Erfahrung und soziale Kontakte verinnerlichte Persönlichkeitsmerkmale bezeichnet, die in Form von allgemeinen Lebenszielen erfragt werden können, mit denen sich der Einzelne in Bezug auf seine gesellschaftliche Umwelt subjektiv verortet. Für die befragten Jugendlichen der 16. Shell-Studie zeigen sich folgende Trends:

- **Zunehmende Bedeutung persönlicher Bindungen:** Die persönlichen und verbindlichen mikrosozialen Beziehungen in Familie, Partnerschaft und Freundschaft haben weiter an Bedeutung gewonnen. Mehr als drei Viertel der Jugendlichen (76 %) stellen für sich fest, dass man eine Familie braucht, um wirklich glücklich leben zu können. Demgegenüber sind allgemeine, unverbindliche zwischenmenschliche Kontakte für die Jugendlichen weniger bedeutsam.

- **Starkes Bekenntnis zu Eigenverantwortung und Handlungsbereitschaft:** Die Haltung „Eigenverantwortlich leben und handeln" als wichtige

Wertorientierung hat von 61 % (2001) auf 71 % (2010) etwa in dem Maße zugenommen wie der Aspekt „Ein gutes Familienleben führen".

- **Gleichbewertung von Leistung und Genuss:** Signifikant ist die parallele Zunahme von zwei Wertorientierungen, die oberflächlich betrachtet gar keine logische Verbindung aufweisen: „Fleißig und ehrgeizig zu sein" ist für 60 % (52 % im Jahr 2002) der Jugendlichen eine erstrebenswerte Haltung. Zugleich hat das Ziel „Das Leben in vollen Zügen genießen" von 48 % (2002) auf 57 % (2010) zugenommen. Leistungsbereitschaft und Genussorientierung schließen sich für Jugendliche nicht aus, sondern sind eng miteinander verknüpft.

- **Bejahung der Leistungs- und Konsumgesellschaft:** Während man Lebensgenuss als kurzfristige, hedonistische (griech. *hedone* = „Freude, Vergnügen, Lust"), d. h. auf unmittelbare Lusterfüllung ausgerichtete Bedürfnisbefriedigung betrachten kann, ist das Ziel „Einen hohen Lebensstandard haben" nachhaltiger angelegt. Auch hierfür zeigt sich eine deutliche Zunahme in der Bewertung durch die Jugendlichen von 33 % (2002) auf 41 % (2010).

- **Gesundheitsbewusster Lebensstil:** Ein weiterer Haupttrend ist das Ziel „Gesundheitsbewusst leben" – allerdings im Sinne persönlicher Fitness und nicht eines umweltbewussteren Verhaltens. Denn Letzteres ist als Wertorientierung stabil geblieben, während Ersteres von 46 % (2002) auf 53 % (2010) zugenommen hat.

- **Intoleranz gegenüber Ideologien:** Zunächst mag es befremden, dass die Haltung, Meinungen zu tolerieren, denen man nicht zustimmen kann, von 40 % (2002) auf 27 % (2010) zurückgegangen ist. Bezieht man jedoch die leicht zunehmende Bereitschaft zu sozialem oder politischem Engagement mit ein, kann diese wachsende Intoleranz nur auf extreme oder ideologische Positionen wie Ausländerfeindlichkeit, Islamismus und Rechtsradikalismus bezogen sein.

- **Pragmatismus, Konformismus und Individualismus:** Bemerkenswert scheint auch der Befund, dass Jugendliche Fantasie und Kreativität als weniger wichtig bewerten (60 % im Jahr 2002, 56 % im Jahr 2010). In etwa demselben Maß haben „Respekt vor Gesetz und Ordnung", „Unabhängigkeit von anderen Menschen" und – etwas weniger – das Streben nach Sicherheit zugenommen. Es zeigt sich also eine markante Mischung aus nüchternem Pragmatismus und einer Tendenz zu struktureller Konformität (Anpassung an die gegebenen Verhältnisse). Die fehlende Bereitschaft, sich nach anderen Menschen zu richten, verweist auf eine individualistische Tendenz.

> **info**
>
> Der Begriff **Ideologie** (griech. *idea* = „Vorstellung, Erscheinung", und *logos* = „Wort/Rede/Lehre") kann zur wertfreien Beschreibung eines Systems von Begriffen, Ideen, Vorstellungen und Werturteilen z. B. politischer Natur verwendet werden. Meist steht der Begriff jedoch im negativen Sinn für eine Weltanschauung, die absoluten Geltungsanspruch erhebt und andere Meinungen nicht akzeptiert. Ideologische Systeme wie z. B. der Nationalsozialismus neigen einerseits zu überzogenen Versprechungen, andererseits zu Unterdrückung, Diskriminierung, Geschichtsklitterung und zur Verschleierung der realen gesellschaftlichen oder politischen (Macht-)verhältnisse.
> Der Begriff **Pragmatismus** (griech. *pragma* = „Handlung, Sache") bezeichnet eine Handlungsweise, die sich ausschließlich nach den realen Gegebenheiten richtet und effektive, schnelle Lösungswege sucht. Pragmatisches Handeln sieht sich weder an bestimmte Ideale noch an übergreifende Prinzipien gebunden.

Während Wertorientierungen abstrakte Lebensziele darstellen, die man bejahen oder verneinen kann, zeigt sich in den **Lebenseinstellungen** die Einschätzung der Realisierbarkeit solcher Werthaltungen. Diesbezüglich hat die Shell-Studie folgende Ergebnisse gebracht:

- **Bedürfnis nach Verbindlichkeit:** Entsprechend den Wertorientierungen steht für Jugendliche die **Unentbehrlichkeit vertrauenswürdiger Menschen** in der nächsten Umgebung an oberster Stelle. **Selbstvertrauen** in die eigenen Fähigkeiten als Basis beruflichen Erfolgs erachten die Jugendlichen ebenfalls als erstrebenswert. An dritter Stelle steht das **Bekenntnis zu allgemeingültigen moralischen Maßstäben** als Garant einer funktionierenden Gesellschaft. Klar abgelehnt wird ein Rückzug auf sich selbst und die Vernachlässigung von Mitleid und Mitgefühl.

- **Interesse an der Gesellschaft:** Auch wenn bei der Mehrheit der Jugendlichen kein dezidiertes politisches Engagement feststellbar ist, zeigt sich doch ein erklärtes Interesse an Situation und Tendenzen der Gesellschaft und die Bereitschaft, sich gegen gesellschaftliche Missstände zu wenden. Gesellschaftliche, politische und wirtschaftliche Eliten werden mit Skepsis betrachtet und zugleich herrscht die Überzeugung vor, gegen deren fragwürdiges Handeln nicht ohnmächtig zu sein. Interesse und Realitätssinn verbinden sich mit einer realistischen Einschätzung der eigenen Handlungsfähigkeit. Auch diese Grundeinstellung ist von Pragmatik geprägt.

Heutige Jugendliche bejahen zwar die Leistungs- und Konsumgesellschaft, streben aber auch nach eindeutigen moralischen Wertmaßstäben und verlässlichen Beziehungen

- **Entschlossenheit und Mut:** Für 88 % der Jugendlichen zählen Beharrlichkeit und Entschlossenheit, Willensstärke und Zielorientierung zu den unabdingbaren Voraussetzungen für Erfolg im Leben. Für rund zwei Drittel sind Risikobereitschaft und Wagemut wichtige Lebenseinstellungen. Das heißt aber nicht, dass eine absolute Konzentration auf Ausbildung und Karriere unumstrittene Priorität hat: 45 % stimmen dem zwar zu, 34 % lehnen dies jedoch ab und 21 % sind unentschlossen.

- **Freiheitsgefühl und Motivation:** Auf die größte Ablehnung stößt die Lebenseinstellung „Weil das Leben immer schwieriger wird, muss man sich auf sich selbst zurückziehen und in seiner eigenen Welt leben." Dem entspricht die von 74 % abgelehnte Haltung eines anstrengungslosen Konformismus. Zugleich sind 38 % der Jugendlichen der Überzeugung, dass es bei allen gesetzten Rahmenbedingungen kaum Spielraum für die Erfüllung eigener Wünsche gibt. Für 44 % der Jugendlichen kommt es im Leben alleine darauf an, Freundschaften zu pflegen und seinen Neigungen nachzugehen.

Zusammenfassend kann man sagen, dass sich aus den Wertorientierungen und Lebenseinstellungen der Jugendlichen nach der 16. Shell-Studie eine **realistische und pragmatische Grundhaltung** zeigt, in der die Herausforderungen des Lebens engagiert und zielorientiert angegangen werden. Der Akzent liegt dabei auf Selbstverwirklichung. Gesellschaftliche oder politische Herausforderungen werden eher distanziert und skeptisch wahrgenommen. Bereits Jugendlichen ist sehr deutlich und differenziert bewusst, wie ambivalent, brüchig und vielfältig menschliche Existenz ist.

1.2 Sinnoptionen, Lebenswelten und Lebensstile

Wertorientierungen und Lebenseinstellungen basieren auf entsprechenden Sinnoptionen, deren Umsetzung einen bestimmten Lebensstil erzeugt. Im Lebensstil zeigt sich der Mensch als Individuum und zugleich als Teil einer größeren Gemeinschaft, die diesen Stil toleriert und ggf. teilt. Es gibt eine Fülle von **Sinnoptionen**, die dem Leben des Einzelnen eine Richtung geben. Beispiele hierfür sind:

- Biografisch und sozialpsychologisch ist die **Familie** die primäre Sinnoption. Dort erwirbt der Mensch sein Grundvertrauen in die Welt. Für den Erwachsenen ist die Familie der zentrale Ort von Bindung und der Übernahme von Verantwortung. Ihre Wandelbarkeit und ihr Potenzial zum Scheitern und Zerbrechen zeigen die Ambivalenz dieses primären Sozialisationsortes des Menschen.

- **Sozialbeziehungen** sind in allen Lebensbereichen wichtige Säulen der Selbstverwirklichung und persönlichen Weiterentwicklung. Erfahrungen von Gemeinschaft ergeben wiederum neue Sinnoptionen, z. B. in Schule, Ausbildung, Beruf und Freizeit.

- Eine **religiös motivierte Lebensgestaltung** bietet dem Menschen mit seinen existenziellen Fragen und Erfahrungen Halt und Schutz. Grenzerfahrungen stellen dieses Vertrauen in eine transzendente Wirklichkeit jedoch immer wieder auf die Probe.

- **Konsumismus** und **Materialismus** sind verbreitete Sinnoptionen. Sie geben scheinbare Sicherheit und befriedigen vielfältige Bedürfnisse, z. B. nach Erholung (durch Urlaubsreisen) – zumindest oberflächlich und kurzfristig.

- Der Mensch kann auch in der **Lust- und Erlebnisorientierung (Hedonismus)** Sinn finden und diese zu seinem Lebensstil machen. Dies kann mit dem rastlosen Streben nach immer „besseren" Erlebnissen einhergehen. Schicksalsschläge wie eine Krankheit und das damit verbundene, möglicherweise unabwendbare Leid ist in diesem Lebenskonzept jedoch nicht vorgesehen und führt unweigerlich zum Kollaps dieser Sinnoption.

- Menschen, die sich ausschließlich an empirisch verifizierbaren Sachverhalten orientieren und nur rational überprüfbare Bereiche der Wirklichkeit wahrnehmen, streben nach einer verlässlichen Form von objektiver Präzision. Hier besteht die Sinnoption in der **radikalen Hinwendung zur sinnlich erfahrbaren Wirklichkeit** und bringt eine Weltsicht hervor, die alleine auf **Erfahrung und Vernunft** gründet. Für viele Menschen unserer Zeit erscheint dies sehr attraktiv.

- Im Interesse an **Kultur** und **Zivilisation** schaffen sich Menschen ästhetische Welten, in denen sie sich geistig-sinnlichen Erfahrungen hingeben, Gemeinschaft Gleichgesinnter erleben und über Wiederholungen dieser Erlebnisse von der Sicherheit der Rituale zehren.
- Mit der Wahl von **Kritik** und **Skeptizismus** (griech. *skepsis* = „kritische Untersuchung") als Sinnoption entscheidet sich der Mensch genau genommen dafür, dass es keinen Sinn gibt. Dieses Weltbild lebt daher von der Abgrenzung – es geht zu allen Haltungen, die die Welt positiv mit Sinn füllen, auf Abstand. Ein Mensch mit dieser Lebensorientierung ist der Gefahr der Vereinzelung ausgesetzt und schwerlich dafür zu begeistern, mit Tatkraft und Optimismus neue Wege zu gehen.
- Wenn **Dominanz bzw. Subordination** zu Sinnoptionen werden, strebt der Mensch danach, Herrschaft gegenüber sozial niedriger Gestellten auszuüben bzw. gegenüber Vorgesetzten Gehorsam zu leisten. Hierarchien haben eine Entlastungsfunktion, weshalb manche Menschen sie (unbewusst) als unverzichtbare Hilfen der Lebensgestaltung und -bewältigung empfinden.
- Ein Leben aus **Pflichtbewusstsein** verbindet sich mit der Orientierung an den Bedürfnissen anderer, Bescheidenheit, Disziplin sowie Korrektheit, und erschöpft sich darin, vorgegebene Herausforderungen zu bewältigen.
- Auch **Traditionsverbundenheit** kann dem Leben eine Grundorientierung geben – ganz gleich, ob es sich dabei um religiöse (z. B. althergebrachter oder gar vorkonziliarer Katholizismus), politische (z. B. Idealisierung der Monarchie, „Ostalgie") oder gesellschaftliche (z. B. Brauchtum) Traditionen handelt. Wer jedoch seinen Lebenssinn alleine aus Traditionen bezieht, ist möglicherweise nicht bereit, mitunter notwendige Veränderungen im persönlichen Leben oder der Gesellschaft zu gestalten oder mitzutragen – aus Angst, Halt und Sicherheit zu verlieren.
- Der Glaube an **Fortschritt** und **Innovation** als Sinnoption lenkt den Blick in die Zukunft und verbindet sich mit der Motivation, die Entwicklung (z. B. im Bereich der Technik) oder das Wachstum (z. B. in der Wirtschaft) voranzutreiben.

Die **Sinus-Milieustudie U27** „Wie ticken Jugendliche?"(Düsseldorf 2008), herausgegeben vom Bund der Deutschen Katholischen Jugend (BDKJ) und dem Bischöflichen Hilfswerk Misereor, skizziert **Lebenswelten von Katholiken unter 27 Jahren:**
- **Traditionelle Jugendliche** (4 %) orientieren sich an traditionellen ethischen Normen und versuchen, die Erwartungen z. B. ihrer Eltern zu erfüllen

und sich im herkömmlichen soziokulturellen Kontext zu etablieren. Anerkennung, Erfolg und Sicherheit sind wichtige Antriebsmotive.

- **Bürgerliche Jugendliche** (14 %) positionieren sich zwischen Tradition und Moderne. Sie möchten ihren Platz in der Gesellschaft finden, das Leben genießen und auf solider Basis ein gesichertes Auskommen erreichen.
- **Konsum-materialistische Jugendliche** (11 %) suchen nach Anpassung und Akzeptanz, leben im Bewusstsein aktueller Moden und Trends und streben ein materiell besseres Leben an, als es ihre Eltern führen.
- **Postmaterielle Jugendliche** (6 %) streben nach der Umsetzung von Prinzipien und Idealen, um gesellschaftliche Verbesserungen zu erreichen.
- **Hedonistische Jugendliche** (26 %) setzen sich selbst als Maßstab des Handelns und behalten sich vor, soweit möglich selbstbestimmt zu leben und sich so wenig wie möglich Vorschriften machen zu lassen.
- **Moderne Performer** (25 %) streben offen und ehrgeizig, pragmatisch und flexibel auf Ziele zu, sind profit- und ergebnisorientiert und suchen dabei spannende Herausforderungen.
- Alternativ, neugierig und unkonventionell suchen **experimentalistische Jugendliche** (14 %) nach stets neuen Herausforderungen. Die Innovation wird zum Selbstzweck, das Experiment zur dominierenden Lebensform.

Lebensstile sind typische Formen der Alltagsgestaltung, in denen Sinnoptionen und die zugehörigen Wertorientierungen und Lebenseinstellungen konkret fassbar werden. Mit dem individuellen Lebensstil kann ein Mensch seiner Einzigartigkeit Ausdruck verleihen und zugleich die Zugehörigkeit zu einer bestimmten Gruppe oder Denkrichtung signalisieren. **Verhaltensweisen**, **Vorlieben**, **sprachlicher Ausdruck**, **soziale Interaktionen**, **Freizeit- und Urlaubsverhalten** sind nur einige Beispiele für Merkmale, an denen sich der Lebensstil eines Menschen festmachen lässt. Auch darin zeigen sich Grundaspekte des Menschseins.

1.3 Dimensionen des Menschseins in ihrer Ambivalenz

Das Sein jedes Menschen ist charakterisiert durch bestimmte Merkmale, die sich in extremer Ausprägung jeweils als Gegensatzpaare beschreiben lassen. Diesen Dualismus bezeichnet man als **Ambivalenz** (lat. *ambo* = „beide"; *valere* = „gelten") und meint damit das Nebeneinander sich widersprechender Grundaspekte des Menschseins.

Der Mensch zwischen Freiheit und Einschränkung

Unter **Willensfreiheit** versteht man die Fähigkeit und Möglichkeit, die eigenen Handlungsziele und Meinungen frei zu wählen – ohne Beschränkungen oder Zwang. Der **Determinismus** lehnt die Willensfreiheit ab. Für Repräsentanten eines **strengen Determinismus** gibt es vor dem Hintergrund der absoluten Determination durch Erbanlagen und Umwelt keinerlei Freiheitsspielraum; **gemäßigte Deterministen** hingegen postulieren die Verbindung von kausalen Rahmenbedingungen mit einer im selben Maß eingeschränkten Freiheit an Selbstbestimmung. Sie sprechen von einer **relativen Willensfreiheit**.

> **info**
>
> **Determinismus** (lat. *determinare* = „abgrenzen, bestimmen") ist die Lehre von der kausalen Vorherbestimmung allen Geschehens. Beispiele sind: Ethischer Determinismus → menschl. Handeln ist nicht frei, sondern vorherbestimmt; psychologischer Determinismus → alle psychischen Gegebenheiten kann man auf kausale Bedingungen in der Vergangenheit zurückführen.
>
> Nach der **Prädestinationslehre** (lat. *praedestinatio* = „Vorherbestimmung") ist alles Geschehen in Natur und Geschichte durch einen von Anfang der Welt an bestehenden göttlichen Plan festgelegt. In der traditionellen Prädestinationslehre geht es um eine Erwählung einzelner Seelen zu ewiger Gnade oder ewiger Verdammnis in einem Leben nach dem Tod. Klassische Vertreter sind Augustin (354–430) und Johannes Calvin (1509–1564). Theologische Diskussionen über die Prädestinationslehre widmen sich sehr kontrovers dem Verhältnis von Gottes Allmacht zum freien Willen des Menschen, dem Verhältnis von Gottes Allmacht zum Ursprung des Bösen und dem Verhältnis von Gottes Gerechtigkeit und Gnade.

Argumente gegen die Willensfreiheit

- Das **Kausalitätsprinzip** (der Zusammenhang von Ursache und Wirkung) spricht gegen eine unbeschränkte Autonomie (z. B. Schwerkraft).
- **Biologisch-chemische und physiologische Prozesse** determinieren Denken, Fühlen und Handeln des Menschen (z. B. Neurophysiologie).
- **Genetische Festlegungen** (z. B. Körpergröße oder Geschlecht) engen die Spielräume des Menschen ein und lassen nur bestimmte Entwicklungen zu.
- **Erziehung, Umwelteinflüsse und materielle Rahmenbedingungen** (z. B. wirtschaftliche Verhältnisse) prägen den Menschen.
- Fehlende **gesundheitliche Voraussetzungen** (z. B. eine Behinderung) verhindern bestimmte Handlungsmöglichkeiten.

- Ein allmächtiger Gott bestimmt das Handeln des Menschen (**Prädestinationslehre**).

Argumente gegen den Determinismus

- **Ergebnisse der modernen Physik** sprechen gegen einen strengen Determinismus (z. B. Chaosforschung, Quantentheorie).
- Eine zwingende Widerlegung jeglicher Willensfreiheit des Menschen ist auch seitens der **Naturwissenschaft** bisher nicht möglich.
- Nach der **Evolutionslehre** ist das Prinzip der Anpassung Voraussetzung für Entwicklung. Dies setzt ein Mindestmaß an Freiheit voraus.
- Die **Zwillingsforschung** hat ergeben, dass der Mensch nicht ausschließlich durch Gene bestimmt wird.
- **Menschen erfahren sich meist als freie Wesen**, wenn auch nur unter bestimmten Bedingungen.
- Der **frei gewählte Selbstmord** kann als massivster Ausdruck der Willensfreiheit betrachtet werden.
- Mit bestimmten **(therapeutischen) Methoden** (z. B. Verhaltenstherapie) kann das Denken, Handeln und Fühlen des Menschen beeinflusst werden.
- Es gibt in der menschlichen Zivilisation **Entwicklung und Fortschritt**, welche auf der Wahrnehmung der Freiheitsspielräume des Menschen beruhen (z. B. gesellschaftliche Modelle, politische Systeme, wirtschaftliche Entwicklungen, Wertorientierungen).
- Die unbestreitbare Fähigkeit des Menschen zur **Übernahme von Verantwortung und Schuld** setzt dessen Freiheit voraus; all unsere Rechtsvorstellungen und -systeme basieren hierauf.
- Ein allmächtiger Gott muss nicht zugleich die Freiheit des Menschen beschneiden. Gerade die Schöpfungserzählung kann im Sinne einer **Ermöglichung von menschlicher Freiheit und Kreativität** durch Gott aufgefasst werden.

Zusammenfassung: Der Mensch ist **relativ frei**. Als Wesen mit Vernunft und Willen kann sich der Mensch seiner Determinanten bewusst werden und sich im Rahmen seiner Möglichkeiten dazu verhalten, z. B. durch Vorbeugen oder Korrigieren. Erst im **aktiven Umgang mit der Beschränkung** zeigt sich die Freiheit des Menschen; umgekehrt werden erst angesichts der Handlungsspielräume auch die Grenzen manifest.

Weitere anthropologische Grundaspekte

- **Liebe und Aggressivität:** Wer liebt, fühlt sich intensiv emotional zu einem anderen Menschen hingezogen und ist deshalb bereit, für diesen Menschen da zu sein, ihn zu unterstützen, mit ihm zusammenzuleben und ihm zuliebe eigene Bedürfnisse teilweise zurückzustellen. Echte Liebe ist aber mehr als nur ein Gefühl: Sie ist eine uneigennützige Einstellung und Haltung. Im Gegensatz hierzu steht die Aggressivität. Sie resultiert aus einem intensiven Gefühl der Abneigung, ja des Hasses, und zielt auf die Einschüchterung oder Schädigung der anderen Person. Antriebsmotive können Unterdrückungs- bzw. Herrschaftsstreben oder Rache sein.

- **Glück und Unglück:** Glück ist ein psychologischer Zustand des Wohlbefindens, der dadurch hervorgerufen wird, dass sich der Mensch in Einklang mit seinen Sehnsüchten und Wünschen befindet. Er empfindet daher große Freude, oft gepaart mit Dankbarkeit und Staunen. Nicht selten stellt sich gleichzeitig jedoch eine depressive Grundstimmung ein, da dem Menschen inmitten des Glücks auch dessen Zerbrechlichkeit und Vergänglichkeit bewusst werden. Demgegenüber kann die Differenz zwischen den Wünschen eines Menschen und der realen Situation zur Quelle von Enttäuschung, Frust und Trauer werden. Im Optimalfall strebt der Mensch zwar nach Glück, entwickelt aber auch Bewältigungsstrategien für die unvermeidliche Erfahrung von Leid und Unglück.

- **Pflichterfüllung und Schuld:** Je nach Maß der Freiheit, die einem Menschen gegeben ist, kann er seiner Verantwortung gerecht werden oder versagen. Es kommt nun darauf an, wem gegenüber der Mensch Verantwortung trägt: dem Gesetz, einer Vereinbarung, einem Menschen, dem Gewissen u. Ä. In dem Maße, in dem der Mensch einem bestimmten Anspruch nicht gerecht wird, versagt er. Im ethischen oder rechtlichen Sinn kann man dann von „Schuld" sprechen. Die Erfahrung von Schuld gehört konstitutiv zum Menschsein dazu. Schuldbewältigung kann – je nach Schwere – zu einer Lebensaufgabe werden.

- **Rationalität und Emotionalität:** Verstand und Gefühl konstituieren den Menschen und stehen nicht immer im Einklang; dennoch streben wir nach einem harmonischen Ausgleich beider Dimensionen. Gewinnt einer der beiden Aspekte dauerhaft die Oberhand, so besteht die Gefahr der Einseitigkeit. Versucht der Verstand beispielsweise, ein nachhaltiges Sinnlosigkeitsgefühl durch übertriebenes Fortschrittsdenken zu kompensieren und die Gefühle zu verdrängen (nach dem Motto: „Wenn ich nur erst diesen oder jenen Arbeitsplatz, ein Haus, den passenden Partner etc. habe, dann werde

Viele Menschen finden Ruhe und Erholung in der Natur

ich glücklich sein"), führt dies unweigerlich zu Problemen. Für den Menschen ist es existenziell wichtig, die Herausforderungen des Lebens auf kognitiver und emotionaler Ebene zu verarbeiten: Wissen, verstehen, erkennen, beurteilen und planen sind elementare Prozesse. Doch im selben Maße bedeutsam sind das bewusste Erleben von Freude, Geborgenheit, Hoffnung, Liebe und Sicherheit, aber auch die Akzeptanz von Trauer, Angst oder Einsamkeit.

- **Sprechen und Schweigen:** Sprache und Kommunikation gehören wesentlich zum Menschen dazu. Er verkümmert, wenn er sich nicht mitteilen und mit anderen austauschen kann. Doch so sehr der Mensch den Austausch mit anderen braucht, so wichtig sind auch Momente der Ruhe und Phasen des Schweigens, des In-sich-Gehens. Diese Momente sind auch innerhalb des Gesprächs nötig, denn Kommunikation gelingt erst dann, wenn einer spricht und einer zuhört. Schweigen ist also die Voraussetzung für Hören, Verstehen und Kommunizieren.

- **Individualität und Sozialität:** Jeder Mensch ist ein Wesen mit unverwechselbaren und einzigartigen Ausprägungen, ein Individuum. Mit zunehmender Reife erfährt er sich als eigenständige Person, entwickelt Identität und Ich-Bewusstsein. Zugleich braucht das Ich ein Du. Gerade die Wechselwirkung zwischen der Selbsterfahrung als unteilbare Person und der Zugehörigkeit zu einer Gemeinschaft macht den Menschen aus.

- **Aktivität und Muße:** Menschliches Sein bedeutet aktives Handeln, nicht nur reaktives Verhalten. Der Einzelne will gestalten, etwas schaffen, formen oder auch zerstören. Tätigkeit macht den Menschen aus. Doch ebenso gehören Erholung, Kontemplation, Meditation, Muße und Passivität unverzichtbar zu einem gesunden Leben. Ohne Innehalten, Rückzug, Stille und Nachdenken würde der Mensch krank. Gerade der gesunde Rhythmus aus „**vita activa**" und „**vita contemplativa**" ist die Voraussetzung eines harmonischen, ausgeglichenen Lebens.

- **Religiosität und Diesseitsorientierung:** Selbstreflexivität und Weltoffenheit unterscheiden den Menschen vom Tier. Als „homo religiosus" hat er die Fähigkeit, sich angesichts der Kontingenz des Lebens die Frage nach dem Sinn zu stellen und nach Antworten zu suchen. Zugleich bleibt der Mensch der Erfüllung elementarer Bedürfnisse wie Nahrung und Fortpflanzung verhaftet. Er bewegt sich also stets zwischen Alltagsbewältigung und Sinnfindung, Bedürfnisbefriedigung und religiösem Handeln.

> **info**
>
> Als **Person** (lat. *persona* = „Maske des Schauspielers, Rolle") wird ein Wesen bezeichnet, das Vernunft besitzt, selbstbewusst und selbstbestimmt und daher zurechnungs- oder schuldfähig ist. Personen haben Rechte und Pflichten, während Sachen und Tiere nur der *Gegenstand* rechtlicher Verhältnisse sein können. „Person" ist daher nicht nur ein philosophischer, sondern auch ein rechtlicher Begriff. Ein **Individuum** (lat. *individuum* = „etwas Unteilbares") ist etwas, das von anderen Dingen oder Wesen klar unterschieden werden kann, d. h. das (z. B. genetische) Eigenschaften hat, die einmalig sind. Mit **Subjekten** sind autonom handelnde Individuen gemeint (im Gegensatz zu Objekten, die Gegenstand des Handelns sind). An dieser Stelle überschneiden sich die Begriffe „Subjekt" und „Person". Auf der Grundlage von Individualität, Subjekthaftigkeit und Personalität entwickelt der Mensch eine **Identität** (lat. *idem* = „derselbe").

2 Menschenbilder und Sinnentwürfe der Moderne

Mit der Frage nach dem Wesen des Menschen beschäftigt sich die wissenschaftliche Disziplin der **Anthropologie** (griech. *anthropos* = „Mensch", *logos* = „Lehre"). Sie tritt stets in einer fachspezifischen Variante auf, also entweder als geisteswissenschaftliche Anthropologie (z. B. Kulturanthropologie, theologische Anthropologie etc.) oder naturwissenschaftliche Anthropologie (z. B. biologische Anthropologie). Die **philosophische Anthropologie** versucht am ehesten, die verschiedenen Forschungsergebnisse in ein umfassendes Bild vom Menschen zu integrieren.

Anthropologische Reflexionen führen zu bestimmten **Menschenbildern**. So behaupten viele anthropologische Ansätze beispielsweise einen qualitativen Unterschied zwischen dem Menschen und anderen Organismen, der sich zusammenfassend in der menschlichen Personalität (s. u.) zeigt: Aufgrund seiner (relativen) Entscheidungsfreiheit und der Möglichkeit zur Selbstbestimmung und Selbstreflexion wird der Mensch als „Person" definiert, weshalb er auch schuldfähig ist. Seine Personalität drückt sich u. a. in Kreativität, Sprache und der komplexen Gestaltung sozialer Beziehungen aus.

Menschenbilder wie dieses sind explizit oder implizit stets mit **Antworten auf die Sinnfrage** verknüpft, da immer auch nach der werthaften Bedeutung des menschlichen Lebens gefragt wird. Dabei berühren sie sich mit Gottesbildern und ethischen Konzeptionen.

> **In diesem Kapitel lernen Sie ...**
>
> - die geistesgeschichtliche Entwicklung von modernen Menschenbildern nachzuvollziehen,
> - philosophische, psychologische und naturwissenschaftliche Menschenbilder zu skizzieren,
> - die Bedeutung säkularer Menschenbilder für die christliche Anthropologie zu erfassen.

2.1 Auf dem Weg zu den Menschenbildern der Moderne

Lange Zeit erfolgte die Bestimmung des menschlichen Wesens ausschließlich im Kontext philosophischen und religiösen Nachdenkens. Im Zentrum stand dabei stets die Frage nach der Struktur des Kosmos, dem Sinn der Wirklichkeit und der Zuordnung des Menschen zu Gott – anthropologische Erkenntnisse ergaben sich sozusagen als Nebenprodukt dieser Erforschung und Deutung der Welt. Erst mit Beginn der Neuzeit wurde der Mensch selbst zum eigenständigen Forschungsgegenstand.

In der **griechischen Philosophie** (z. B. bei Protagoras oder Platon) wurde die Frage nach dem Wesen des Menschen im Horizont des **Dualismus von Körper und Geist** (Materie und Spiritualität) gestellt. Später wurde der Mensch wiederum einseitig als **Vernunftwesen definiert**, das sich über die **Sprache** orientiert und aufgrund seiner Handlungsfähigkeit eine beherrschende Stellung unter allen Lebewesen einnimmt. Diese Akzentverlagerung hin zum Geistigen brachte eine **Abwertung des Körperlichen** mit sich.

Aristoteles (384–322 v. Chr.) versuchte daher eine Synthese, indem er Leib und Seele in Beziehung zueinander setzte: Die **Seele** wird als „Form" (griech. *morphe*; gemeint ist nicht die äußere Form, sondern die Wesensgestalt) des stofflichen Leibes (griech. *hyle* = „Materie") betrachtet, die sein Wesen bestimmt (Hylemorphismus). Zudem sei der Mensch ein **Gemeinschaftswesen** (griech. *zoon politikon*), das erst in der Beziehung zu anderen Menschen seinen Daseinszweck (griech. *telos* = „Ziel") findet. Er ist in der Lage, mithilfe seiner Vernunft das Gemeinschaftsleben zu ordnen (Politik) und sich moralischen Prinzipien zu unterwerfen (Ethik).

Aristoteles (384–322 v. Chr.)

> **info**
>
> Mit dem Begriff **Seele** (mhdt. *sele* = „die zum See Gehörende" – nach germanischer Vorstellung wohnten die Seelen der Ungeborenen und Toten im Wasser!) oder auch **Psyche** (griech. *psyche* = „Hauch / Atem / Seele") ist meist die Gesamtheit aller emotionalen und geistigen Gegebenheiten eines Menschen gemeint. Sie kann aber auch für das Prinzip stehen, das den Gefühlen und geistigen Regungen zugrunde liegt, sie ordnet und in Wechselwirkung zum Leib steht (Leib-Seele-Dualismus). Mitunter gilt die Seele als immaterielles Prinzip, als Träger der durch die Zeit hindurch beständigen Identität. Damit verbunden ist die Annahme ihrer Unsterblichkeit. Der Tod erscheint als Vorgang der Trennung von Seele und Körper. Ferner gibt es die Vorstellung, die Seele existiere bereits vor der Zeugung und bewohne den Körper nur vorübergehend bzw. sei in ihm wie in einem Gefängnis eingesperrt. Hier macht die Seele allein die Person aus, der Körper wird als Belastung betrachtet. Prominent ist auch die Lehre von der Seelenwanderung (Reinkarnation).

Die Ablösung der griechischen Anthropologie durch das **christliche Menschenbild** brachte die grundlegende Neubestimmung des Menschen als **Ebenbild Gottes** mit sich. Doch ebenso wie die Antike betrachtete ihn auch die christliche Theologie als **Mittler** zwischen der irdischen Welt und der transzendenten Wirklichkeit. Der Mensch blieb damit ein relatives, abgeleitetes Wesen im Kosmos, das zudem aufgrund seiner **Sündhaftigkeit und Erlösungsbedürftigkeit** von Gott in einer Weise abhängig war, die keine losgelöste Lehre vom Menschen zuließ. Dennoch war die Zuschreibung von unbedingter Würde und Einmaligkeit ein großer Entwicklungsschritt auf dem Weg zu einer immer stärker anthropozentrischen Perspektive.

Erst der **Humanismus** im Übergang vom Mittelalter zur Neuzeit brachte ein wachsendes Selbstbewusstsein des Menschen mit sich und förderte damit die Anthropologie als zunehmend eigenständige wissenschaftliche Disziplin. Ziel war es, die Würde des Menschen ausgehend von seiner **Doppelnatur als Leib-Seele-Einheit** und seiner besonderen Stellung innerhalb der Schöpfung zu begründen. Im Mittelpunkt standen die **Verwirklichung des Menschen im Diesseits** sowie das Ideal menschlicher **Bildung** im Rahmen der „**studia humanitatis**", des humanistischen Bildungsprogramms. Eng an der griechischen und römischen Antike orientiert, drehte sich dieses um die Pflege der Sprachkunst als eines menschlichen Spezifikums, um ethisch-moralische Erziehung und um eine Gelehrsamkeit, die nicht Selbstzweck ist, sondern öffentlich-politisch wirkt.

Eine weitgehende Befreiung von der theologischen Prägung des Menschenbildes brachte erst die **Aufklärung** mit sich. Auf der Grundlage von **Rationalismus und Empirismus** (vgl. S. 134) wurde der Mensch vor allem als denkendes Wesen definiert; **René Descartes** (1596–1650) fasste diese fundamentale Bestimmung in seiner Formel „**cogito, ergo sum**" (lat. „Ich denke, also bin ich"; aus „Meditationes de prima philosophia" von 1614) prägnant zusammen. Ferner wurden Fragen nach der Freiheit des Menschen, seiner Abhängigkeit von natürlichen und materialistischen Determinanten und seinen zentralen Antriebs- und Handlungsmotiven gestellt. Hieraus ergaben sich fundamentale Konsequenzen für Moralphilosophie (Immanuel Kant), Pädagogik (Jean-Jacques Rousseau), Staatslehre (Thomas Hobbes) und gesellschaftspolitische Entwürfe (Karl Marx).

Das Menschenbild des 19. Jahrhunderts war geprägt von **Determinismus**, **Positivismus** und **Materialismus**. Menschsein realisierte sich demzufolge unter den bestimmenden Bedingungen von genetischen, gesellschaftlichen, materiellen und physikalischen Gesetzmäßigkeiten; dem französischen Philosophen und Historiker **Hippolyte Taine** (1828–1895) zufolge ist die Menschheitsgeschichte stets von drei Faktoren bestimmt: „le milieu" (franz. „Umwelt"), „la race" (franz. „Rasse"; gemeint sind die genetischen Dispositionen) und „le moment" (franz. „Zeitpunkt"; gemeint ist die historische Epoche). Die **Anthropologie** dieser Zeit sah in ihren verschiedenen Varianten völlig von einer theologischen Betrachtung ab und konzentrierte sich rein auf den empirisch fassbaren Kontext, in dem sich Menschsein vollzog.

Gerade davon setzten sich die Menschenbilder der **Moderne** ab, auch wenn sie sich keineswegs stärker auf explizit religiöse Ansätze zurückführen lassen.

Vielmehr war die Moderne als dominierende geistige Strömung in der ersten Hälfte des 20. Jh. von der Infragestellung und Dekonstruktion hergebrachter Normen und Traditionen bestimmt. Hierzu trugen vor allem die **Erfahrungen der beiden Weltkriege**, aber auch massive gesellschaftliche und wirtschaftliche Veränderungen bei, die für den Menschen mit z. T. lebensbedrohlichen Gefahren, Herausforderungen und Zumutungen verbunden waren. Die **Frage nach der Identität des Einzelnen und seinem persönlichen Glück** rückte immer mehr in den Mittelpunkt von Gesellschaft, Kunst, Literatur, Musik und Wissenschaft. Dies schlägt sich auch in den Menschenbildern und korrespondierenden Sinnentwürfen nieder, wie sie vor allem in Philosophie, Psychologie und den Naturwissenschaften skizziert wurden.

2.2 Philosophische Menschenbilder der Moderne

Die Anthropologie ist eine der wichtigsten Teildisziplinen der Philosophie (griech. „Liebe zur Weisheit"), denn die Antwort auf die Frage nach dem Wesen des Menschen ist der Ausgangspunkt zahlreicher anderer Kernfragen, denen die Philosophie nachgeht: Was sollen wir tun? (Ethik), Was können wir wissen? (Erkenntnistheorie) u. v. m. Die folgenden drei Interpreten des Menschseins aus philosophischer Sicht haben mit ihren Konzeptionen jeweils nachhaltige Wirkung entfaltet.

Albert Camus: Die Überwindung des absurden Daseins durch Revolte

Der französische Philosoph und Autor Albert Camus (Literaturnobelpreis im Jahr 1957) geht, an den **Existenzialismus Sartres** (vgl. S. 115 ff.) anknüpfend, von einer **absurden**, **sinnlosen** und **vom Leid geprägten Welt** aus. Einen Schöpfergott negiert er ebenso wie eine metaphysische Bestimmung, denn wie bei Sartre geht auch bei Camus die **Existenz der Essenz voraus**. Der Einzelne sei daher völlig auf sich selbst zurückgeworfen und voll verantwortlich. Zugleich sei der Mensch bestrebt, dem eigentlich sinnlosen Leben dennoch einen Sinn zu verleihen; dies gelingt, indem sich der Mensch der **Absurdität des Lebens** sowie des **unentrinnbaren Todes** völlig **bewusst** ist, beides **akzeptiert**, und diesem Schicksal trotzig seine **Freiheit** und sein **Handeln** entgegensetzt.

Albert Camus (1913–1960)

Camus vergleicht das Leben des Einzelnen daher mit dem Tun des **Sisyphos:** Dieser wurde von den Göttern dazu verurteilt, unter größten Mühen einen Stein den Berg hinaufzuwälzen, der stets hinabrollt, sobald er die Bergkuppe erreicht. In dem Moment aber, da Sisyphos abermals zum Felsen zurückkehrt, um sich aufs Neue seiner aussichtslosen Aufgabe zu stellen, ist er laut Camus in seinem Trotz dem Schicksal überlegen. Durch sein Weitermachen gelingt ihm der **existenzielle Sprung**; Selbstmord sei keine Alternative, da das menschliche Dasein zum Handeln dränge. **„Je me révolte, donc nous sommes"** (franz. „Ich empöre mich, also sind wir", aus: „L'homme révolté" von 1951) lautet daher die Sinnperspektive des Menschen nach Camus. Über die **permanente Revolte** ließen sich zudem Lebensintensität und positive Wertorientierung erreichen, denn im gemeinsamen, aussichtslosen Kampf gegen die Absurdität finden die Menschen zu gegenseitiger Liebe und **Solidarität**. „Es gibt kein Schicksal, das durch Verachtung nicht überwunden werden kann. […] Wir müssen uns Sisyphos als glücklichen Menschen vorstellen"[31] (aus: „Le mythe de Sisyphe" von 1942).

Erich Fromm: Sinn durch Selbstentfaltung

Der Psychoanalytiker und Sozialpsychologe Erich Fromm wurde von der prophetischen Tradition des Judentums geprägt und geht bei seinem Menschenbild von der Analyse menschlicher Existenz im Kräftefeld kultureller, sozialer und ökonomischer Verhältnisse aus. Der Zustand der seelischen Gesundheit eines Menschen sei das Ergebnis realer gesellschaftlicher Rahmenbedingungen und Einflussfaktoren zwischen kulturellem Überbau (Ideen, Werte) und ökonomischer Basis. Der Mensch ist jedoch in der Lage, unproduktive und zerstörerische Einflüsse

Erich Fromm (1900–1980)

der Gesellschaft, die seiner **Selbstentfaltung** und der „Ehrfurcht vor dem Leben" (Albert Schweitzer) entgegenstehen, zu erkennen, so etwa die Unterwerfung unter einen Führer, die Anpassung an gesellschaftliche Erwartungen oder äußere Werte wie Profit und Produktivität. Für diese Erkenntnis unerlässlich ist die **Vernunft**. Sie ist laut Fromm jedoch ein ambivalentes Instrument des Menschen, denn sie ermöglicht ihm einerseits wichtige Erkenntnis sowie eine kreative Lebens- und Weltgestaltung, macht ihm aber andererseits

---

31 Albert Camus: Der Mythos vom Sisyphos, Reinbek bei Hamburg ⁵2003, S. 158 ff.

die Relativität, Zufälligkeit und Endlichkeit des Lebens bewusst. In dieser Grundspannung fühlt sich der Mensch dazu berufen, dem Leben einen Sinn zu geben, indem er **Identität gewinnt, Individualität verwirklicht und Universalität erfährt (sich als Teil des Ganzen begreift)**. So kann der Mensch die Grenzen seiner Ich-Bezogenheit überwinden, **Verantwortung** auch für andere Menschen übernehmen und damit dauerhaften Sinn konstituieren. Dabei ist eine Lebensweise anzustreben, die sich am **Sein** orientiert und sich von einer auf das **Haben** fokussierten Denk- und Verhaltensweise elementar unterscheidet. Auf dieser neuen Existenzweise lässt sich die Vision einer **neuen Gesellschaft** anstreben. Entwicklung, Kreativität, Reifung und Wachstum sind nur möglich, wenn der **Mensch als Selbstzweck im Mittelpunkt** steht und seine eigene Persönlichkeit in ihren verschiedenen Dimensionen entfaltet. Er wird damit seiner Verantwortung für die gesamte Schöpfung gerecht und kann so mithelfen, einen universalen Humanismus aufzubauen. **Liebe, Demut und das Streben nach Gerechtigkeit** sind hierfür unverzichtbare Grundhaltungen.

Emmanuel Lévinas: Subjektwerdung und Verantwortung

Im Zentrum der Anthropologie dieses jüdischen Philosophen steht die Kategorie „**Verantwortung**". Als prägender biografischer Hintergrund seiner Philosophie sind insbesondere der Verlust von Eltern und Geschwistern während der nationalsozialistischen Schreckensherrschaft sowie fünf Jahre Gefangenschaft in einem deutschen Lager bedeutsam. Lévinas geht der Frage nach, wie eine derart unvorstellbare moralische Katastrophe wie der Holocaust erklärbar ist. Auf der Suche nach einer Antwort stellt er fest, dass die abendländische Philosophie vom **Primat** (Vorrang) **der Ontologie** (griech. „Seinslehre") **vor der Ethik** bestimmt wird, dass also eher danach gefragt wird, wie der Mensch *ist*, als wie er sich *verhalten* soll. Dies zeige sich darin, dass es der Philosophie vor allem um die Ermittlung, Klassifizierung und Kontrastierung von Erkenntnisobjekten des Menschen (z. B. Gegenständen wie einem Tisch) geht. Dabei werde letztlich auch der Mensch als erkennendes Subjekt zum Objekt. Diese Verobjektivierung des Menschen habe eine **Entpersonalisierung** zur Folge, welche wiederum Einsamkeit und Isolation mit sich bringe, da der Mensch auf sich selbst zurückgeworfen werde. So entstünden **Bezie-**

Emmanuel Lévinas (1906–1995)

hungs- und Verantwortungslosigkeit. Dieser **radikale Subjektivismus** sei keine tragfähige Basis für die Ethik. Nach Lévinas sind dagegen **Wahrnehmung und Akzeptanz des anderen Menschen** als eigenständige Person **Ursprung einer moralischen Haltung**. Nur auf diesem Weg könnten sich Begegnung, Respekt, Verantwortung und friedvolles Miteinander entwickeln. Zugleich erkenne der Mensch nur dann sich selbst, wenn er aus den Grenzen seiner Ich-Bezogenheit heraustrete und seine Freiheit und Souveränität willentlich begrenze, um sich dem anderen zuzuwenden. Ziel des Menschen sei die **Subjektwerdung im Verzicht auf die Verobjektivierung des anderen**. Menschlichkeit sei nur möglich durch Übernahme von Verantwortung. Indem der Mensch die Grenzen seiner Bedürfnisse überschreite und so aus sich heraustrete, um sich dem anderen in Achtung und Anteilnahme zu öffnen, begründe er seinen eigenen Wert auf metaphysischer Grundlage.

2.3 Psychologische Menschenbilder der Moderne

Im 19. Jh. etablierten sich als Folgen der Aufklärung die empirische Forschung und rationale Herangehensweisen. Nahezu alle wissenschaftlichen Disziplinen wurden von diesem neuen erkenntnistheoretischen Ansatz geprägt. In diesem Kontext entwickelte sich Anfang des 20. Jh. auch die **Psychologie** als empirische Wissenschaft vom seelischen Erleben und Verhalten des Menschen, wobei Analyse und Experiment die dominanten methodischen Zugänge darstellten. Die Psychologie war und ist weitgehend **frei von philosophischen oder theologischen Voraussetzungen** und entstand in bewusster **Distanz und Kritik** zu diesen herkömmlichen Wissenschaften. Im Folgenden werden die Forschungsergebnisse von drei herausragenden Psychologen dargestellt, die auch entsprechende Menschenbilder und Sinnentwürfe konzipiert haben.

Sigmund Freud (1856–1939): Die Seele als „psychischer Apparat"

Der österreichische Nervenarzt Sigmund Freud erkannte in den Kräften der Psyche ausschließlich physikalisch-chemische Prozesse. Aus Interesse an der Nervenheilkunde und vom Bestreben geprägt, psychisch kranken Menschen zu helfen, entwickelte er ein Persönlichkeitsmodell vom Menschen, das ausschließlich empirisch, logisch und naturwissenschaftlich angelegt ist. Freud gilt damit als **Begründer der Psychoanalyse** und der Tiefenpsychologie. In seinem Grundlagenwerk „Abriss der Psychoanalyse" (1938) skizzierte er den **„psychischen Apparat"** des Menschen mit seinen Instanzen und deren Funktionen (vgl. auch S. 113 ff.):

- Das **Es** umfasst Bedürfnisse und Triebe. Es verkörpert das **Lustprinzip** und beansprucht die Befriedigung von Wünschen. Ziele dieser Instanz sind **Lebens-, Art- und Selbsterhaltung**, ggf. auch Destruktion und Tod (*destrudo* = „Todestrieb"). Das Es ist auch der Bereich des „Unbewussten", weil dorthin alle unerfüllten Sehnsüchte verdrängt werden.
- Das **Über-Ich** übernimmt die Rolle einer **moralischen Instanz** und bezieht sich dabei auf Werte und Normen, die sich der Mensch in **Erziehung und Sozialisation** angeeignet hat. Es repräsentiert das **Gewissen** des Menschen und zielt auf die Erfüllung äußerer gesellschaftlicher Ansprüche. Es und Über-Ich richten Forderungen an den Menschen, die meist nicht im Einklang miteinander stehen.
- Daher vermittelt das **Ich** als dritte Instanz im psychischen Apparat zwischen den Ansprüchen der Innen- (Es) und Außenwelt (Über-Ich). Es geht dabei um **Regulation**, indem den Forderungen entweder ent- oder widersprochen wird. Der kritische Verstand verkörpert das **Realitätsprinzip** und übernimmt die Kontrolle über die verschiedenen Forderungen.

Freud verfolgte das Ziel, mit diesem Modell seelische Krankheiten erklären und auf diese Weise heilen zu können – unter Zuhilfenahme der **Traumdeutung**; denn der **Sinn des menschlichen Lebens** besteht für Freud darin, ein

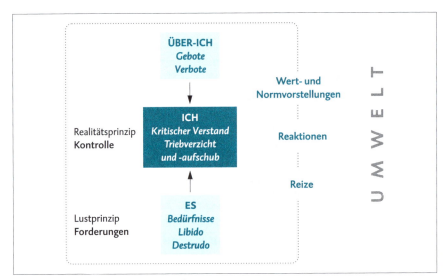

Der seelische Apparat nach Sigmund Freud

seelisch gesundes Leben zu führen. Dies gelinge, wenn einerseits die **Ansprüche von Es und Über-Ich in einem sinnvollen Gleichgewicht** stehen, und sich der Mensch andererseits seiner prägenden Faktoren bewusst ist. Letzteres verlangt auch die Aufarbeitung negativer Erlebnisse sowie das Bewusstmachen von Verdrängungen und Übertragungen, z. B. bei erlittenen Traumata.

Freud wird auch als „**Darwin der Seele**"[32] (Ernest Jones) bezeichnet, da er das Verhalten des Menschen von den Funktionen des psychischen Apparates her erklären konnte, so wie die Evolutionstheorie Darwins die biologischen Gegebenheiten des Menschen aus der Entwicklung der Arten ableiten konnte. Beide Theorien zusammengenommen ließen den Menschen als **biologisch und psychologisch vollkommen determiniert** erscheinen. Für die Religion blieb kein Platz. Im Gegenteil: Sie hinderte nach Freud den Menschen sogar an der Befriedigung seiner elementaren Triebe und Bedürfnisse.

Carl Gustav Jung: Entwicklung der Persönlichkeit durch Individuation

Der Schweizer Psychiater Jung erweiterte die Psychoanalyse seines Lehrers Freud, indem er die Bedeutung der (sexuellen) Triebe für die Persönlichkeitsentwicklung relativierte und in der **Analytischen Psychologie** eine eigenständige tiefenpsychologische Richtung begründete, in der er dem **kollektiven Unbewussten** eine eigenständige Bedeutung zumaß. Nach Jung umfasst diese jedem Menschen innewohnende Schicht jene Gefühle, Gedanken und Erinnerungen der ganzen Menschheit, die uns in Form von universellen, geschichtlich und kulturell unabhängigen

Carl Gustav Jung (1875–1961)

Urbildern **(Archetypen)** begegnen, z. B. die Große Mutter (Bild der Mutter im Unbewussten), Anima (Bild der Frau als emotionales Prinzip im Unbewussten des Mannes), Animus (Bild des Mannes als rationales Prinzip im Unbewussten der Frau u. a.). Auch Mythen, Märchen und Religionen enthalten in ihren Erzählungen und Symbolen eine Fülle von Archetypen. Neben diesem kollektiven Unbewussten gibt es das persönliche, **individuelle Unbewusste** sowie das für die Außenwelt sichtbare **Ich-Bewusstsein**. Ziel des Lebens ist es, im Prozess der Selbstwerdung und Selbstverwirklichung **(Individuation)** entsprechend der inneren Berufung voranzuschreiten und das

---

32 Jones, Ernest: Das Leben und Wirken von Sigmund Freud, Bd. 3. Eschborn bei Frankfurt a. M. ⁵2007, S. 357.

Selbst zu einer Ganzheit aus Bewusstem und Unbewusstem zu bilden. So kann sich eine **individuelle Persönlichkeit** entwickeln. Dazu bedarf es zunächst der Auseinandersetzung mit sog. „Schatten", d. h. seelischen Störungen wie uneingestandenen Schwächen oder „bösen" Neigungen, sowie mit den gegengeschlechtlichen Polen von Anima und Animus im Menschen. In seinem therapeutischen Ansatz verfolgte Jung das Ziel, verschiedene Persönlichkeitstypen (z. B. extrovertiert gegen introvertiert) zu integrieren und Gegensätze (z. B. Gefühl gegen Denken) miteinander zu versöhnen. Die Religionen als überindividuelles Reservoir von Archetypen können dabei nach Jung für das Verständnis des Menschen eine wichtige Rolle spielen.

Viktor Emil Frankl: Persönliche Sinnfindung und Selbsttranszendenz

Viktor Emil Frankl (1905–1997)

Für den österreichischen Neurologen und Psychiater Frankl bildeten die existenziellen Grenzerfahrungen in vier Konzentrationslagern den entscheidenden biografischen Impuls für seine Anthropologie; der Verlust der Ehefrau, der Mutter, des Bruders und weiterer Verwandter konfrontierte ihn mit der **„radikale(n) Wertlosigkeit des einzelnen Menschenlebens"**[33] und daher in besonders dramatischer Weise auch mit der Sinnfrage. Er machte es sich in der Folge zur Lebensaufgabe, anderen Menschen aus seelischen Nöten herauszuhelfen, indem er sie erkennen ließ, dass der menschlichen Existenz eine **prinzipielle Sinnhaftigkeit** zukomme. Als erster Schritt hierzu diente die **Existenzanalyse**, die Sinn- und Wertbezüge in der Biografie eines Menschen ermittelte. Frankl gilt als Begründer einer Individualpsychologie, die vom Grundbedürfnis des Menschen nach Lebenssinn und Selbsterfüllung ausgeht. Mithilfe der **Logotherapie** (griech. *logos* = „Sinn") kann es gelingen, seelische Störungen zu heilen, die aus geistigen Schwierigkeiten und einem unerfüllten Sinnerleben entstanden sind („**noogene**, d. h. aus dem Geist/Verstand geborene **Neurosen**"). Die Therapie verfolgt das Ziel, dass der Patient selbst und in eigener Verantwortung seinen **persönlichen Lebenssinn** findet und damit eine neue, heile Identität erwirbt. Dies ist nur möglich, wenn er die eigene Lebens- und Wertgeschichte erkennt und seine individuellen Unvollkommenheiten akzep-

---

33 Frankl, Viktor Emil: … trotzdem Ja zum Leben sagen. Ein Psychologe erlebt das Konzentrationslager. München 2008, S. **88**.

tiert und integriert. Es genügt jedoch nicht, den Sinn in der Erfüllung der eigenen Bedürfnisse zu finden, denn dieser muss in der Bewältigung von Herausforderungen außerhalb der Grenzen des eigenen Ich (**„Selbsttranszendenz"**) gesucht werden, z. B. durch Unterstützung hilfsbedürftiger Menschen. Nur durch die Erfahrung persönlichen Lebenssinns kann ein existenzielles Vakuum gefüllt und die innere Bestimmung gefunden werden.

Das Menschenbild Frankls konstituiert sich daher aus dem Zusammenwirken der Dimensionen Leib, Seele und Geist, wobei die Dimension des spezifisch Humanen nur im **Geist** gesehen werden kann, mit dem der Mensch den Trieben von Leib und Seele souverän begegnen und sich selbst transzendieren kann. Folgende Optionen der Sinnfindung sind für den Menschen möglich:

- Arbeit und Kreativität (**„homo faber"**, lat. „der schaffende Mensch"),
- positives Erleben und Liebe (**„homo amans"**, lat. „der liebende Mensch"),
- positive Bewältigung von Leid (**„homo patiens"**, lat. „der erduldende Mensch").

info

Der **Geist** ist die oberste Instanz des Menschen und steht als solche jenseits des Körpers, der Emotionen und auch des Denkens (Vernunft, Verstand) – er kann diese jedoch bewusst betrachten (insofern ist der Geist gleichzusetzen mit dem Bewusstsein des Menschen). Die **Vernunft** oder auch „Ratio" des Menschen verknüpft als das oberste Erkenntnisvermögen (Kant) die Erkenntnisobjekte, stellt Sinnzusammenhänge her und verbindet Wissen und Handeln. Dagegen bezeichnet der **Verstand** im Sinne des Intellekts die Fähigkeit, Informationen zu verstehen, sich zu erinnern, Begriffe zu formulieren, vom sinnlich Wahrnehmbaren zu abstrahieren, Schlussfolgerungen zu ziehen und wertende Urteile zu fällen. Merke: Oftmals wird „Geist" nicht im Sinne von „Bewusstsein", sondern synonym zu Vernunft und Verstand des Menschen gebraucht.

2.4 Naturwissenschaftliche Impulse

Es ist ein wesentliches Kennzeichen der Moderne, dass die Naturwissenschaften mit ihren zahlreichen und vielfältigen Forschungsergebnissen das Bild von Welt und Mensch entscheidend geprägt haben. Seit Beginn der Neuzeit ist daher die christliche Sicht vom Menschen unter großen Rechtfertigungsdruck geraten. Bereits die Ablösung des geozentrischen durch das heliozentrische Weltbild hat, so scheint es, den Menschen aus dem Zentrum des Universums an den Rand gerückt. Neben dieser **kosmologischen Revolution** hat Darwins **Evolutionslehre** die Entwicklung des Menschen aus tierischen Vorformen erklärt und damit die menschliche Sonderstellung innerhalb der Schöpfung infrage gestellt. Schließlich brachten die Erkenntnisse der **Psychologie** ein **materialistisches Menschenbild** mit sich, das nicht selten mit einer Desillusionierung hinsichtlich der menschlichen Willensfreiheit einherging. In neuester Zeit scheinen die **Neurowissenschaften** mit bildgebenden Verfahren die Reduktion geistiger Vorgänge auf physiologische Prozesse beweisen zu können, sodass manche glauben, der Mensch müsse sich möglicherweise endgültig von der Vorstellung verabschieden, ein frei denkendes, handelndes und Verantwortung tragendes Wesen zu sein. Nicht nur für den christlichen Glauben, sondern auch für den gesamten anthropologischen Diskurs der Gegenwart stellen diese Entwicklungen enorme Herausforderungen dar.

Möglichkeiten und Grenzen der Naturwissenschaften

Naturwissenschaften generieren weder Welt- noch Menschenbilder. Allerdings haben ihre empirischen Beobachtungen und logischen Schlussfolgerungen (Hypothesen, Theorien) über die Gesetzmäßigkeiten der Natur auch **Auswirkungen auf die Deutung des Menschseins**.

Christlicher Glaube und wissenschaftliche Theologie sind auf die Ergebnisse der Naturwissenschaften angewiesen, denn jede religiöse Praxis und jede theologische Reflexion geschieht im Kontext irdischer Gegebenheiten, von denen daher nicht abgesehen werden kann. Auch ist es nur so möglich, in der modernen Welt und im interdisziplinären Dialog ernst genommen zu werden. Neue Erkenntnisse stellen also keine Bedrohung, sondern eine Bereicherung der eigenen Sichtweise dar.

So müssen auch naturwissenschaftliche Daten über den Menschen zur Kenntnis genommen und reflektiert werden, wenn das jüdisch-christliche Menschenbild unter den Bedingungen der Gegenwart vermittelt werden soll.

Grundlegende naturwissenschaftliche Aussagen über den Menschen

- Nach **Charles Darwins** (1809–1882) **Evolutionstheorie** lässt sich die Entstehung des Menschen aus tierischen Vorfahren durch die Anpassung an den Lebensraum über Formenvielfalt **(Variation)** und natürliche Auslese **(Selektion)** erklären. Aus dem planlosen Zusammenspiel dieser Mechanismen entwickelte sich der moderne Mensch (homo sapiens sapiens) vor rund 100 000 Jahren.
- Die Verschiedenheit und Individualität der einzelnen Menschen ist eine Folge von **Vererbung, Erziehung und Umwelteinflüssen**. Auch die geistig-seelischen Eigenschaften sowie Verhaltensweisen eines Menschen haben sich unter diesen Einflussfaktoren entwickelt. Für nahezu alle Wesenseigen-

schaften des Menschen gibt es Vorformen aus dem Tierreich, wobei sich die Entwicklung vom Tier zum Mensch eher kontinuierlich und nicht in qualitativen Sprüngen vollzog.
- Gedanken, Gefühle sowie unser Bewusstsein existieren nicht getrennt vom Körper, sondern hängen mit neuronalen Gegebenheiten im Gehirn zusammen und lassen sich z. B. über bildgebende Verfahren transparent machen. Es besteht also eine empirisch überprüfbare **Korrelation zwischen Geist/ Bewusstsein**, **Emotionen und Gedanken** auf der einen **und physikalisch-chemischen Vorgängen** auf der anderen Seite.
- Die Wahrnehmungen des Menschen sind zunächst nur Konstrukte des Gehirns, die die Wirklichkeit nie 1:1 abbilden, da **Wahrnehmung immer bereits Deutung beinhaltet**. Die durch die Wahrnehmungen hervorgerufenen **Gefühle** erscheinen dem Außenstehenden daher nicht immer als der eigentlichen Situation angemessen.
- Handlungs- und Willensfreiheit sind Eigenschaften des Menschen, die auf **biologischen Gegebenheiten und Prozessen** beruhen.

Brisanz und Relevanz naturwissenschaftlicher Forschungsergebnisse für die philosophische Anthropologie bzw. das Menschenbild lassen sich gerade am letztgenannten Beispiel der Willensfreiheit eindrucksvoll darstellen.

Menschliche Willensfreiheit im Kontext heutiger Hirnforschung

Aus Sicht der Hirnforschung wird heute die **These von der Willensfreiheit des Menschen vielfach bezweifelt.** Beispielhaft ist die folgende Aussage des Neurophysiologen und langjährigen Direktors des Max-Planck-Instituts für Hirnforschung in Frankfurt, **Wolf Singer** (geb. 1943): „Im Bezugssystem neurobiologischer Beschreibungen gibt es **keinen Raum für objektive Freiheit**, weil die je nächste Handlung, der je nächste Zustand des Gehirns immer determiniert wäre durch das je unmittelbar Vorausgegangene. Variationen wären allenfalls denkbar als Folge zufälliger Fluktuationen. Innerhalb neurobiologischer Beschreibungssysteme wäre das, was wir als freie Entscheidung erfahren, nichts anderes als eine nachträgliche Begründung von Zustandsänderungen, die ohnehin erfolgt wären, deren tatsächliche Verursachungen für uns aber in der Regel nicht in ihrer Gesamtheit fassbar sind."[34]

---

34 Singer, Wolf: Der Beobachter im Gehirn. Essays zur Hirnforschung, Suhrkamp, Frankfurt a. M. 2002, S. 75.

Diese Infragestellung menschlicher Willensfreiheit wird von manchen Wissenschaftlern mit folgenden Argumenten gestützt:

- Handeln und Verhalten des Menschen beruhen auf **biologischen, natürlichen Prozessen**, die keinen Raum lassen für geistige Entscheidungs- und Handlungsfreiheit im Sinne einer unbeeinflussten Wahl von Alternativen.
- Das **(Ich-)Bewusstsein** ist eine **„Netzeigenschaft des Gehirns"**[35], keine neurowissenschaftlich nachweisbare eigenständige Instanz als Träger der Willensfreiheit.
- Der größte Teil der Hirnprozesse verläuft **unbewusst**. Dieses Faktum ist mit der Behauptung einer bewussten, freien Steuerung des Handelns nicht vereinbar.

Das sog. **„Libet-Experiment"** aus den späten 1970er-Jahren erlangte in diesem Zusammenhang besondere Berühmtheit. Der Versuchsaufbau sah folgendermaßen aus: Ein Proband wurde gebeten, seine Hand zu heben, sobald er den inneren **Drang** (engl. „urge") dazu verspürte. Den **exakten Moment**, in dem sich der Drang bemerkbar machte, sollte er auf einer Uhr ablesen und später den Forschern mitteilen. Währenddessen wurden seine Hirnströme und sein Muskeltonus gemessen.

Das Ergebnis war: Noch bevor sich der Proband des Dranges, die Hand zu heben, bewusst geworden war, hatten sich Gehirn und Muskeln bereits messbar auf diese Handlung eingestellt. Aus dieser **Verzögerung** schloss man, dass der Mensch mit der bewussten Entscheidung, den Arm zu heben, nur eine unbewusste **körperliche Vorgabe** ausführt.

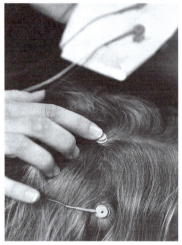

Die Hirnforschung beschäftigt sich intensiv mit der Frage der menschlichen Willensfreiheit

Diese Deutung schlug hohe Wellen und veranlasste viele Menschen dazu, die **Willensfreiheit zur Illusion zu erklären**. Hätte sich diese Haltung in der Bevölkerung durchgesetzt, hätte man konsequenterweise Straftäter nicht länger für ihre Taten verantwortlich machen dürfen.

---

35 Spektrum der Wissenschaft 12 (2008), S. 111.

Daher regte sich großer Widerstand gegen dieses Forschungsergebnis – zu Recht. Denn das Libet-Experiment war nur vordergründig dazu geeignet, die Determination des menschlichen Willens zu belegen:

- Der bewusste Wille der Probanden war jederzeit in der Lage, innerhalb eines gewissen Zeitfensters durch ein „Veto" dem körperlichen Drang zu widerstehen (auch dies wurde im Versuch bestätigt). Daher beurteilte sogar Libet selbst die moralische **Handlungsfähigkeit des Menschen nicht als grundsätzlich gefährdet**.
- Es war zu erwarten gewesen, dass sich die Versuchspersonen aufgrund eines vorgegebenen und zunächst unbewussten Dranges zur Armbewegung entschlossen, denn genau das hatte Libet ihnen aufgetragen: Sie *sollten* sich nicht selbstständig entscheiden, sondern **passiv auf einen Drang zur Entscheidung warten**.
- Es ist fraglich, inwieweit die Untersuchung eines derart einfachen Handlungsmusters eine Auskunft über die **Entstehung komplexer Entscheidungen** (wie z. B. die Wahl eines Studienfaches) zu geben in der Lage ist.

Das Fazit muss daher lauten: Auch wenn das **Unterbewusstsein** an menschlichen Handlungen **beteiligt** ist, so ist es nach wie vor zumeist das **Bewusstsein**, das diese ausführt. Und dieses Bewusstsein kann sich nicht nur an Handlungen beteiligen, sondern hat, wie das Libet-Experiment beweisen konnte, **jederzeit ein „Veto-Recht"** gegenüber intuitiven Handlungsimpulsen. Das ist genau genommen ein sehr positives Ergebnis für die menschliche Willensfreiheit!

Naturwissenschaft und Anthropologie im kritisch-konstruktiven Dialog

Die Ergebnisse der Hirnforschung stellen dennoch eine **große Herausforderung** für die moderne Anthropologie dar, da die traditionelle These von der (eingeschränkten) Willensfreiheit des Menschen auf die Probe gestellt wird. Sie dürfen aber weder negiert noch verabsolutiert werden. Die Informationsverarbeitung im Gehirn verläuft nicht linear und additiv, die Strukturen sind plastisch und flexibel, wodurch sie sich stets neuen Anforderungen anpassen. Seelische Empfindungen und geistige Prozesse finden sich nicht nur in bestimmten Gehirnregionen wieder, sondern betreffen das gesamte Gehirn mit seinen **unermesslich vielen neuronalen Verknüpfungen**. Noch unbeantwortet ist z. B. die Frage nach der neuronalen Codierung jener Bedeutungsgehalte, die für menschliches Denken und Entscheidungshandeln unverzichtbar sind. Auch wenn mittlerweile feststeht, dass neuronale Prozesse das Potenzial des menschlichen Geistes im Gehirn realisieren, bleibt doch auch die **Kultur als Einflussfaktor auf das Gehirn**. Die Anthropologie muss diese beeinflussenden und prägenden Faktoren berücksichtigen statt der Versuchung zu erliegen, **innerseelische und geistige Prozesse auf physikochemische Vorgänge zu reduzieren**.

Fazit: „Geisteswissenschaften und Neurowissenschaften werden in einen intensiven Dialog treten müssen, um gemeinsam ein neues Menschenbild zu entwerfen."[36]

3 Das Menschenbild des Buddhismus

Unsere heutige Sicht vom Menschen wird auch von **anthropologischen Konzeptionen nichtchristlicher Religionen** beeinflusst. Im Folgenden wird das Menschenbild des Buddhismus näher beleuchtet, weil es mittlerweile in der kulturellen und religiösen Situation Europas vielfältigen Niederschlag gefunden hat. Ethik, Menschsein und Weltdeutung des Buddhismus treffen in unseren Breiten auf große Sympathie und werden nicht zuletzt auch im Christentum – durchaus mit Gewinn – rezipiert.

> **In diesem Kapitel lernen Sie …**
>
> - Denkvoraussetzungen und zentrale Inhalte des buddhistischen Menschenbildes zu beschreiben,
> - kritische Fragen an die anthropologischen Aussagen des Buddhismus zu stellen.

Anthropologische Grundannahmen

Der Buddhismus ist seit seiner Entstehung im 6. Jh. v. Chr. weniger eine religiöse Lehre oder ein Glaube mit fest definierten Inhalten, sondern ein **spiritueller Weg**, um den Menschen aus dem **Kreislauf des Leids** zu befreien. Es gibt daher auch kein explizites Menschbild, sondern eher eine Analyse des menschlichen Daseins, die zum Ausgangspunkt einer Anleitung zur **Selbsterlösung des Menschen** wird.

Kerngedanke des buddhistischen Weltverständnisses ist die These, dass das menschliche Leben von **Abhängigkeit und Vergänglichkeit** gekennzeichnet

---

[36] Das Manifest. Elf führende Neurowissenschaftler über Gegenwart und Zukunft der Hirnforschung. In: Geist und Gehirn 6 (2004), S. 36.

Buddhistische Mönche in Laos, Asien; durch beständige Übung beispielsweise in der Meditation erhoffen sie sich den Eingang ins Nirwana

ist. Der Mensch strebt daher eigentlich nach Erlösung, Unabhängigkeit und Unendlichkeit sowie nach dem Eingang ins **Nirwana** (sanskrit „Verlöschen"). Als Teil eines allumfassenden Netzwerks hat er keine eigenständige Identität und kein Ich, sondern unterliegt einer **universalen Kausalität**, d. h. einem allumfassenden Zusammenhang von Ursache und Wirkung. Die Wirklichkeit von Welt und Mensch ist determiniert. Auch der Geist unterliegt der Abhängigkeit und Vergänglichkeit.

Menschsein und Erlösung

Der Mensch wird gemäß buddhistischer Lehre **(dharma)** von **fünf Daseinsfaktoren (skandhas)** bestimmt, die sich stets verändern und immer wieder neu verbinden: Körper, Empfindungen, Wahrnehmungen, Bewusstsein/Erkenntnis, Willensregungen. Alle Dimensionen liegen auf der gleichen Ebene, d. h. dass weder Geist noch Seele konstitutive Merkmale einer besonderen Freiheit oder Würde des Menschen sind. Keines der fünf skandhas dominiert ein anderes. Die Verbindung von Leben und Leiden unter dem Aspekt der Vergänglichkeit hingegen bestimmt alle Dimensionen und determiniert das Sein des Einzelnen.

Die **„Vier Edlen Wahrheiten vom Leiden"** bilden das Zentrum der Lehre Buddhas (altind. „Der Erleuchtete") und stehen daher auch im Mittelpunkt der buddhistischen Anthropologie:

- Der Grundzustand des menschlichen Lebens ist das **Leid**.
- Ursache allen Leids ist die **Gier nach Leben und nach Genuss weltlicher Güter**, deren Unersättlichkeit den Kreislauf der Wiedergeburten antreibt; die ethische Qualität der Gedanken, Worte und Taten eines Menschen be-

stimmen sein individuelles **Karma**, infolgedessen es zur Wiedergeburt auf einer höheren oder niedrigeren Existenzstufe kommt.

- Die Überwindung und Aufhebung des Leids und das Heraustreten aus dem Kreislauf der Wiedergeburten sind nur durch die **Abtötung der Begierden und Leidenschaften** möglich, und zwar im Rahmen eines vielstufigen Läuterungsprozesses der Meditation und Askese. Voraussetzung hierfür ist die Erkenntnis der Ursachen des Leids.
- Der Weg zur Aufhebung des Leids ist der **achtfache Pfad:**

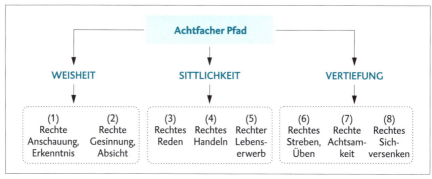

Der achtfache Pfad

Die letztlich erfolgreiche Bewältigung dieses Weges – die sich über einen langen Zeitraum und viele Wiedergeburten **(Reinkarnationen)** erstrecken kann – führt schließlich zum Eingang ins Nirwana. Die **Selbsterlösung** des Menschen zielt auf die Aufhebung seiner ichbezogenen Existenz, die Überwindung der Ich-Sucht und der mit ihr verbundenen Begierden. Dieser Zustand befreit vom Leid, vermittelt wahre Erkenntnis, vollkommene Gemütsruhe und höchste Seligkeit.

Lebenssinn und Zielperspektive

Die **Entlarvung der vermeintlichen Identität als Selbsttäuschung** und die **Überwindung der Ich-Fixierung** eröffnet die Freiheit für die Grundtugenden der buddhistischen Ethik: Gewaltlosigkeit, Achtsamkeit und Barmherzigkeit. Ausgangspunkt der endgültigen Erlösung ist mit der **Erleuchtung** die rechte Erkenntnis über den rechten Lebenswandel; dieser besteht im Bestreiten des achtfachen Pfades. Daraus ergeben sich die Auslöschung der Begierden und die Praxis echten Mitleids. Am Ende steht der **Eingang ins Nirwana**.

Kritische Anfragen

Der Buddhismus ist mit seiner spirituellen Lehre für viele Menschen unserer Zeit attraktiv. Er trifft das Lebensgefühl der Menschen und knüpft an ihre subjektiven Befindlichkeiten und Sehnsüchte an. Christentum und Kirche sollten sich deshalb – weit über den interreligiösen Dialog hinaus – der Herausforderung stellen, nach den **Ursachen der hohen Akzeptanz dieser Weltreligion** zu suchen – gerade angesichts der Tatsache, dass der Trend ansonsten eher in Richtung Säkularisierung geht. Unabhängig davon lassen sich jedoch auch an den Buddhismus einige kritische Fragen stellen, was Menschenbild und Sinnentwurf betrifft:

- Die **Frage nach dem sinnhaften Ursprung von Welt und Mensch** bleibt unbeantwortet. Damit wird eine wesentliche und existenziell bedeutsame Thematik der Anthropologie ausgeklammert.
- Die **exklusive und enge Verbindung zwischen Leben und Leid** lässt viele andere Lebenserfahrungen des Menschen unberücksichtigt. Außerdem ist Leid nicht etwas, was es grundsätzlich nur zu überwinden gilt – gerade auch die Sehnsucht nach Glück und Erfolg ist zunächst oft auch mit Verzicht und Leid verknüpft.
- Die Vorstellung von „**Erleuchtung**" bleibt **äußerst vage und formal**. Damit eröffnen sich ein breiter Interpretationsspielraum und eine Vielzahl möglicher Missverständnisse.
- Die **Reinkarnationslehre** ist ein **reines Gedankenkonstrukt** ohne jeglichen greifbaren Anhaltspunkt; dies gilt freilich für jede Glaubensaussage, allerdings lässt sich der Auferstehungsglaube historisch einordnen, während die Reinkarnationslehre keinerlei geschichtliche Verankerung hat.
- Die **Möglichkeit der Selbsterlösung** ist sehr **zweifelhaft**. Erstens ist fraglich, ob der kontingente und vergängliche Mensch aus eigener Kraft dazu in der Lage sein kann, zweitens stellt dieser Anspruch auch grundsätzlich eine erhebliche **Überforderung** des Menschen dar. Was ist mit denjenigen, die scheitern, die Leid und Unglück erfahren und daran zerbrechen – müssen diese Menschen sich den Vorwurf gefallen lassen, nicht hart genug an ihrer Selbsterlösung gearbeitet zu haben?
- Wird die **Relativierung des menschlichen Verstandes** (Erkenntnis) als einer gleichrangigen Dimension (unter anderen Wesensmerkmalen wie Körperlichkeit, Emotionalität, Sozialität u. a.) der menschlichen Natur wirklich gerecht? Besteht nicht gerade in unserer Rationalität das Spezifikum des Menschen, das ihn von allen anderen Lebewesen unterscheidet?

- Ist die Instrumentalisierung einer Ethik des Mitleids als Weg zur Selbsterlösung nicht gefährlich? Sollte nicht jede Form von **Nächstenliebe getrennt von der Aussicht auf Belohnung** solchen Verhaltens betrachtet werden?
- Genügt es, das Nirwana als Zustand der Erleuchtung und Erlösung zu charakterisieren? Wäre es nicht verheißungsvoller, mit dem Nirwana auch eine **Form des ewigen, vollendeten Lebens in der Gemeinschaft mit Gott und den Geschöpfen** zu sehen?

Dennoch eröffnet der Buddhismus eine **äußerst wertvolle eigene anthropologische Perspektive**, die sich auch in vielen Bereichen mit dem Christentum berührt. Dazu zählen beispielsweise die **Konzentration auf den einzelnen Menschen** und seine Kontingenzerfahrungen sowie die Kritik an ungezügelten Begierden und Ich-Fixierung. Auch die **Hinwendung zum Nächsten** als Voraussetzung der Erfahrung von Heil und Erlösung findet eine Parallele in zentralen Punkten des christlichen Menschenbildes.

4 Das biblische Verständnis vom Menschen

Die Menschenbilder der Moderne zeichnen sich dadurch aus, dass sie einen ganz bestimmten Aspekt des Menschseins (z. B. Freiheit, Triebstruktur, Sinnfrage) besonders hervorheben, manchmal sogar verabsolutieren und davon ausgehend das Wesen des ganzen Menschen charakterisieren. Auch die buddhistische Anthropologie betont einseitig die Dimension des Leides als bestimmendes Merkmal menschlicher Existenz. Das **jüdisch-christliche Menschenbild** dagegen ist **ganzheitlich angelegt**, indem es vielfältige Dimensionen des Menschseins integriert. Als Ausgangspunkt und Zentrum der jüdisch-christlichen Anthropologie ist die **Beziehung zwischen Gott und Mensch** anzusehen, von der her die Grundaussagen über das Wesen des Menschen formuliert werden. Manchmal spricht man auch von der **biblischen Anthropologie**, da das Alte und Neue Testament die entscheidenden Grundlagen des jüdisch-christlichen Menschenbildes beinhalten.

Schon die ersten Kapitel der Bibel geben mit den **Schöpfungserzählungen** (Gen 1,1–3,24) fundamentale Antworten auf existenzielle Grundfragen des Menschen. Auch die im Folgenden geschilderte **Geschichte Jahwes mit seinem Volk** zeigt typische Situationen des Menschen (wie Angst, Einsamkeit, Hoffnung, Schmerz, Vertrauen etc.) und deutet diese im Licht seiner Gottesbeziehung. Mit der Geschichte von der **Menschwerdung Gottes in Jesus**

Christus wird die Theologie schließlich ganz zur Anthropologie (und umgekehrt). In der Person Jesu Christi zeigt sich, wie Gott sich den Menschen eigentlich vorstellt, und zugleich, dass er ihm immer wieder verzeiht und ihm schließlich mit der Auferstehung eine Perspektive der Hoffnung auf Erlösung und Vollendung eröffnet.

> **In diesem Kapitel lernen Sie …**
>
> - zentrale Elemente des jüdisch-christlichen Menschenbildes zu erläutern,
> - biblische Schlüsseltexte anthropologisch zu interpretieren,
> - die Relevanz des christlichen Menschenbildes für Lebensgestaltung und Sinnfindung zu untersuchen.

4.1 Geschöpflichkeit und Gottebenbildlichkeit

Grundlage und Mittelpunkt des jüdisch-christlichen Menschenbildes ist die **Lehre von der Geschöpflichkeit des Menschen**. Demnach ist der Mensch ein kontingentes Wesen von begrenzter Selbstständigkeit, das seine Existenz – wie die anderen Geschöpfe auch – einem **Schöpfergott** verdankt. Diese Aussage ist der Bibel besonders wichtig, weshalb sie mit dem Schöpfungsglauben einsetzt. Bei den literarischen Traditionen der beiden Schöpfungstexte zeigen sich allerdings erhebliche Unterschiede, ja sogar Spannungen und Widersprüche. Die gemeinsamen Kernaussagen werden dadurch aber nur umso deutlicher hervorgehoben.

Der erste Schöpfungstext entstammt der sog. „Priesterschrift", der jüngsten Quellschicht der Thora, deren Grundschrift in der Zeit des Babylonischen Exils (586–538 v. Chr.) entstand. Das darin niedergeschriebene Schöpfungsmodell lehnt sich am babylonischen „Enuma Elisch"-Mythos (um 1000 v. Chr.) an und wird von der Priesterschrift so umgestaltet, dass der **Jahweglaube** dem babylonischen Heidentum **als wahre Religion** gegenübergestellt wird.

Der Schöpfungshymnus der Priesterschrift (Gen 1,1–2,4a)

[26] Dann sprach Gott: Lasst uns Menschen machen als unser Abbild, uns ähnlich. Sie sollen herrschen über die Fische des Meeres, über die Vögel des Himmels, über das Vieh, über die ganze Erde und über alle Kriechtiere auf dem Land. [27] Gott schuf also den Menschen als sein Abbild; als Abbild Gottes schuf er ihn. Als Mann und Frau schuf er sie. [28] Gott segnete sie und Gott sprach zu ihnen: Seid fruchtbar und vermehrt euch, bevölkert die Erde, unterwerft sie euch und

herrscht über die Fische des Meeres, über die Vögel des Himmels und über alle Tiere, die sich auf dem Land regen. ²⁹Dann sprach Gott: Hiermit übergebe ich euch alle Pflanzen auf der ganzen Erde, die Samen tragen, und alle Bäume mit samenhaltigen Früchten. Euch sollen sie zur Nahrung dienen. ³⁰Allen Tieren des Feldes, allen Vögeln des Himmels und allem, was sich auf der Erde regt, was Lebensatem in sich hat, gebe ich alle grünen Pflanzen zur Nahrung. So geschah es. ³¹Gott sah alles an, was er gemacht hatte: Es war sehr gut. Es wurde Abend und es wurde Morgen: der sechste Tag *(Gen 1,26 – 31)*.

Die Erschaffung des Menschen geschieht **am sechsten und damit letzten Schöpfungstag**. Der Mensch ist insofern zwar die „Krone", aber eben auch Teil der Schöpfung und hat grundsätzlich keine Sonderstellung; mit allen Geschöpfen verbindet ihn wesensmäßig die Abhängigkeit von Gott. Was ihn jedoch von der übrigen Schöpfung abhebt, ist seine **Bestimmung zum Abbild Gottes**, wodurch er hinsichtlich seiner **Rolle und Verantwortung** eine besondere Stellung in der göttlichen Schöpfungsordnung einnimmt. Die Lehre von der Gottebenbildlichkeit des Menschen umfasst folgende Aspekte:

- **Repräsentation:** Analog zu den Standbildern der altorientalischen Könige, die zur Vergegenwärtigung der königlichen Macht in den Provinzen seines Reiches aufgestellt wurden, vertritt der Mensch den Machtanspruch Gottes innerhalb der Schöpfung und ist zugleich Sinnbild für die Zuordnung der Welt zu Gott, dessen Willen sie entspricht.

- **Partnerschaft:** Aus der spezifischen Beziehung zwischen Gott und den Menschen ergibt sich die herausragende Funktion des Menschen als Bindeglied zwischen dem transzendenten Gott und der immanenten Welt.

Das erste Wort der jüdischen Bibel lautet „Bereshit" = „Am Anfang" (wörtl.: „In einem Anfang"); im Anschluss wird die Erschaffung der Welt in sieben Tagen geschildert

- **Demokratisierung:** In der altorientalischen Umwelt Israels wurde nur der König als „Bild" Gottes verstanden. Indem die Bibel diese „Ehre" nun allen Menschen zuspricht, wird diese Sonderstellung des Königs aufgehoben. Die Königsideologie wird auf den normalen Menschen übertragen **(Royalisierung):** eine bemerkenswerte Aufwertung des einzelnen Menschen!
- **Kreativität:** Die Forderung, die mit der Berufung des Menschen zum Abbild Gottes verknüpft ist, besteht darin, den **Kulturauftrag** (Gen 1,26–28) zu erfüllen, d. h. die Schöpfung im Sinne Gottes kreativ zu gestalten und weiterzuentwickeln. Die Partnerschaft zwischen Gott und Mensch zeigt sich auch in der Solidarität Gottes mit allen Geschöpfen.
- **Geschlechtlichkeit:** Den Menschen gibt es als Mann und Frau, als zwei ebenbürtige Wesen, die in ihrer gemeinsamen Fruchtbarkeit am Schöpfungswerk Gottes teilhaben. Hier wird deutlich, dass Gottebenbildlichkeit von Vielfalt geprägt ist; wie Gott als ein Wesen in drei Personen (Trinität) erscheint, so gibt es den Menschen in der Dualität der beiden Geschlechter.

Der zweite Schöpfungstext entstammt dem sog. „Jahwistischen Geschichtswerk" (Entstehung um das Jahr 950 v. Chr.). Seine theologische Hauptintention besteht darin, Jahwe nicht nur als Gott Israels, sondern als **universalen Schöpfer** zu verkünden; zugleich werden **Schöpfung und Bedrohung**, Gut und Böse, als von Anfang an gegebene Wirklichkeiten dargestellt.

Die Schöpfungserzählung des Jahwisten (Gen 2,4b–24)

⁴ᵇ Zur Zeit, als Gott, der Herr, Erde und Himmel machte, ⁵ gab es auf der Erde noch keine Feldsträucher und wuchsen noch keine Feldpflanzen; denn Gott, der Herr, hatte es auf die Erde noch nicht regnen lassen und es gab noch keinen Menschen, der den Ackerboden bestellte; ⁶ aber Feuchtigkeit stieg aus der Erde auf und tränkte die ganze Fläche des Ackerbodens. ⁷ Da formte Gott, der Herr, den Menschen aus Erde vom Ackerboden und blies in seine Nase den Lebensatem. So wurde der Mensch zu einem lebendigen Wesen. ⁸ Dann legte Gott, der Herr, in Eden, im Osten, einen Garten an und setzte dorthin den Menschen, den er geformt hatte. ⁹ Gott, der Herr, ließ aus dem Ackerboden allerlei Bäume wachsen, verlockend anzusehen und mit köstlichen Früchten, in der Mitte des Gartens aber den Baum des Lebens und den Baum der Erkenntnis von Gut und Böse. ¹⁰ Ein Strom entspringt in Eden, der den Garten bewässert; dort teilt er sich und wird zu vier Hauptflüssen. ¹¹ Der eine heißt Pischon; er ist es, der das ganze Land Hawila umfließt, wo es Gold gibt. ¹² Das Gold jenes Landes ist gut; dort gibt es auch Bdelliumharz und Karneolsteine. ¹³ Der zweite Strom heißt Gihon; er ist es, der das ganze Land Kusch umfließt. ¹⁴ Der dritte Strom heißt Tigris; er ist es, der östlich an Assur vorbeifließt. Der vierte Strom

ist der Eufrat. ¹⁵ Gott, der Herr, nahm also den Menschen und setzte ihn in den Garten von Eden, damit er ihn bebaue und hüte. ¹⁶ Dann gebot Gott, der Herr, dem Menschen: Von allen Bäumen des Gartens darfst du essen, ¹⁷ doch vom Baum der Erkenntnis von Gut und Böse darfst du nicht essen; denn sobald du davon isst, wirst du sterben. ¹⁸ Dann sprach Gott, der Herr: Es ist nicht gut, dass der Mensch allein bleibt. Ich will ihm eine Hilfe machen, die ihm entspricht. ¹⁹ Gott, der Herr, formte aus dem Ackerboden alle Tiere des Feldes und alle Vögel des Himmels und führte sie dem Menschen zu, um zu sehen, wie er sie benennen würde. Und wie der Mensch jedes lebendige Wesen benannte, so sollte es heißen. ²⁰ Der Mensch gab Namen allem Vieh, den Vögeln des Himmels und allen Tieren des Feldes. Aber eine Hilfe, die dem Menschen entsprach, fand er nicht. ²¹ Da ließ Gott, der Herr, einen tiefen Schlaf auf den Menschen fallen, sodass er einschlief, nahm eine seiner Rippen und verschloss ihre Stelle mit Fleisch. ²² Gott, der Herr, baute aus der Rippe, die er vom Menschen genommen hatte, eine Frau und führte sie dem Menschen zu. ²³ Und der Mensch sprach: Das endlich ist Bein von meinem Bein und Fleisch von meinem Fleisch. Frau soll sie heißen; denn vom Mann ist sie genommen. ²⁴ Darum verlässt der Mann Vater und Mutter und bindet sich an seine Frau und sie werden *ein* Fleisch. *(Gen 2,4b – 24)*

In dieser Darstellung der Schöpfung steht die Erschaffung des Menschen **chronologisch am Beginn und systematisch an der Spitze der ganzen Schöpfung**. Der Hinweis auf die Formung des Menschen (hebr. *adam*) aus der Erde (hebr. *adamah*) drückt die elementare **Verbindung zwischen dem Menschen und seinem Lebensraum** und damit auch mit allen anderen Geschöpfen aus. Zugleich verweist die Formung des Menschen aus Lehm auf seine Geschöpflichkeit, die die Endlichkeit mit einschließt. Dahinter steht die Erfahrung, dass der Leichnam zu Staub zerfällt.

Das Bild der Einhauchung des **Lebensatems** ist komplementär zur Formung aus Erde. Der Mensch wird dadurch als Wesen charakterisiert, in dem sich **Leiblich-materielles und Seelisch-geistiges miteinander verbinden**. „So wurde der Mensch zu einem lebendigen Wesen." (2,7b). Indem der Mensch vom Geist Gottes durchdrungen ist, bekommt er, ähnlich wie beim Konzept der Gottebenbildlichkeit im ersten Schöpfungstext, aber auch Anteil am Göttlichen – ohne selbst mit ihm identisch zu sein.

Der **Auftrag, die Erde zu bebauen und zu behüten** (vgl. Gen 2,15), erinnert an den Kulturauftrag der Priesterschrift (vgl. 1,26–28), nur dass hier genauer beschrieben wird, was das bedeutet: Bebauung, Schutz, Sorge und Zivilisation. Die **besondere Verantwortung des Menschen** zeigt sich bereits darin, dass Gott ihn damit betraut, die Dinge der Schöpfung zu benennen (vgl.

Gen 2,19 f.) und sich ihrer damit in sorgsamer Weise zu bemächtigen. Da die Gesellschaft der Tiere das Bedürfnis des Menschen nach Gemeinschaft jedoch nicht befriedigen kann, schenkt ihm Gott eine wesensgleiche Gefährtin und Hilfe, die Frau (hebr. *ischah*). Erst dadurch wird der geschlechtlich unbestimmte Erdling „Adam" zum Mann (hebr. *isch*). Ihre eigenständige Verbindung als eigene Lebensgemeinschaft zeigt angesichts der damaligen Sippenbindung die **Zusammengehörigkeit von Mann und Frau** und die besondere Wertschätzung von Ehe und Familie im jüdischen Menschenbild.

Die herausragende Stellung des Menschen, wie sie sich aus der Gottebenbildlichkeit und seinem Kulturauftrag ergibt, wird auch in der **Weisheitsliteratur** (Ijob, Prediger Salomo, Sprüche, Hohelied der Liebe und einige Psalmen; vgl. S. 99) immer wieder hymnisch gepriesen. Die Würde des Menschen, die mit dieser Sonderstellung verbunden ist, bringt Psalm 8, eingebettet in einen Lobpreis des Schöpfergottes, besonders eindrucksvoll zum Ausdruck:

> [2] Herr, unser Herrscher, wie gewaltig ist dein Name auf der ganzen Erde; über den Himmel breitest du deine Hoheit aus. [3] Aus dem Mund der Kinder und Säuglinge schaffst du dir Lob, deinen Gegnern zum Trotz; deine Feinde und Widersacher müssen verstummen. [4] Seh ich den Himmel, das Werk deiner Finger, Mond und Sterne, die du befestigt: [5] Was ist der Mensch, dass du an ihn denkst, des Menschen Kind, dass du dich seiner annimmst? [6] Du hast ihn nur wenig geringer gemacht als Gott, hast ihn mit Herrlichkeit und Ehre gekrönt. [7] Du hast ihn als Herrscher eingesetzt über das Werk deiner Hände, hast ihm alles zu Füßen gelegt: [8] All die Schafe, Ziegen und Rinder und auch die wilden Tiere, [9] die Vögel des Himmels und die Fische im Meer, alles, was auf den Pfaden der Meere dahinzieht. [10] Herr, unser Herrscher, wie gewaltig ist dein Name auf der ganzen Erde! *(Ps 8,2–10)*

Die unantastbare Würde wurde dem Menschen also von Gott geschenkt, sie ist **theonom** (von griech. *theos* = „Gott" und *nomos* = „Gesetz") und kann daher weder erworben noch verloren werden. Auf diesem Wert gründen die Menschenrechte, die dem Schutz der Menschenwürde und ihrer Realisierung im individuellen und gesellschaftlichen Leben dienen.

4.2 Transzendentalität

Die philosophische Anthropologie schreibt dem Menschen die Wesenseigenschaften Rationalität, Selbstreflexivität und Weltoffenheit zu. Daraus folgt die menschliche Fähigkeit, sich selbst und seine Umwelt kritisch zu reflektieren, Sinnfragen zu stellen und die Antworten darauf jenseits der sinnlich erfahrbaren

Der Mensch ist offen für das Übernatürliche – das Transzendente

Welt zu suchen (die Welt also zu transzendieren). Der evangelische Theologe Wolfhart Pannenberg (*1928) interpretiert daher die menschliche Weltoffenheit vor allem als **Gottoffenheit**. Der Mensch ist von seinem Wesen her **offen für das Metaphysische**. Diesem „**übernatürlichen Existenzial**" (Karl Rahner) des Menschen, das wir als „Religiosität" bezeichnen, entsprechen Religionen als Korrelate. Im jüdisch-christlichen Menschenbild realisiert sich die **Transzendentalität** (ein anderer Begriff für das „übernatürliche Existenzial") als Wesensmerkmal des Menschen in der **dialogischen Beziehung zu Gott:** Der Mensch ist „Hörer des Wortes", Adressat der Offenbarung, Glaubender und Betender, Zweifelnder und Suchender.

> **info**
>
> **Transzendenz** (lat. *transcendere* = „übersteigen, über das Erfahrbare hinausgehen") bezeichnet das, was jenseits der Grenzen der Wahrnehmung liegt, das Jenseitige oder Übersinnliche. Der Gegenbegriff ist die **Immanenz** (lat. *immanere* = „darinbleiben"). Unter **Transzendenzerfahrungen** verstehen wir dementsprechend Erlebnisse, die die Grenzen des Alltags überschreiten und die Frage nach einem allumfassenden Sinn aufwerfen.

Die Beziehung zu Gott hängt aber auch mit dem Verhältnis zu sich selbst und der Beziehung zu anderen Menschen aufs Engste zusammen. Im **Doppelgebot der Liebe** (vgl. Mt 22,34–40) kommt dies besonders markant zum Ausdruck: Die Beziehung des Menschen zu Gott (Gottesliebe) begründet die **Personalität** (→ Selbstliebe) und **Sozialität** (→ Nächstenliebe) als weitere Grunddimensionen des Menschen.

4.3 Personalität und Subjekthaftigkeit

Individualität und Selbstbewusstsein zeichnen den Menschen als **Person** aus; nur aufgrund seiner Personalität kann er auch **Partner Gottes** sein. **Geistbegabt** und **willensfrei** ist er Träger von Verantwortung und kann sein Dasein aktiv mitgestalten, indem er Ideale verfolgt und Visionen entwickelt. In dieser Fähigkeit zur Selbstbestimmung zeigt sich seine **Menschenwürde**, in seiner **Subjekthaftigkeit** kommen **Handlungsfreiheit** und **Erkenntnisfähigkeit** zum Ausdruck.

4.4 Sozialität

Der Mensch ist aber nicht nur **Individuum**, sondern findet erst in der Gemeinschaft und der Fürsorge um andere zu sich. Diese **Gemeinschaftsbezogenheit** des Menschen ist nach jüdisch-christlicher Vorstellung ein konstitutives Merkmal menschlicher Existenz:

> [18] Dann sprach Gott, der Herr: Es ist nicht gut, dass der Mensch allein bleibt. Ich will ihm eine Hilfe machen, die ihm entspricht. [...] [24] Darum verlässt der Mann Vater und Mutter und bindet sich an seine Frau und sie werden *ein* Fleisch. (Gen 2,18.24)

„Der Mensch wird am Du zum Ich"[37], heißt es beim jüdischen Religionsphilosophen **Martin Mordechai Buber** (1878–1965). In seinem Werk „Ich und Du" (1919) hebt er neben der Beziehung des Menschen zu Dingen (Ich-Es) und zu Mitmenschen (Ich-Du) die Beziehung zu Gott (Ich-ewiges Du) als ein unmittelbares Vertrauensverhältnis hervor, das keiner weiteren Vermittlung von außen bedarf. Laut Buber spiegelt jede geglückte Beziehung mit Menschen die Beziehung mit Gott wider.

Dies zeigt sich vor allem in der **Liebes- und Lebenspartnerschaft von Mann und Frau**, die als Keimzelle der Familie mit ihrer Fruchtbarkeit auch den Fortbestand der Menschheit sichert. Darüber hinaus braucht der Mensch die Gemeinschaft zu anderen Menschen (Freunde, Familienmitglieder) zur Entfaltung seiner Persönlichkeit. Die Gesellschaft als Ganze ist auf die Solidarität der einzelnen Mitglieder untereinander angewiesen. Die *communio* – nicht nur gläubiger Menschen – ist ein besonderer Ort der Gotteserfahrung (vgl. Mt 25,40).

---

37 Buber, Martin: Das Dialogische Prinzip, Heidelberg 1997, 8. Auflage, S. 32.

„Es ist nicht gut, dass der Mensch allein bleibt", heißt es im zweiten Schöpfungstext (Gen 2,18)

4.5 Schuldfähigkeit und Sündhaftigkeit

Es ist bemerkenswert, dass auf die beiden Schöpfungserzählungen, die die Gottebenbildlichkeit und die herausragende Bedeutung des Menschen im Schöpfungswerk in geradezu idealistischer Weise darstellen, die **Erzählung vom Sündenfall** folgt:

> [1] Die Schlange war schlauer als alle Tiere des Feldes, die Gott, der Herr, gemacht hatte. Sie sagte zu der Frau: Hat Gott wirklich gesagt: Ihr dürft von keinem Baum des Gartens essen? [2] Die Frau entgegnete der Schlange: Von den Früchten der Bäume im Garten dürfen wir essen; [3] nur von den Früchten des Baumes, der in der Mitte des Gartens steht, hat Gott gesagt: Davon dürft ihr nicht essen und daran dürft ihr nicht rühren, sonst werdet ihr sterben. [4] Darauf sagte die Schlange zur Frau: Nein, ihr werdet nicht sterben. [5] Gott weiß vielmehr: Sobald ihr davon esst, gehen euch die Augen auf; ihr werdet wie Gott und erkennt Gut und Böse. [6] Da sah die Frau, dass es köstlich wäre, von dem Baum zu essen, dass der Baum eine Augenweide war und dazu verlockte, klug zu werden. Sie nahm von seinen Früchten und aß; sie gab auch ihrem Mann, der bei ihr war, und auch er aß. [7] Da gingen beiden die Augen auf und sie erkannten, dass sie nackt waren. Sie hefteten Feigenblätter zusammen und machten sich einen Schurz. [8] Als sie Gott, den Herrn, im Garten gegen den Tagwind einherschreiten hörten, versteckten sich Adam und seine Frau vor Gott, dem Herrn, unter den Bäumen des Gartens. [9] Gott, der Herr, rief Adam zu und sprach: Wo bist du? [10] Er antwortete: Ich habe dich im Garten kommen hören; da geriet ich in Furcht, weil ich nackt bin, und versteckte mich. [11] Darauf fragte er: Wer hat dir gesagt, dass du nackt bist? Hast du von dem Baum gegessen, von dem zu essen ich dir verboten habe? [12] Adam antwortete: Die Frau, die du mir beigesellt hast, sie hat mir von dem Baum gegeben und so habe ich gegessen. [13] Gott, der Herr, sprach zu der Frau: Was hast du da getan? Die Frau antwortete: Die Schlange hat mich verführt und so habe ich gegessen. [14] Da sprach Gott, der Herr, zur Schlange: Weil du das getan hast, bist du verflucht unter allem Vieh und allen Tieren des

Feldes. Auf dem Bauch sollst du kriechen und Staub fressen alle Tage deines Lebens. ¹⁵ Feindschaft setze ich zwischen dich und die Frau, zwischen deinen Nachwuchs und ihren Nachwuchs. Er trifft dich am Kopf und du triffst ihn an der Ferse. ¹⁶ Zur Frau sprach er: Viel Mühsal bereite ich dir, sooft du schwanger wirst. Unter Schmerzen gebierst du Kinder. Du hast Verlangen nach deinem Mann; er aber wird über dich herrschen. ¹⁷ Zu Adam sprach er: Weil du auf deine Frau gehört und von dem Baum gegessen hast, von dem zu essen ich dir verboten hatte: So ist verflucht der Ackerboden deinetwegen. Unter Mühsal wirst du von ihm essen alle Tage deines Lebens. ¹⁸ Dornen und Disteln lässt er dir wachsen und die Pflanzen des Feldes musst du essen. ¹⁹ Im Schweiße deines Angesichts sollst du dein Brot essen, bis du zurückkehrst zum Ackerboden; von ihm bist du ja genommen. Denn Staub bist du, zum Staub musst du zurück. ²⁰Adam nannte seine Frau Eva (Leben), denn sie wurde die Mutter aller Lebendigen. ²¹ Gott, der Herr, machte Adam und seiner Frau Röcke aus Fellen und bekleidete sie damit. ²² Dann sprach Gott, der Herr: Seht, der Mensch ist geworden wie wir; er erkennt Gut und Böse. Dass er jetzt nicht die Hand ausstreckt, auch vom Baum des Lebens nimmt, davon isst und ewig lebt! ²³ Gott, der Herr, schickte ihn aus dem Garten von Eden weg, damit er den Ackerboden bestellte, von dem er genommen war. ²⁴ Er vertrieb den Menschen und stellte östlich des Gartens von Eden die Kerubim auf und das lodernde Flammenschwert, damit sie den Weg zum Baum des Lebens bewachten.
(Gen 3,1– 24)

Berücksichtigt man, dass es sich bei diesem Text um eine Ätiologie („Ursachenlehre", griech. *aitia* = „Ursache"; *logos* = „Lehre") handelt, d. h. um eine Geschichte, die den aktuellen Zustand der Welt durch eine Rückschau in die Vergangenheit erklären will, so wird der Zusammenhang zu den beiden vorausgehenden Kapiteln klar: **Zur Schöpfungswirklichkeit gehören auch das Böse, Leid, Mühsal und Vergänglichkeit.** Das dritte Kapitel der biblischen Urgeschichte (Gen 1–11) versucht daher zu erklären, wo die strukturellen Ursachen für die faktische Unvollkommenheit der Welt und des Menschen liegen: Wie kam es zur Entfremdung des Menschen von Gott? Wodurch entstehen Konflikte und Gewalt unter den Menschen? Wie sind Bedrohung und Zerstörung der natürlichen Lebensgrundlagen zu erklären? Als zentrale Ursache für die menschliche Unvollkommenheit wird das **Bestreben des Menschen, wie Gott sein zu wollen** (vgl. Gen 3,22) identifiziert. Dies wird beispielhaft illustriert an seinem **Ehrgeiz, Gut und Böse zu erkennen**, also allwissend zu sein, was nur Gott zukommt (vgl. Gen 2,17). Wenn der Mensch sich seiner Grenzen nicht bewusst ist, verursacht er sich und anderen Leid und Schmerz. Der Mensch hat zwar eine herausragende Stellung und Verantwortung, aber nur innerhalb der Schöpfung. Immer dann, wenn er nach mehr

Macht strebt, wenn er sich zum Herrn der Schöpfung machen will, entfernt er sich von Gott und seinen Mitmenschen und stellt sich gegen seine eigentliche Bestimmung. Der **Kulturauftrag**, zu dem er verpflichtet ist, kann jedoch nur **in Bescheidenheit und Demut im Sinne eines Dienstes** erfüllt werden. Die auf die Schöpfungstexte folgenden Erzählungen der Urgeschichte zeigen, zu welchen Grenzüberschreitungen der Mensch immer wieder verführt wird:

Adam, Eva und die Schlange

- In der **Sündenfallgeschichte** (Gen 3,1–24) will der Mensch gottähnlich werden, indem er nach unbegrenztem Wissen, Unfehlbarkeit und Unsterblichkeit strebt. Da dies nicht gelingt, schiebt er seinem Partner die Verantwortung zu.
- In der **Erzählung von Kain und Abel** (Gen 4,1–16) geht es um Geltungsbedürfnis, das Streben nach Vorrang und schließlich um Eifersucht und Minderwertigkeitsgefühle.
- Die **Geschichte vom Turmbau zu Babel** (Gen 11,1–9), mit der die Urgeschichte abschließt, bringt zum Ausdruck, dass die Abwendung des Menschen von Gott, seine Egozentrik, Orientierungslosigkeit und Maßlosigkeit, den innersten Kern seiner Sündhaftigkeit ausmachen.

Schuldfähigkeit und Sündhaftigkeit sind Strukturmerkmale menschlichen Daseins. Als **Kehrseite der Willensfreiheit** stellen sie das **Potenzial** des Menschen dar, sich seiner eigentlichen Bestimmung und dem Ruf Gottes zu entziehen. Gründe dafür können Bequemlichkeit und Egoismus sein, aber auch Angst und Zweifel lassen den Menschen immer wieder versagen. Im religiösen Kontext kann **Sünde als Grundhaltung der Entfremdung** von Gott und seiner Schöpfung verstanden werden. Als **Folge konkreter Sünden** lädt der Mensch **Schuld** auf sich. Der Mensch kann jedoch stets sein Gewissen befragen und sich so darüber klar werden, welches Verhalten schuldhaft bzw. sündig ist. Jedes Handeln gegen den reflektierten Spruch des Gewissens ist Sünde.

4.6 Freiheit

Aus der **Gottebenbildlichkeit** des Menschen resultiert seine **Freiheit** und die ihr entsprechende Fähigkeit, **Verantwortung** zu tragen:

> ¹⁴ Er hat am Anfang den Menschen erschaffen und ihn der Macht der eigenen Entscheidung überlassen. ¹⁵ [Er gab ihm seine Gebote und Vorschriften.] Wenn du willst, kannst du das Gebot halten; Gottes Willen zu tun ist Treue. *(Sir 15,14 f.)*

Der Mensch als **„der erste Freigelassene der Schöpfung"**[38] (Johann Gottfried Herder) verdankt diese Freiheit also dem Schöpferwillen Gottes. Sie ist keine menschliche Errungenschaft, sondern ein **Geschenk**, das der Mensch annehmen kann oder aber verweigern, indem er sich den Herausforderungen des Lebens entzieht. Die Tatsache, dass der Mensch immer wieder Schuld auf sich lädt und sich dadurch als Sünder erweist, belegt zudem, dass er seine Freiheit auch **missbrauchen** kann.

In der Anthropologie des Alten Testaments ist die Erfahrung politischer, gesellschaftlicher und sozialer Freiheit so bedeutsam, dass der **Exodus** aus der Fremdherrschaft in Ägypten zur **elementaren Gotteserfahrung** wird:

> ⁸ Weil der Herr euch liebt [...] hat der Herr euch mit starker Hand herausgeführt und euch aus dem Sklavenhaus freigekauft, aus der Hand des Pharao, des Königs von Ägypten. ⁹ Daran sollst du erkennen: Jahwe, dein Gott, ist der Gott; er ist der treue Gott; noch nach tausend Generationen achtet er auf den Bund und erweist denen seine Huld, die ihn lieben und auf seine Gebote achten. *(Dtn 7,8 f.)*

Jahwe hat sein Volk nicht nur buchstäblich aus der Versklavung befreit, sondern es durch seine Weisungen auch noch **zur wahren Freiheit geführt** (vgl. Ex 20,1–17): der **Freiheit zur Liebe** – denn die beiden Gesetzestafeln enthalten im Kern nichts anderes als die Gebote der Gottes- und Nächstenliebe. Das Recht auf äußere Freiheit, wie es sich in den Grund- und Menschenrechten ausdrückt, kann nur erfüllt werden, wenn sich der Mensch auf der Grundlage seiner Handlungs- und Willensfreiheit an den Werten orientiert, die dem Hauptgebot der Gottes-, Selbst- und Nächstenliebe entsprechen. Es

---

38 Aus: Johann Gottfried Herder (1744–1803): Ideen zur Philosophie der Geschichte der Menschheit (1784–91), Erster Teil, 4. Buch, 4. Kap.

geht also darum, **aus innerer Motivation und Überzeugung** heraus das Gute zu tun; eine rein äußerliche Erfüllung von Gesetzen ist zu wenig:

> [13] Ihr seid zur Freiheit berufen, Brüder. Nur nehmt die Freiheit nicht zum Vorwand für das Fleisch, sondern dient einander in Liebe! [14] Denn das ganze Gesetz ist in dem einen Wort zusammengefasst: *Du sollst deinen Nächsten lieben wie dich selbst!* (Gal 5,13 f.)

So wird die **Liebe zur Voraussetzung, zum Maßstab und zum Horizont der Freiheit:** „Dilige et quod vis fac"[39] (Augustinus, lat. „Liebe und tu, was du willst"). Dabei ist Gott selbst den Menschen ein Vorbild: Ohne Anspruch und ohne Erwartung auf Gegenleistung wendet er sich dem Menschen zu – **befreiend, liebend und vergebend**. Daraus ergibt sich ein Anspruch des Vertrauens an die Menschen. Der Indikativ der Heilserfahrung geht dem Imperativ der Liebe voraus. Nicht Gesetz oder Vorschrift, nicht Belohnung oder Strafe leiten den Menschen an, sondern seine freiwillige Antwort auf die vorausgehende Hinwendung JHWHs an die Menschen. **Im menschgewordenen Gottessohn Jesus Christus begegnet uns das Idealbild eines Menschen, der den Weg der Liebe konsequent geht.** Wer ihm nachfolgt und im Geist Gottes lebt, wird frei vom Korsett der Ansprüche des Gesetzes, denen der Mensch letztlich niemals voll genügen kann:

> [1] Jetzt gibt es keine Verurteilung mehr für die, welche in Christus Jesus sind. [2] Denn das Gesetz des Geistes und des Lebens in Christus Jesus hat dich frei gemacht vom Gesetz der Sünde und des Todes. [...] [14] Denn alle, die sich vom Geist Gottes leiten lassen, sind Söhne Gottes. [15] Denn ihr habt nicht einen Geist empfangen, der euch zu Sklaven macht, so dass ihr euch immer noch fürchten müsstet, sondern ihr habt den Geist empfangen, der euch zu Söhnen macht, den Geist, in dem wir rufen: Abba, Vater! [16] So bezeugt der Geist selber unserem Geist, dass wir Kinder Gottes sind. [17] Sind wir aber Kinder, dann auch Erben; wir sind Erben Gottes und sind Miterben Christi, wenn wir mit ihm leiden, um mit ihm auch verherrlicht zu werden. *(Röm 8,1– 2.14 –17)*

Besonders **Paulus** hebt die Freiheit des Menschen hervor und setzt damit einen neuen Akzent in der Anthropologie: Während noch im Alten Testament die **Erfüllung des Gesetzes** der unabdingbare Weg zum Heil war, werden für die Menschen in der Nachfolge Christi **Glaube und Gnade Gottes** zu den entscheidenden **Voraussetzungen der Freiheit:**

---

39 Aus: Augustinus (354 – 430): In epistolam Ioannis ad Parthos, tract. VII,8.

> Der Herr aber ist der Geist, und wo der Geist des Herrn wirkt, da ist Freiheit. *(2 Kor 3,17)*

Es ist die Gnade der **Auferstehung**, die den Menschen geschenkt ist, die Christus nachfolgen. Als Gläubige werden sie **frei von der Macht der Sünde**, weil sie durch ihren Glauben wirklich lieben können. Angesichts der Schwäche und Verführbarkeit des Menschen wird die stete Gewissenserforschung und Umkehr zur Lebensaufgabe des Einzelnen und die Aufhebung der Unvollkommenheit zur **Hoffnungsperspektive** der ganzen Schöpfung:

> [19] Denn die ganze Schöpfung wartet sehnsüchtig auf das Offenbarwerden der Söhne Gottes. [20] Die Schöpfung ist der Vergänglichkeit unterworfen, nicht aus eigenem Willen, sondern durch den, der sie unterworfen hat; aber zugleich gab er ihr Hoffnung: [21] Auch die Schöpfung soll von der Sklaverei und Verlorenheit befreit werden zur Freiheit und Herrlichkeit der Kinder Gottes *(Röm 8,19 ff.)*.

Die Kirche hebt im Zweiten Vatikanischen Konzil (1962–1965) in ihrer programmatischen Konstitution **„Gaudium et spes"** (Nr. 17) in fast hymnischer Form die hohe Bedeutung der Freiheit als Wesensbestimmung des Menschen hervor:

> Aber nur frei kann der Mensch sich zum Guten hinwenden. Und diese Freiheit schätzen unsere Zeitgenossen hoch und erstreben sie leidenschaftlich. Mit Recht. Oft jedoch vertreten sie sie in verkehrter Weise, als Berechtigung, alles zu tun, wenn es nur gefällt, auch das Böse. Die wahre Freiheit aber ist ein erhabenes Kennzeichen des Bildes Gottes im Menschen: Gott wollte nämlich den Menschen „in der Hand seines Entschlusses lassen" [vgl. Mt 5,45 ff.], so daß er seinen Schöpfer aus eigenem Entscheid suche und frei zur vollen und seligen Vollendung in Einheit mit Gott gelange. Die Würde des Menschen verlangt daher, daß er in bewußter und freier Wahl handle, das heißt personal, von innen her bewegt und geführt und nicht unter blindem innerem Drang oder unter bloßem äußerem Zwang. Eine solche Würde erwirbt der Mensch, wenn er sich aus aller Knechtschaft der Leidenschaften befreit und sein Ziel in freier Wahl des Guten verfolgt sowie sich die geeigneten Hilfsmittel wirksam und in angestrengtem Bemühen verschafft. Die Freiheit des Menschen, die durch die Sünde verwundet ist, kann nur mit Hilfe der Gnade Gottes die Hinordnung auf Gott zur vollen Wirksamkeit bringen. Jeder aber muß vor dem Richterstuhl Gottes Rechenschaft geben von seinem eigenen Leben, so wie er selber Gutes oder Böses getan hat [...].[40]

---

40 Quelle: http://www.vatican.va/archive/hist_councils/ii_vatican_council/documents

4.7 Erlösungs- und Vollendungsbedürftigkeit

Sündhaftigkeit und **Endlichkeit** bedingen die Erlösungs- und Vollendungsbedürftigkeit des Menschen. Zudem eröffnet seine **Gottebenbildlichkeit** die Perspektive der **Hoffnung auf Sinnerfüllung und Ewigkeit**. Wenn der Mensch als Geschöpf Gottes angesehen wird, kann das Ziel seines Lebens nur in der Gemeinschaft mit seinem Schöpfer liegen. Trotz aller Kontingenz und Schuldhaftigkeit hofft der Mensch daher darauf, als Person vollendet zu werden und die Grenzen irdischer Unzulänglichkeit zu sprengen; mit den Worten des Heiligen Augustinus: „**Unruhig ist unser Herz, bis es ruht in dir**" (Augustinus, Confessiones I,1). Im christlichen Glauben ist der Mensch dazu aufgerufen, auf diese Hoffnung hin sein Leben zu gestalten, seine Grenzen anzunehmen und dadurch zu überwinden. Dies kann nur gelingen in der **Nachfolge Christi**, der als menschgewordener Gottessohn mit seiner Auferstehung den Tod besiegt hat. Indem Christus den Tod überwindet und neue Lebensperspektiven für Mensch und Welt eröffnet, wird die Auferstehung zur **neuen Schöpfung**, Christus zum **wahren Adam** als vollendetem Urbild des neuen Menschen und der Mensch im Vertrauen auf Gott zum **Träger der Hoffnung:**

> [12] Wenn aber verkündigt wird, dass Christus von den Toten auferweckt worden ist, wie können dann einige von euch sagen: Eine Auferstehung der Toten gibt es nicht? [13] Wenn es keine Auferstehung der Toten gibt, ist auch Christus nicht auferweckt worden. [14] Ist aber Christus nicht auferweckt worden, dann ist unsere Verkündigung leer und euer Glaube sinnlos. [15] Wir werden dann auch als falsche Zeugen Gottes entlarvt, weil wir im Widerspruch zu Gott das Zeugnis abgelegt haben: Er hat Christus auferweckt. Er hat ihn eben nicht auferweckt, wenn Tote nicht auferweckt werden. [16] Denn wenn Tote nicht auferweckt werden, ist auch Christus nicht auferweckt worden. [17] Wenn aber Christus nicht auferweckt worden ist, dann ist euer Glaube nutzlos und ihr seid immer noch in euren Sünden; [18] und auch die in Christus Entschlafenen sind dann verloren. [19] Wenn wir unsere Hoffnung nur in diesem Leben auf Christus gesetzt haben, sind wir erbärmlicher daran als alle anderen Menschen. [20] Nun aber *ist* Christus von den Toten auferweckt worden als der Erste der Entschlafenen. [21] Da nämlich durch *einen* Menschen der Tod gekommen ist, kommt durch *einen* Menschen auch die Auferstehung der Toten. [22] Denn wie in Adam alle sterben, so werden in Christus alle lebendig gemacht werden. (1 Kor 15,12 – 22)

Schon im Alten Testament war die Erfahrung des Heils Grundlage für den Imperativ der Liebe, wie er sich in den Geboten des Dekalogs entfaltet. Im Neuen Testament steht die große **Zielperspektive des Reiches Gottes** in enger Verbindung mit dem **Aufruf zur Umkehr auf den Weg in die Nachfolge Christi:**

> Die Zeit ist erfüllt, das Reich Gottes ist nahe. Kehrt um, und glaubt an das Evangelium! (Mk 1,15)

Die neue Lebens- und Zukunftsperspektive des Reiches Gottes wird mit dem Wirken Jesu bereits sichtbar: Seine Zuwendung zu Menschen in Krankheit und Not, zu Außenseitern der Gesellschaft, zu Sündern und Unreinen setzt auch den Maßstab für das Verhalten derer, die in seiner Nachfolge stehen. **Die Orientierung am Leben und Handeln Jesu führt den Menschen zur ursprünglichen Schöpfungsordnung zurück.** In der Sphäre der Gotteserfahrung erkennt der Mensch seine wahre Berufung und wird damit auch seiner Bestimmung zum Ebenbild Gottes gerecht:

> [28] Ein Schriftgelehrter hatte ihrem Streit zugehört; und da er bemerkt hatte, wie treffend Jesus ihnen antwortete, ging er zu ihm hin und fragte ihn: Welches Gebot ist das erste von allen? [29] Jesus antwortete: Das erste ist: *Höre, Israel, der Herr, unser Gott, ist der einzige Herr.* [30] *Darum sollst du den Herrn, deinen Gott, lieben mit ganzem Herzen und ganzer Seele,* mit all deinen Gedanken *und all deiner Kraft.* [31] Als zweites kommt hinzu: *Du sollst deinen Nächsten lieben wie dich selbst.* Kein anderes Gebot ist größer als diese beiden. (Mk 12,28–31)

Die Erfüllung des **Dreifachgebots der Gottes-**, **Selbst- und Nächstenliebe** geschieht immer dann, wenn man sich barmherzig anderen Menschen zuwendet, Solidarität übt und verzeiht. Erlösung und Vollendung des Menschen ereignen sich also bereits in dieser Welt immer dann, wenn er in gläubigem Vertrauen den Weg der Liebe geht und damit als Mensch neu geschaffen wird. Der Weg der Liebe aber besteht in der Nachfolge Christi, sodass der menschgewordene Gottessohn schon auf Erden Heil und Erlösung schenkt:

> [1] Ihr wart tot infolge eurer Verfehlungen und Sünden. [2] Ihr wart einst darin gefangen, wie es der Art dieser Welt entspricht, unter der Herrschaft jenes Geistes, der im Bereich der Lüfte regiert und jetzt noch in den Ungehorsamen wirksam ist. […] [4/5] Gott aber, der voll Erbarmen ist, hat uns, die wir infolge unserer Sünden tot waren, in seiner großen Liebe, mit der er uns geliebt hat, zusammen mit Christus wieder lebendig gemacht. Aus Gnade seid ihr gerettet. [6] Er hat uns mit Christus Jesus auferweckt und uns zusammen mit ihm einen Platz im Himmel gegeben. [7] Dadurch, dass er in Christus Jesus gütig an uns

handelte, wollte er den kommenden Zeiten den überfließenden Reichtum seiner Gnade zeigen. ⁸Denn aus Gnade seid ihr durch den Glauben gerettet, nicht aus eigener Kraft – Gott hat es geschenkt –, ⁹nicht aufgrund eurer Werke, damit keiner sich rühmen kann. ¹⁰Seine Geschöpfe sind wir, in Christus Jesus dazu geschaffen, in unserem Leben die guten Werke zu tun, die Gott für uns im Voraus bereitet hat. *(Eph 2,1– 2.4 –10)*

Die christliche Anthropologie ist ohne Theologie nicht denkbar und umgekehrt: Die **Liebe Gottes zum Menschen als unverdientes Geschenk** ist die Grundlage der Entdeckung seiner wahren Bestimmung. Erst so findet der Mensch seinen Lebenssinn, der darin besteht, seinerseits ebenfalls den Weg der Liebe zu gehen und sich dabei selbst nicht zu vergessen:

> Für jetzt bleiben Glaube, Hoffnung, Liebe, diese drei; doch am größten unter ihnen ist die Liebe. *(1 Kor 13,13)*

5 Identitätsentwicklung und Sinnfindung als Lebensaufgaben

Für den Einzelnen ist die Lebensaufgabe der Sinnfindung aufs Engste mit der Entwicklung seiner Identität verknüpft. Nur wenn ihm Letzteres gelingt, kann er im Leben festen Halt finden. Identitätsentwicklung und Sinnfindung können jedoch sehr herausfordernd sein: Es gibt Brüche, Grenzerfahrungen, Rückschläge, Unsicherheiten und Zweifel. All diese Aspekte sind konstitutiv für die lebenslange Aufgabe, an der eigenen Biografie zu schreiben.

> **In diesem Kapitel lernen Sie …**
>
> - die eigene Identitätsentwicklung als Lebensaufgabe zu verstehen,
> - Anregungen zur persönlichen Sinnfindung aufzugreifen.

Identitätsentwicklung

Die **persönliche Reifung eines Menschen** ist eng verbunden mit der **Entwicklung seiner Identität**. Identität bedeutet, sich selbst ganz bewusst als einzigartiges und eigenständiges **Individuum** wahrzunehmen. Sie unterliegt im Laufe eines Lebens einem vielschichtigen Veränderungsprozess, z. B. im kognitiven, moralischen, psychischen, sexuellen und sozialen Bereich. In der Entwicklungspsychologie wird die Identitätsbildung als vorherrschende Bildungs- und Entwicklungsaufgabe im Jugendalter beschrieben, da sich in dieser Zeit im Kontext tief greifender Identitätskrisen eine neue **Ich-Identität** aufbaut. Das Ziel des Menschen ist dabei die **Balance zwischen der Erfüllung eigener Bedürfnisse und den Erwartungen der sozialen Umwelt**.

Menschen spielen insbesondere in sozialen Situationen bestimmte Rollen, die mit der eigenen Identität verknüpft sind. Demgegenüber steht die an die Person gebundene Identität. Aus dem **Ausgleich von Rollen-Identität und personaler Identität** ergibt sich die Ich-Identität, deren Entwicklung ein Leben lang dauert. Besonders existenzielle Grunderfahrungen, Krisensituationen und Weggabelungen in der eigenen Lebensgeschichte stellen wichtige biografische Einschnitte dar, die Einfluss auf die Identitätsentwicklung haben.

Die gesellschaftlichen Rahmenbedingungen sind besonders für die Identitätsentwicklung junger Menschen mit sehr anspruchsvollen Herausforderungen verbunden: Folgende „Mega-Trends" begünstigen anstatt einer gesunden Ich-Identität eher die Herausbildung einer **Patchwork-Identität**, die durch Unstetigkeit und starke Wandelbarkeit gekennzeichnet ist und dem Einzelnen daher im Leben keinen Halt geben kann:
- Beschleunigung, Globalisierung und Mobilität,
- Individualisierung und Pluralisierung,
- Die Leistungs- und Informationsgesellschaft,
- Materialismus und Konformismus,
- Rollendiffusion (d. h. Menschen spielen viele unterschiedliche, sich teilweise widersprechende Rollen, z. B. in Schule, Beruf, Freizeit und Familie).

Vor diesem Hintergrund können vom **christlichen Menschenbild** positive Impulse ausgehen, die eine tragfähige Grundlage für die Entwicklung eines gesunden Selbstbewusstseins bilden und die Bereitschaft fördern können, Verantwortung für sich, andere und die Schöpfung insgesamt zu übernehmen:
- unbedingte **Würde** des Menschen als Folge seiner Gottebenbildlichkeit,
- Annahme als Kind Gottes in der **Geborgenheit** des Glaubens und der Gemeinschaft der Kirche,
- Umkehr und Nachfolge Christi als Leitbild für ein Leben in **Gottes-, Selbst- und Nächstenliebe**,
- **Lebensvertrauen** aus der Hoffnung in die Kraft der Auferstehung.

Sinnfindung

Reflexivität und Weltoffenheit des Menschen bringen die **Frage nach dem Sinn des Lebens** mit sich, die zunächst sehr abstrakt und theoretisch erscheinen mag, deren Beantwortung in Wirklichkeit aber die **Grundlage der**

Lebensgestaltung eines jeden Individuums darstellt. Das deutsche Wort „Sinn" lässt sich etymologisch auf das lateinische Verbum *sentire* zurückführen; es bedeutet ursprünglich „einer Richtung nachgehen" und davon abgeleitet „fühlen, merken, wahrnehmen". Im Germanischen entwickelte sich daraus ein Substantiv mit der Bedeutung „Reise, Weg, Richtung". Damit ist Sinn immer verknüpft mit der Absicht und dem Ziel einer Handlung, ja des Lebens an sich. Erst von dieser übergeordneten Zielsetzung her kann ein Mensch seine Identität entwickeln und Lebensglück finden.

Im **„Zeitalter eines um sich greifenden Sinnlosigkeitsgefühls"**[41] (Viktor Emil Frankl) bzw. **„transzendentaler Obdachlosigkeit"**[42] (Georg Lukács [1885–1971], ungarischer Philosoph und Literaturwissenschaftler) stellt dies eine große Herausforderung dar. Es gibt zwar eine **unüberblickbare Fülle von Sinnangeboten**, jedoch fehlen oft Maßstäbe für ihre Bewertung. Zudem sind irdische Sinnangebote relativ und vergänglich; nicht selten sind sie (z. B. bei der Werbung) auch von gewissen Interessen (z. B. dem Profit) bestimmt, die dem Menschen **trügerische Perspektiven** aufzeigen. Sie können daher keine echte Lebensorientierung anbieten – vor allem Lebenskrisen halten sie nicht stand, sodass beim Betroffenen ein **existenzielles Vakuum** entsteht, das ihn im schlimmsten Fall in den Suizid treiben kann.

Der Mensch ist beides: Gemeinschaftswesen und Einzelwesen mit individueller Identitätsentwicklung

---

41 Frankl, Viktor Emil: Der leidende Mensch. Anthropologische Grundlagen der Psychotherapie, Bern 1975, S. 16.
42 Lukács, Georg: Die Theorie des Romans. Ein geschichtsphilosophischer Versuch über die Formen der großen Epik, Darmstadt 1982, S. 47.

Der christliche Glaube kann dagegen wertvolle Impulse liefern für die Entwicklung individueller Sinnkonzepte, die gerade in schwierigen Situationen weiterhelfen. So lebt der gläubige Mensch vor allem in Beziehung zu seinem Schöpfergott und daher in der Gewissheit unbedingter Annahme und Geborgenheit, die ihm auch und gerade dann nicht verloren geht, wenn irdische Sinnentwürfe gescheitert sind. **Die Auferstehungshoffnung** als Legitimation des Glaubens an einen universalen Sinn **überwindet die Relativität irdischer, vergänglicher Sinnperspektiven** (z. B. Materialismus, Freizeitkultur, Sportfanatismus). Um diese sinnstiftende Beziehung zu Gott nicht zu verlieren, muss jedoch auch der gläubige Mensch sich immer wieder um neue Anregungen zur Sinnfindung bemühen und z. B. sein Glaubensleben pflegen und vital erhalten – wie bei einer Freundschaft oder Partnerschaft.

Entsprechend der Mehrdimensionalität des Menschen kann er sich die Sinnbotschaften des Glaubens auf verschiedene Weise erschließen:

- **Erfahrungen der Nähe Gottes** in existenziellen Situationen und deren christlicher Deutung (z. B. durch die Sakramente),
- **persönliche Beschäftigung** mit biblischen Texten, spirituellen Impulsen oder theologischen Anregungen,
- **Wahrnehmung religiöser (Bildungs-)Angebote** zur Auseinandersetzung mit Glaubensinhalten,
- **Erfahrung der Gemeinschaft** gleichgesinnter Mitchristen (z. B. in der Jugendarbeit, Verbänden oder Kirchengemeinden).

Aufgaben

M 1: Michael Utsch, Wenn die Seele Sinn sucht

In einer Zeit unendlicher Möglichkeiten – Soziologen sprechen von der „Multioptionsgesellschaft" – wächst die Orientierungslosigkeit. Die Datenflut der rasend
5 schnell gewordenen Informationstechnologien überfordert und hinterlässt Ratlosigkeit. Die beängstigenden Möglichkeiten technischen Fortschritts entlarven wohl die meisten Europäer als
10 ethisch-moralische Analphabeten. Früher haltgebende Glaubensgewissheiten der Religion sind durch die um sich greifende Säkularisierung verloren gegangen. Auch das Vertrauen in die Wissenschaf-
15 ten schrumpft. Schon lange glaubt ein Großteil der Bevölkerung nicht mehr an die Segnungen des technischen Fortschritts, sondern fürchtet eher den Fluch der technischen Tat, wobei als besonders
20 bedrohlich heute vor allem die Kernenergie und die Gentechnik gelten.

Die klassischen Welterklärungen wie die kirchliche und die wissenschaftlichen können unsere heutige Wirklich-
25 keit nicht mehr angemessen abbilden. [...]

Heute wird immer deutlicher, dass Wissen zwar einen kleinen Teil unserer Welt erklären kann, wesentliche Fragen
30 aber auslassen muss. Nur ein Glaube und eine ihm zugrunde liegende Weltanschauung kann die „Weltangst" überwinden. [...]

Unser enorm angewachsenes Wissen
35 hat uns manche Annehmlichkeit und verbesserte Lebensqualität beschert, nur eines nicht: das Geheimnis eines zufriedenen, erfüllenden und sinnvollen Lebens. Jedes Menschenleben wird mit dem
40 Schicksalhaften menschlicher Existenz konfrontiert – mit Schuld, großem Leiden und unserer Endlichkeit: dem unausweichlichen Tod. Die Frage nach dem Sinn unseres Daseins benötigt keine wis-
45 senschaftlichen Informationen, sondern verlangt eine weltanschauliche Orientierung.

An diesem Schnittpunkt kann die Seelsorge ihre Stärke einbringen. Sie
50 kann dem um sich selbst kreisenden Menschen anbieten, seine Probleme von einer höheren Warte aus zu betrachten und sich dadurch Orientierung zu verschaffen. Die Perspektiven Gottes wer-
55 fen ein neues Licht auf die Probleme. Seelsorge eröffnet die Möglichkeit, „mit seinem Nächsten vor den lebendigen Christus zu treten" (Theodor Bovet). Diese Begegnung tut unendlich gut, weil
60 in der Nähe zum Schöpfer von dem eigenen Ego abgesehen werden kann. Hier kann der Ratsuchende sich als Kind Gottes (wieder-) finden und annehmen. [...]

Welche Antworten kann die Psycho-
65 logie auf existenzielle Fragen geben?

Wird die Existenz einer übermenschlichen Wirklichkeit („Jenseits") abgelehnt, erübrigt sich die Frage. Gibt es diese Wirklichkeit doch, verlangt der
70 menschliche Geist nach einer Weltanschauung, die sein Verhältnis zu dieser anderen Realität erklärt und bestimmt. Nicht aber die Psychologie, sondern philosophische Entwürfe und
75 Religionen liefern Weltanschauungen, die dem einzelnen Sicherheit in einem imaginären Ganzen bieten. [...] Die Weisheit der Religiosität, die der

Seelsorger oder die Seelsorgerin zur Geltung bringt, kann dann auf den Plan treten, wenn das Wissen der Psychologie an ihre Grenzen stößt. Entgegen dem Machbarkeitswahn in der Psychoszene thematisiert Religion die Erfahrung, dass Lebensmöglichkeiten verweigert und versagt werden: Ich verfüge nicht über mein Leben, ich kann nicht alles, ich bin auf Erden und nicht im Himmel.

Die religiöse Grunderfahrung vermittelt, dass jeder Mensch mehr ist, als in seinen eigenen, überschaubaren Möglichkeiten beschlossen liegt. Überraschend und ungeplant kann die eigene Lebensperspektive immer wieder erweitert und neu erschlossen werden. Solch erfülltes Leben ist nicht selbstverständlich. Die Weisheit der Religiosität ist das Wissen, dass unentfremdetes und sinnvolles Leben nicht herstellbar und nicht käuflich ist, aber sehr wohl erfahrbar – überall, auch in der Therapie, aber nie nur bei einer Therapieschule oder einem Therapieangebot. Glück und Sinn fallen zu. Die religiöse Sprache sagt hierzu nicht Zufall, sondern redet von Gnade oder Segen.

Aus: Michael Utsch (Hg.): Wenn die Seele Sinn sucht. Herausforderung für Psychotherapie und Seelsorge. Neukirchner Verlagshaus 2000, S. 86–102.

12 *In einer Zeit unendlicher Möglichkeiten – Soziologen sprechen von der „Multioptionsgesellschaft" – wächst die Orientierungslosigkeit. (Z. 1–4)*

12.1 Zeigen Sie auf der Grundlage des vorliegenden Textes die gesellschaftlichen und geistigen Entwicklungen auf, die sich unter der Zeitdiagnose „Orientierungslosigkeit" zusammenfassen lassen.

12.2 Vergleichen Sie, unter Rückbezug auf die Einschätzung des Autors, die Möglichkeiten und Grenzen von Psychologie und Seelsorge.

13 *Nur ein Glaube und eine ihm zugrunde liegende Weltanschauung kann die „Weltangst" überwinden. (Z. 30–33)*

13.1 Überprüfen Sie, inwieweit sich aus dem christlich-jüdischen Menschenbild Impulse zur Überwindung der „Weltangst" ergeben.

13.2 Setzen Sie sich mit der These des Zitats auseinander und beziehen Sie dabei einen biblischen Schlüsseltext aus dem Alten oder Neuen Testament mit ein.

14 *Die religiöse Grunderfahrung vermittelt, dass jeder Mensch mehr ist, als in seinen eigenen, überschaubaren Möglichkeiten beschlossen liegt. (Z. 89–92)*

14.1 Beschreiben Sie drei zentrale Merkmale des christlichen Menschenbildes und stellen Sie jeweils einen Bezug zu biblischen Gotteserfahrungen her.

14.2 Vergleichen Sie das christliche Menschenbild mit einem philosophischen oder psychologischen anthropologischen Entwurf, in dem es ebenfalls darum geht, dass der Mensch die Grenzen seiner scheinbaren Möglichkeiten überschreitet.

Lösungen

Zwischen Vielfalt und Entscheidung: Religion in der offenen Gesellschaft

1.1 **Hinweise auf die Religiosität als Wesensmerkmal des Menschen:**
- Archäologische und evolutionsbiologische Befunde zeigen ein nachhaltiges Streben des Menschen nach Kontingenzbewältigung, z. B. durch Bestattungsriten.
- Der Mensch hat das Bedürfnis nach Lebensorientierung und Wirklichkeitsdeutung. Er sehnt sich nach dem Absoluten und Transzendenten, das die Vergänglichkeit des irdischen Daseins übersteigt.
- Religiöse Haltungen haben bemerkenswerte Konsequenzen für das Handeln des Menschen im sozialen Miteinander (erhöhte Verantwortungsbereitschaft, Empathie, Solidarität).
- Es gibt eine unterschiedliche Verteilung religiösen Begabungspotenzials in Analogie zu Kognition und musikalischer Begabung.
- Die Stabilität von Beziehungen hängt ab von der Reproduktionsbereitschaft von der Intensität religiöser Haltungen.

Religiosität bringt den Menschen an die Grenzen seiner Sprachfähigkeit: Der Grund dafür ist, dass sich das Unendliche, Absolute der begrenzten Ausdrucksfähigkeit des Menschen entzieht. Zudem lassen die hohe emotionale Beteiligung und die Individualität religiösen Empfindens keine klar bestimmbaren Aussagen – geschweige denn ihre Überprüfung auf Richtigkeit – zu. Dennoch will sich der Mensch über religiöse Dinge austauschen. Dazu ist die analoge und bildhafte Sprache noch am ehesten geeignet. Der Sprecher muss sich aber stets dessen bewusst sein, dass religiöses Sprechen immer im Bereich der Andeutung, des Relativen bleiben muss.

1.2 **Beispiel für eine Grenzsituation des Lebens und ihre Deutung durch den christlichen Glauben:** Der Tod eines geliebten Menschen ist eine der massivsten existenziellen Grunderfahrungen. Es erhebt sich die Frage nach dem Sinn des Todes und nach einer überirdischen Perspektive („Wohin gehen wir?", „Was darf ich hoffen?"). Immanente Lösungsversuche können keine letztlich befriedigenden Antworten geben. Das Christentum bietet eine Hoffnungsperspektive an:

- Jesus Christus blieb nicht im Tod, sondern hat ihn mit seiner Auferstehung überwunden.
- Im Glauben an den menschgewordenen Gottessohn eröffnet sich auch für den Christen die Hoffnungsperspektive auf Auferweckung.
- Weltdeutung, Sinnfindung und Lebensgestaltung erhalten durch diese Osterbotschaft eine ganz eigene Prägung. Der Tod ist nicht das Ende, sondern der Beginn eines neuen, eigentlichen Lebens.
- Dies kann der Christ zwar nicht „wissen", doch im Glauben kann er sich dieser Hoffnungsperspektive gewiss sein, sodass sie ihm zum Trost und zur Lebenshilfe wird.
- Die Auferstehung Jesu wurde zum Ausgangspunkt von Gemeinschaft. Den Jüngern Jesu erschien Leben und Wirken Jesu von Nazareth in einem neuen Licht: Aus einer jüdischen Sekte konnte sich eine Weltreligion entwickeln. Dieser Gemeinschaftscharakter ist besonders bei der christlichen Feier von Tod und Auferstehung (Ostern) spürbar. Der Mensch ist auch in der Situation von Abschied und Tod nicht allein, sondern eingebunden in die Gemeinschaft der Glaubenden und Hoffenden.

2.1 Kennzeichen der religiösen Situation in Deutschland:

- Evangelische Landeskirchen, römisch-katholische Kirche und die Gruppe „Konfessionslos/keine Zuordnung" verteilen sich etwa auf je ein Drittel.
- Christliche Religionsgemeinschaften außerhalb der Volkskirchen einschließlich der orthodoxen/unierten Kirchen machen knapp 2 % aus.
- Die zweitgrößte Glaubensgemeinschaft in Deutschland ist der Islam (fast 5 % der Bevölkerung, ca. 4 Mio. Muslime). Es gibt zahlreiche innerislamische Richtungen sowie muslimische Organisationen und Vereine.
- Neue Religionen und esoterische Gruppen als Sammelbegriff für Gruppierungen alternativer Spiritualität stellen ca. 1 % der Religionsgemeinschaften dar; das sind ca. 1 Mio. Menschen.
- Gut zwei Drittel der deutschen Bevölkerung ist religiös oder tiefreligiös, unter den Kirchenmitgliedern sogar 80 %.
- Für rund zwei Drittel der Konfessionslosen spielen religiöse Inhalte, Praktiken und Formen überhaupt keine Rolle.

- Die Kombination von Elementen verschiedener Religionen („Patchwork-Religiosität") ist für jeden fünften Deutschen selbstverständlich.
- Tiefreligiöse Menschen engagieren sich überdurchschnittlich stark ehrenamtlich.

Entwicklungstrends seit den 1960er-Jahren:
- Schwund und Bedeutungsverlust der Volkskirchen,
- zunehmende Kritik am gesellschaftlichen Einfluss der christlichen Kirchen,
- quantitativer Zugewinn des Islam als der zweitstärksten Glaubensgemeinschaft in Deutschland,
- Säkularisierung vielfältiger Lebensbereiche und Entflechtung von Staat und Kirche,
- wachsende Heterogenität im religiösen Bereich,
- zunehmende Patchwork-Religiosität („Religionskomponisten"),
- Privatisierung religiöser Haltungen und Handlungen,
- Zunahme religiöser Indifferenz,
- Intensivierung ökumenischer und interreligiöser Bestrebungen.

2.2 Mit der These von der Tradierungskrise des Glaubens wird versucht, den massiven Rückgang kirchlicher Religiosität seit etwa Mitte des vergangenen Jahrhunderts zu interpretieren. Vertreter dieser Theorie beobachten eine Abnahme des Glaubens an traditionelle Dogmen (wie z. B. die Auferstehung), eine Abnahme religiöser Praxis (z. B. Gottesdienstbesuch, Sakramentenempfang) und zugleich eine religionslose oder gar atheistische Lebensform als Normalfall. Daraus schlussfolgern sie die Existenz einer umfassenden Glaubens- und Gotteskrise. Dies ist jedoch nicht zutreffend:

- Richtig ist, dass seit den 1960er-Jahren ein kontinuierlicher Rückgang kirchlicher Religiosität festgestellt werden kann, der sich in sinkender Affinität zu vorgegebenen Glaubensinhalten und herkömmlichen Formen volkskirchlicher Religiosität zeigt; Glaube und die Suche nach der Transzendenz spielen sich jedoch nicht nur im institutionellen Rahmen ab.
- Die These setzt außerdem voraus, dass es einen unwandelbaren und objektiv wahren Bestand an Glaubensinhalten gebe, der nicht verändert werden darf, um den Glauben nicht zu gefährden. Die Dogmen- und Kirchengeschichte zeigt jedoch: Glaube ist kein Staffelstab, der unverändert weitergereicht wird. Der Glaube ist, auch in seiner institutionalisierten Form, dynamisch, heterogen und zeitgebunden.

- Eine quantitativ rückläufige Entwicklung kann auch mit der Zunahme einer qualitativ bewussteren, reiferen und reflektierteren Religiosität der verbliebenen Gläubigen einhergehen.
- Einschlägige Ergebnisse des Religionsmonitors zu den Altersgruppen von 18 bis 60+ ergeben nicht unbedingt eine pauschal abnehmende religiöse Haltung und Praxis:
  - In der Altersgruppe der 18- bis 49-Jährigen besteht ein gleichbleibend geringes Interesse an religiösen Fragen.
  - Der Glaube an Gott bzw. ein Weiterleben nach dem Tod ist unter den 18- bis 29-Jährigen so hoch wie in keiner anderen Altersgruppe; sogar bei den Menschen im Alter von 60 Jahren und mehr besteht weniger Zustimmung zu diesen Glaubensaussagen.
  - Von den 18- bis 29-Jährigen geben sogar etwas mehr eine regelmäßige Teilnahme an Gottesdiensten und Ritualen an als in der Generation ihrer Eltern.
  - Der Glaube an einen persönlichen Gott ist in der Altersgruppe der 18- bis 59-Jährigen gleich intensiv gegeben.
  - Die Bedeutung des Auferstehungsglaubens für die Sinnhaftigkeit des Lebens wird von Menschen im Alter von 18 bis 29, 30 bis 39, 40 bis 49 sowie 60 Jahren und mehr für etwa gleich wichtig genommen; lediglich die 50- bis 59-Jährigen zeigen eine geringere Zustimmung.

Die These von der Tradierungskrise erscheint angesichts dieser empirischen Befunde zu undifferenziert. Man sollte daher die offensichtlichen Veränderungen religiöser Haltungen und Praktiken möglichst analytisch beschreiben, anstatt sie mit einer prinzipiell pessimistischen („Tradierungskrise") oder naiv-optimistischen („Renaissance der Religion") Wertung zu versehen.

3.1 Nach Joseph Ratzinger (Papst emeritus Benedikt XVI.) ist der Mensch Ausgangspunkt jeder religiösen Orientierung. Seine Individualität und vor allem seine Personalität entsprechen der Einmaligkeit jeder Glaubensentscheidung. Glaube ist die Beziehung eines ganz individuellen Menschen zur Transzendenz. Daraus ergeben sich folgende Kriterien für religiöse Orientierung:

- Religiosität ist aufs Engste mit Freiheit und Selbstbestimmung verbunden. Wo diese nicht gegeben ist, unterliegt der Einzelne einer Manipulation, z. B. durch eine Ideologie oder Sekte.
- Menschenwürde und Grundrechte sind unantastbar. Weder Lehre noch Vollzug von Religionen können dazu im Widerspruch stehen, ohne sich selbst zu disqualifizieren.

- Offenheit und Toleranz sind Grundhaltungen religiöser Menschen. Beide setzen eine gesprächsfähige Identität voraus.

3.2 Nach der pluralistischen Theologie sind die Religionen Lerngemeinschaften, die gemeinsam nach der Wahrheit suchen und dabei ihren eigenen Glauben vertiefen. Jenseits von Ex- und Inklusivismus versucht die pluralistische Theologie den Fokus auf Dialog und Verständigung zu richten, um ohne Fixierung auf eine potenzielle Einheit der Religionen einen gangbaren Weg für Dialog und Verständigung zu ebnen.

Positive Aspekte dieses Ansatzes für den interreligiösen Dialog:
- Die Religionen werden in ihrer Eigenart und Verschiedenheit ernst genommen.
- Der interreligiöse Dialog erscheint nicht nur als Methode zur Herstellung einer Einheit, sondern ist eine notwendige Voraussetzung und zugleich Teil eines Versöhnungs- und Verständigungsprozesses und darüber hinaus von eigenem Wert für die Entwicklung jeder teilnehmenden Religionsgemeinschaft.
- Als dritter Weg zwischen Ex- und Inklusivismus versucht der Pluralismus Vorzüge dieser Ansätze mit der Vermeidung von deren Nachteilen zu verknüpfen.

Gefahren für den interreligiösen Dialog:
- Pluralismus kann zu einem Relativismus im Austausch der Positionen führen und damit das Ziel einer Einigung obsolet erscheinen lassen.
- Streit und Kontroverse als fruchtbare Motoren könnten im Dialog vernachlässigt werden.
- Der interreligiöse Dialog auf pluralistischer Basis kann dazu führen, dass auch substanziell indiskutable Positionen, wie z. B. die Missachtung der Menschenwürde, zunächst akzeptiert und anerkannt werden müssen, um ein Gespräch überhaupt in Gang zu bringen.

Wege zu Gott: Die Bibel als Zeugnis der Gotteserfahrung

4
- **M 1:** Der potenzielle Weg des Protagonisten in der Parabel Kafkas zeichnet sich durch folgende Eigenschaften aus:
    - Einsamkeit trotz Möglichkeit der Gemeinschaft,
    - Dialog ohne gelingende Kommunikation,
    - Ziel- und Orientierungslosigkeit,

- Ankündigung, aber keine Realisierung des Aufbruchs,
- Entfernung vom Ausgangspunkt als Selbstzweck,
- mangelnde Erfüllung elementarer Bedürfnisse (z. B. Kommunikation),
- Todesgefahr,
- Absurdität menschlicher Existenz und Widersprüchlichkeit menschlichen Handelns.

- **M 2:** Der Lebensweg des lyrischen Ich bzw. des Sängers wird geprägt von
  - Selbstvertrauen,
  - Eigenständigkeit,
  - Risikobereitschaft,
  - Offenheit und Neugier,
  - Individualisierung, evtl. sogar Egoismus,
  - Tatendrang und Unruhe,
  - Emanzipation gegenüber dem „Du",
  - Stolz.

- **Vergleich mit dem Glauben Israels an Gott im Kontext der Exodus-Erfahrung:**
  - Vertrauen und Geborgenheit im Heilshandeln Gottes gegen Einsamkeit und Hilflosigkeit (M 1) und individualistische One Man Show (M 2),
  - konkrete Bedrohung durch Ägypten gegen diffuse, potenzielle, namenlose und abstrakte Gefahren, die eher im Inneren des Protagonisten zu liegen scheinen (M 1), und Sorge um Abhängigkeit von anderen Menschen oder Konventionen (M 2),
  - Rettung aus existenzieller Gefahr; daraufhin Erfahrung der Sicherheit als Grundlage für Glaube und Vertrauen; dagegen Fortdauern der potenziellen Bedrohung sowie Ziel- und Sinnlosigkeit eines Aufbruchs, der nie wirklich stattfindet (M 1), und völliger Individualismus mit dem Risiko des Scheiterns und der Vereinsamung (M 2).

5 Die Selbstoffenbarung Gottes als JHWH gegenüber Mose in Ex 3,14 knüpft an die Beziehung zu den Vätern an: „Ich bin der Gott deines Vaters, der Gott Abrahams, der Gott Isaaks und der Gott Jakobs" (Ex 3,6). Das Verhältnis zu JHWH ist also eine Beziehung zu einem persönlichen Gegenüber und nicht zuerst kultische Verehrung eines fernen Gottes. JHWH will als der „ich bin da" ein verlässlicher Partner für sein Volk sein. Dies erweist er in der Errettung aus der Knechtschaft in Ägypten.

Zur Festigung dieser Beziehung schließt Gott mit Israel am Sinai einen Bund (Ex 34). Der Dekalog wird zur Bundesurkunde. Dadurch wird deutlich: Gott

fordert etwas von seinem Gegenüber (Imperativ), doch Ausgangspunkt dieser Forderung ist sein Heilshandeln (Indikativ).
Der Verborgenheit und Unbegreiflichkeit des einzigen Gottes JHWH (Monolatrie bzw. später, zur Zeit des Exils, Monotheismus) trägt beispielsweise das im Dekalog enthaltene Bilderverbot Rechnung.
Dieser Gott ist Schöpfer und universaler Herrscher der Welt – was auch immer geschieht, auch in Bezug auf fremde Völker: Gott will es so. Er handelt also in Schöpfung und Geschichte. Damit ist auch die Vorstellung Gottes als Richter und König verbunden, die in der Richterzeit (ca. 1200–1020 v. Chr.) aufkam und sich beispielsweise in den Psalmen wiederfindet. In dieser Rolle ist JHWH Beschützer, aber auch ein sich sorgender Erzieher seines Volkes.

6 Hoheitstitel wurden Jesus erst nachösterlich, d. h. aufgrund der Erfahrung der Auferstehung zugeschrieben. Dabei griffen die Evangelisten auf jene Bezeichnungen zurück, die im Alten Testament für den politischen Heilsbringer verwendet wurden. Von diesem hatte man sich erwartet, dass er im Auftrag JHWHs nach dem Babylonischen Exil (586–538 v. Chr.) die politische Unabhängigkeit Judas wiederherstellen und das Königtum Davids wiederaufrichten würde. Er wurde als „Menschensohn" (Dan 7,13 f.), „Gottesknecht" (Jes 42,1), „Friedensfürst" (Jes 9,6), oder „Sohn Gottes" (2 Sam 7,14.16) bezeichnet. Auch der königliche Würdename „Messias" (oder „Christus", beides bedeutet „Gesalbter", vgl. Ps 89,21) wurde auf diesen Erlöser angewandt. Über diese politischen Hoffnungen hinaus verbanden sich mit der Erwartung des Messias auch apokalyptische Vorstellungen eines großen Endgerichts und der Vollendung der Welt.
Jesus von Nazareth wirkte zu einer Zeit, als durch die Vorherrschaft Roms das Bedürfnis Israels nach Befreiung und Gerechtigkeit sehr groß war. Daher standen seine Lebenspraxis und seine Verkündigung im Kontext einer wiederauflebenden Messiastradition, in die sich Jesus selbst stellte. Jesus knüpfte zwar ausdrücklich an die alttestamentliche Gottesoffenbarung an, überbot diese jedoch, indem er mit dem Anspruch und Selbstverständnis auftrat, Sohn Gottes zu sein. Im Mittelpunkt seines Lebens und Wirkens stand jedoch – wider die traditionellen Erwartungen an den Messias – nicht die politische Befreiung, sondern die Königsherrschaft Gottes. Durch Kreuzestod und Auferstehung Jesu, also aus nachösterlicher Perspektive, wurde seinen Anhängern offenbar, dass Jesus dieser Sohn Gottes, der Christus war und ist. Dieses Ereignis wurde damit zum Ausgangspunkt des christlichen Gottesglaubens. Im selben Maße wie die Messianität betonen die Evangelien Jesu Vollmacht zu Sündenvergebungen und zu Heilungen.

7 **Gliederung einer Firmpredigt:**

A „Ich geh meine eigenen Wege" (M 2): Ihr könnt es nicht erwarten, euch abzulösen und selbstständig zu werden. Es erfordert aber auch viel Kraft und Mut.

B Gott geht mit. Er beschützt, rettet und gibt Zukunft.
  1. Wenn wir traurig oder einsam sind und wissen, dass wir trotzdem von Gott angenommen und geliebt sind, können wir zuversichtlich und mutig sein.
  2. Eine schwierige Situation anzunehmen, ist der erste Schritt, um sie überwinden zu können.
  3. Eine selbstbewusste und geradlinige Haltung hilft uns auch in Gefahren und Bedrohungen.
  4. Die Erfahrung, auch Hürden zu überwinden, macht stark. Wir wissen uns getragen und geborgen in einer höheren Macht.

C Gott begegnet uns als Kraft und Stärkung. Sein Geist führt, lenkt und motiviert uns, unseren Weg zu gehen: realistisch in unserer Einschätzung der Situation und unserer Fähigkeiten, selbstbewusst, zuversichtlich.

8 Wenn biblische Texte im Hinblick auf aktuelle oder zeitlose Themen interpretiert werden, versucht man in der Bibel Analogien zu diesen Themen zu finden. So kann die Knechtschaft Israels in Ägypten als Ausgangspunkt der Exoduserzählung in zahllosen Situationen der Gegenwart identifiziert werden: Ausbeutung der armen Länder zugunsten der Reichen (z. B. durch billige Löhne); Missachtung von Grund- und Menschenrechten (z. B. Kinderarbeit); ungerechte Einkommensverhältnisse in kapitalistischen Wirtschaftssystemen (z. B. im Niedriglohnsektor); Bedrohung der natürlichen Lebensgrundlagen durch ein ungebremstes Wachstum (z. B. durch Industrieabgase). Grund für die Knechtschaft Israels waren illegitime Herrschaftsansprüche und unrechtmäßiges Verhalten der Ägypter. Auch heutige Situationen oder Umstände lassen sich auf eine ähnliche Kernursache zurückführen: Egoismus, Schrankenlosigkeit, Rücksichtslosigkeit, fehlendes Verantwortungsgefühl.

Die biblische Exoduserzählung kann Mut machen, ungerechte Strukturen und Verhältnisse offenzulegen, zu analysieren und die Ursachen zu benennen, um praktische Lösungen zur Überwindung dieser modernen Knechtschaften zu finden. Aus dem Glauben an Gott als Begleiter, Befreier und Erlöser der Menschen können Stärke und Selbstvertrauen erwachsen, denn Gott ist auf der Seite der Schwachen und Unterdrückten (vgl. Ex 14,20.25). Wer auf den Herrn vertraut, kann daraus die Hoffnung auf Befreiung aus Gefahr und Not schöpfen (vgl. Ex 14,30). Das Vertrauen in die erlösende Kraft Gottes (vgl. Ex 14,31) ist der Kern der jüdisch-christlichen Glaubenshaltung. Auf dieser Basis kann tatkräftig an der Verwirklichung einer humaneren Welt mitgearbeitet werden.

Verantworteter Gottesglaube: Anfragen, Ablehnung, Annäherungen

9.1 **Es liegt nahe, das Problem der Theodizee zu nennen:** Ist die Existenz eines allmächtigen und gütigen Gottes vereinbar mit menschlichem Leid, wie es durch die Reaktorkatastrophe in Fukushima verursacht wurde? Die Verneinung dieser Frage führt zu einer atheistischen Position:
- Gott kann nicht allmächtig sein, wenn er eine Katastrophe wie Fukushima nicht verhindern kann.
- Gott kann nicht gütig sein, wenn er solch unvorstellbares Leid zulässt.
- Einen Gott, der nicht allmächtig und nicht gütig ist, kann es nicht geben. Zumindest wäre ein solcher Gott nicht derjenige, an den Juden und Christen glauben.
- Als Folge ergeben sich eine rein immanente Weltdeutung und eine Abkehr vom Glauben an eine gütige und allmächtige transzendente Wirklichkeit.
- Alternativ möglich wäre ein Glaube an einen Gott (Theismus), der in die Welt nicht eingreift (Deismus) und/oder der Welt und dem Schicksal der Menschen gleichgültig oder gar rachsüchtig gegenübersteht.

Der Christ ist dazu aufgerufen, sich der Wirklichkeit zu stellen und aktiv an der Bewältigung von Leid mitzuwirken. Die Augen vor dem Leid zu verschließen führt nicht zum Ziel – auch Ijob wurde erst vom Leid befreit, als er in der Lage war, es anzunehmen. Die Welt, wie sie ist, ist – genau wie der Mensch – nicht vollkommen. Daher sehnt sich auch nicht nur der Mensch nach Erlösung, sondern mit ihm die gesamte Schöpfung (vgl. Röm 8,22 f.). Gerade in Anbetracht dessen ist es wichtig, sich des Kulturauftrags (vgl. Gen 1,26–28) und des Doppelgebots der Gottes- und Nächstenliebe (vgl. Mt 22,34–40) zu erinnern, und sich aufgrund dessen um die Schöpfung und den Nächsten zu kümmern. So wird, insbesondere im Leid, die Nähe Gottes intensiv erfahrbar.

9.2 **Kernaussage der Trinitätslehre:** Gott ist von seinem dynamischen, trinitarischen Wesen her bereits auf Beziehung und Kommunikation hin angelegt. Es entfaltet sich in drei Personen: Vater, Sohn und Heiliger Geist.

- **Vater:** Seine Liebe zeigt sich zunächst in seiner unendlichen Schöpferkraft, durch die er die Welt ins Dasein gerufen hat. Er begleitet und beschützt sie, hält das Leben in der Hand, schenkt dem Menschen im Glauben an ihn Geborgenheit und eröffnet eine Hoffnungsperspektive auf Erlösung und Vollendung. In der Menschwerdung seines Sohnes wird seine Liebe zur Welt offenbar.
- **Sohn:** Jesus Christus ist die personifizierte Liebe Gottes. Sein Leben ist gekennzeichnet von der Zuwendung zu den Außenseitern, der Aufdeckung von Ungerechtigkeit und Konformitätszwang sowie dem steten Aufruf zur Gottes- und Nächstenliebe. Sein irdischer Weg endet am Kreuz, das er in der Auferstehung überwindet. Die Begegnung der Jünger mit dem Auferstandenen wird zum Ausgangspunkt der Gemeinschaft aller Christen, die eine Liebesgemeinschaft bilden sollen.
- **Heiliger Geist:** Der Heilige Geist führt das Liebeswerk des Sohnes fort, indem er Kraft und Stärke verleiht, die Menschen den Beistand Gottes spüren lässt und ein einigendes Band unter ihnen knüpft.

10.1 Ausgehend von der Aussage Nietzsches geht es im theoretischen Atheismus darum zu zeigen, dass Religion immer Folge einer Selbsttäuschung des Menschen ist: Projektion (Feuerbach), Illusion (Freud), Irreführung (Marx), Lebensverneinung (Nietzsche), Unfreiheit (Sartre).
Als Beispiel kann die Religionskritik von Feuerbach einer genaueren Prüfung unterzogen werden. Er erklärt die Entstehung von Religion unter Verweis auf die angebliche Projektion unerfüllter und unerfüllbarer Ideale auf eine fiktionale transzendente Realität. Das Motiv Feuerbachs besteht darin, Religion psychologisch als menschliche Konstruktion zu erklären. Religion ist für ihn nachteilig, da sie den Menschen daran hindert, sich auf die eigenen Kräfte zu konzentrieren und dadurch die Herausforderungen der Gegenwart zu meistern. Sein erklärtes Ziel ist die Abschaffung von Religion und Glaube zugunsten einer Hinwendung des Menschen zu sich selbst: Aus Theologie soll Anthropologie werden.

10.2
- **Wahrheitsbegriff Nietzsches:** radikal empirisch, objektiv, auf Tatsachen und potenziell desillusionierende und enttäuschende Aspekte der Wirklichkeit (beispielsweise bei Leid) bezogen; auch geht Nietzsche davon aus, dass es nur „wahr" oder „unwahr" gibt, und keinerlei Abstufungen dazwischen bzw. verschiedene Sichtweisen, deren Wahrheit nicht objektiv ermittelt werden kann. Subjektive, emotionale und religiöse Dimensionen des Wahr-

heitsbegriffs haben bei Nietzsche keinen Platz. Er sieht im Glauben daher eine Form der Realitätsblindheit und der Ignoranz irritierender und ggf. belastender Aspekte der Wirklichkeit.

- **Wahrheitsbegriff des christlichen Glaubens:** Der einen Wahrheit, die hinter der sichtbaren Welt liegt (Gott), kann sich der Mensch nur annähern, sie aber nie wirklich erfassen; dennoch bildet diese Wahrheit und die Überzeugung von ihrer Existenz das Zentrum des Christentums. Dass es sie gibt, ist dem Glaubenden trotz aller Fragen und Zweifel einsichtig, ohne dass er dafür Beweise bräuchte oder vorlegen könnte. Denn im Gegensatz zu wissenschaftlichen Behauptungen, die des Beweises bedürfen, um als „wahr" gelten zu können, ist der Glaube ein unverfügbares Erschließungsgeschehen und damit etwas Subjektives, Persönliches. Dennoch erhebt das Christentum den Anspruch, mit dem Glauben an den trinitarischen Gott eine reale Gegebenheit zu beschreiben. Glaube ist nicht relativistisch. Doch Christen verstehen ihren Glauben nicht als empirisch überprüfbare Tatsache, von der es die anderen zu überzeugen gilt, sondern als heilbringendes Angebot Gottes, das jedem Menschen gilt, und dem er sich aus freien Stücken zuwenden kann. Auch die sog. „Gottesbeweise" wollen Gott daher nicht lückenlos als existent nachweisen, sondern den bereits bestehenden Glauben an ihn dem Verstand einsichtig machen. Dieses Verständnis der letzten Wahrheit ist die Basis für die christliche Tugend der Toleranz – auch gegenüber einem Atheisten wie Nietzsche.

11.1 Die Aussage des Papstes ist insofern zutreffend, als echter Glaube immer alle Dimensionen des Menschseins erfasst: Seele, Wille und Verstand. Der Glaube ist ein vernünftiges Vertrauen und will dem Menschen daher einsichtig sein – oder wie es Anselm von Canterbury formuliert: „fides quaerens intellectum". Ein naiver oder gar unvernünftiger Glaube wäre auch gar nicht im Sinne des biblischen Verständnisses. Der paulinische Imperativ „Prüft alles und behaltet das Gute!" (1 Thess 5,21) kann geradezu als Vorwegnahme dessen verstanden werden, was Kant postuliert hat: „Sapere aude!" Auch ist die Vernunft unverzichtbar, um den Glauben vor der Gefahr zu bewahren, zur Ideologie zu verkommen.

Das Diktum des Heiligen Vaters wäre aber falsch verstanden, wenn der Glaube lediglich als Konsequenz des Denkens verstanden würde. Zum einen widerspräche dies dem Offenbarungsverständnis des Glaubens – Glaube ist ein Geschenk! – sowie der Freiheit der Entscheidung als konstitutivem Merkmal des Glaubensaktes. Zum anderen wäre diese Sichtweise insofern nicht plausibel, als sich das Objekt des Glaubens einer empirischen Verifizierung oder Falsifizierung ebenso entzieht wie einer rational zwingenden logischen Argumentation. Als unwiderlegbare Argumente wollten die „Gottesbeweise" daher trotz des irreführenden Namens nicht verstanden werden – vielmehr war es ihnen ein Anliegen, die Vernunftgemäßheit des Glaubens zu erweisen.

Beispiel: Besonders Anselm war daran gelegen, den Glauben einsichtig zu machen. Daher entwickelte er das ontologische Gottesargument, wonach Gott das ist, „worüber hinaus nichts Größeres gedacht werden kann". Darin schließt er von der Idee „Gott" auf die Existenz dieser Idee. Diese Herangehensweise ist jedoch kritikwürdig, da auch eine Idee selbst bereits „existent" ist. Außerdem, so kritisierte auch Kant, ist Existenz nicht per se eine Aufwertung – so werden aus 100 gedachten Talern durch das Hinzukommen der Existenz nicht 101 Taler. Dies zeigt, dass die Existenz Gottes nicht mithilfe der menschlichen Vernunft rational zwingend nachgewiesen werden kann – was sicherlich auch nicht Anselms Ziel war.

11.2 **Beispiel:** Die elementare Frage „Woher kommen wir?" umfasst zwei grundlegende Dimensionen: Die naturwissenschaftliche Herangehensweise verlangt nach einer Aufklärung der Ursachen und Entstehungsbedingungen (menschlichen) Lebens; zugleich erhebt sich die Frage nach Bedeutung, Kontext und Sinn des Daseins. Das Fragewort „woher" hat also neben einer sachlichen auch eine philosophisch-religiöse Zielrichtung. Eine ganzheitliche, umfassende Beantwortung beider Aspekte ist nur möglich, wenn sich die Ergebnisse der Naturwissenschaften (z. B. zur Evolution der Arten oder zum Ursprung des Kosmos) mit Aussagen des Glaubens verbinden. Nicht selten ergeben sich sogar ganz unmittelbar aus der Komplexität naturwissenschaftlicher Forschungsergebnisse die religiösen Fragen nach der inneren Logik und Sinnstruktur der Wirklichkeit. Umgekehrt setzt der Glaube eine Vertrautheit mit elementaren naturwissenschaftlichen Erkenntnissen voraus, damit er nicht irrational wird und die Gefahr einer Ideologierung gebannt wird.

Der Mensch im Horizont des Gottesglaubens: Christliches Menschenbild

12.1 **Die Orientierungslosigkeit des Menschen** entsteht durch:
- Globalisierung,
- Pluralisierung der Optionen,
- Informationsüberflutung,
- Beschleunigung,
- Risiken und Unsicherheit bezüglich des technischen Fortschritts,
- Bedeutungsverlust der Religionen bzw. Säkularisierung.

Sie zeigt sich in:
- Infragestellung von Rationalismus, Empirismus und ungebremstem Wachstum und Wohlstand,
- Sehnsucht nach Geborgenheit und Heimat,
- Erfahrungen des Scheiterns von Sozialbeziehungen,
- Sehnsucht nach Partnerschaft und Familie bei gleichzeitiger Labilität dieser Bindungen,
- Sehnsucht nach Antworten auf existenzielle Fragen.

12.2
- **Möglichkeiten** der Psychologie:
  - Hilfestellung für seelisch kranke Menschen,
  - Unterstützung in Lebenskrisen,
  - Hilfe zur Selbsthilfe bei der Bewältigung anspruchsvoller Lebensaufgaben.
- **Grenzen** der Psychologie:
  - Weltdeutung,
  - Angebot an Sinnoptionen,
  - Vermittlung nachhaltigen Selbstbewusstseins und Sicherheit hinsichtlich weltanschaulicher Fragen.
- **Möglichkeiten** der Seelsorge:
  - Antworten auf existenzielle Fragen, z. B. nach dem Sinn des Daseins,
  - Hilfe zur Selbsttranszendierung des Menschen, der sich und seine Probleme so von einer höheren Warte aus betrachten kann,
  - Hilfe zur Akzeptanz einer leidvollen Lebenserfahrung,
  - Entlastung vom Druck, ein sinnvolles Leben „herstellen" zu können,
  - Vermittlung von Geborgenheit und Vertrauen durch das Gefühl, Kind Gottes zu sein.

- **Grenzen** der Seelsorge:
  - Unmittelbare, praktische Lebenshilfe in Krisensituationen,
  - Heilung seelischer Erkrankungen,
  - therapeutische Stärkung der Selbstheilungskräfte des Menschen.

13.1 Das jüdisch-christliche Menschenbild kreist um die Beziehung Gottes zu seinem Geschöpf. Der Grundpfeiler dieses Menschenbildes ist die von Gott geschenkte Gottebenbildlichkeit. Durch sie besitzt der Mensch eine Würde, die auch in Krankheit, Ängsten oder Schmerz intakt bleibt und die ihm niemand absprechen kann. Deshalb darf der Gläubige in den Sinn und Wert seines Lebens vertrauen – unabhängig davon, ob dieses Leben nach gängigen, irdischen Kriterien als „wertvoll" erscheint. Ein anderes Moment der Gottebenbildlichkeit ist die Freiheit des Menschen, durch die er auch zur Verantwortung befähigt wird. Zwar beinhaltet diese Freiheit stets die Gefahr der Verfehlung und der damit verbundenen Sorge darum, das Richtige zu tun. Doch auch der Sünder weiß sich im Glauben durch die Gnade Gottes angenommen. Daraus kann er Mut gewinnen und Kraft schöpfen, um sein Leben aktiv zu gestalten. Eine große Hilfe bei der Lebensgestaltung ist das Vorbild Jesu Christi, dessen Handeln in Nächstenliebe und barmherziger Zuwendung nicht nur ein Leitfaden im Umgang mit anderen, sondern auch mit sich selbst sein kann („Liebe deinen Nächsten wie dich selbst"). Dennoch bleibt der Mensch ein kontingentes und damit bedrohtes Wesen – durch sich selbst und Gefahren von außen (wie Krankheiten oder Verletzungen durch andere Menschen) bis hin zum Tod. Hier ist die Hoffnungsperspektive der Auferstehung der Anker, der dem gläubigen Menschen Halt gibt, und die Zuversicht, in der Vollendung seines Lebens schließlich mit Gott vereint zu sein.

13.2 Die These des Autors, dass nämlich nur der Glaube in der Lage sei, die große aktuelle Krise der Gesellschaft („die Weltangst") zu überwinden, ist in ihrer Kompromisslosigkeit provozierend. Bei näherer Betrachtung ist diese Aussage jedoch nicht von der Hand zu weisen. Denn wie sollte eine innerweltliche, d. h. immer angreifbare, relative und vorläufige Weltdeutung ausreichen, um die Ur-Angst des Menschen vor endgültiger Einsamkeit und dem Tod zu überwinden? Auch gibt es keine immanente Weltanschauung, die das Faktum der Fehlbarkeit des Menschen vollständig erklären oder gar auflösen könnte. Nur eine religiös begründete Lebenshaltung mit Transzendenzbezug kann die Fassungslosigkeit angesichts der großen Sinnfragen überwinden. Als Schlüsseltexte bieten sich hierzu die neutestamentlichen Wundergeschichten an. Es kann sich um Heilungswunder (z. B. Lk 7,18–28), Dämonenaustreibungen

(z. B. Mk 3,22–30) oder Naturwunder (z. B. Mt 8,23–27) handeln. Sie alle zeigen, dass der Glaube die Grenzen irdischer Schranken überwindet. Diese Erzählungen stellen die Bedeutung des Vertrauens heraus und machen Mut, um entgegen Angst einflößender Umstände und Erfahrungen die Hoffnung auf Erlösung, Rettung und Vollendung zu bewahren. Als alttestamentlicher Schlüsseltext kann die Berufung des Abraham (vgl. Gen 12,1–9) dienen, in der der Glaube ebenfalls als Haltung des Vertrauens beschrieben wird, durch die Abraham auch im hohen Alter die Kraft zum Neubeginn hat.

14.1 Zentrale Merkmale des christlichen Menschenbildes in ihrem Bezug zur Gotteserfahrung:

- **Geschöpflichkeit und Gottebenbildlichkeit:** Insbesondere in Notzeiten werden sich die Israeliten der universalen Schöpferkraft Gottes bewusst, der den Menschen nicht nur geschaffen, sondern unter allen Lebewesen auch zu seinem Ebenbild gemacht hat. Dadurch ist der Mensch mit besonderer Würde, aber auch Verantwortung ausgestattet.
- **Transzendentalität:** Der Mensch ist offen für Gott und kann sein Wort hören. Der Dialog mit Gott wird in der Bibel an zahlreichen Stellen beschrieben, z. B. bei der Erscheinung JHWHs im brennenden Dornbusch (Ex 3,1–15).
- **Personalität und Subjekthaftigkeit:** In biblischen Gotteserfahrungen wird meist der einzelne Mensch angesprochen (z. B. Abraham, Joseph, Mose, die Propheten); auch die Zuwendung Jesu zu den Ausgegrenzten zeigt, dass der Mensch von Gott als Individuum wahrgenommen und angesprochen wird.
- **Sozialität:** Die Geschichte des Volkes Israel mit JHWH verdeutlicht, dass der Mensch im jüdisch-christlichen Verständnis immer auch als Teil der Gemeinschaft gesehen wird; so bezieht sich die zweite Tafel des Dekalogs (Gebot IV–X) auf das Verhalten des Einzelnen in und mit der Gemeinschaft. Auch Mann und Frau werden einander als Partner zugeordnet. Der Mensch ist auf Dialog angelegt – Dialog zu Gott, aber auch zu seinem Mitmenschen.
- **Schuldfähigkeit und Sündhaftigkeit:** Der Mensch ist gemäß der Urgeschichte stets durch seine eigenen Neigungen bedroht: Egoismus, Neid, Machtstreben etc. Dadurch entfremdet er sich von Gott und seinen Mitmenschen. Doch inmitten der Sündhaftigkeit wird Gott als heilend, liebend und verzeihend erfahren, vor allem in der Bundestreue zu seinem Volk, obwohl dieses immer wieder vertragsbrüchig wird (z. B. Ex 32,1–4), aber auch im

Umgang Jesu mit Sündern (z. B. Joh 7,53–8,11). Auf diese wohlwollende Annahme durch Gott ist der Mensch angewiesen.

- **Freiheit:** Der Mensch erfährt sich als ein von Gott zu Freiheit und Verantwortung berufenes Wesen. Freiheit ist ein Geschenk Gottes. Der Mensch kann es sowohl missbrauchen als auch für das Gute einsetzen. Für Letzteres sind die Zehn Gebote die Richtschnur. Doch eine Orientierung an rein äußerlichen Weisungen ist zu wenig. Daher beschreiben die Zehn Gebote im Kern auch nichts anderes als die Forderungen der Gottes- und Nächstenliebe. Diese Grundhaltung der Liebe, die der Mensch im Glauben gewinnt, ermöglicht wahre Freiheit zum Guten – nicht aus Pflichterfüllung, sondern aus innerer Überzeugung. Die Liebe ist somit eigentlicher Grund, letztes Ziel und Maßstab der Freiheit. Der menschgewordene Gottessohn Jesus Christus ist das Idealbild eines Menschen, der den Weg der Liebe und damit der wahren Freiheit konsequent geht.

- **Erlösungs- und Vollendungsbedürftigkeit:** Angesichts seiner Endlichkeit und Sündhaftigkeit wird dem Menschen klar, dass er der Erlösung durch Gott bedarf. Aus der Auferstehung Jesu erwächst jedoch die Hoffnung auf die einstige Vollendung. „Unruhig ist unser Herz, bis es ruht in dir" (Augustinus, Confessiones I,1). In der Begegnung mit Gott werden dem Menschen sowohl seine Defizite bewusst als auch die unendlich tröstliche Hoffnungsperspektive, die durch Christi Auferstehung eröffnet wurde. Mit diesem Bewusstsein ist aber auch immer die Erkenntnis verbunden, dass Umkehr notwendig ist.

14.2 In der Existenzanalyse und Logotherapie Frankls transzendiert der Mensch sich selbst, indem er für sich selbst die Frage nach dem Sinn des Lebens beantwortet. Der Mensch wird damit zum Konstrukteur seines Lebensglücks. Er muss handeln, um überleben zu können. Auch nach dem christlichen Menschenbild ist der Mensch Handelnder und zur Kreativität berufen. Zugleich verdankt er seine Existenz dem Schöpferwillen Gottes und muss sich den Sinn seines persönlichen Lebens nicht erst erarbeiten – dank der Gottebenbildlichkeit und der daraus resultierenden Würde *hat* jeder Mensch von vornherein Sinn und Wert. Beide Ansätze drängen darauf, Sinn auch in der Zuwendung zum Nächsten zu erfahren. Auch betonen beide die Verantwortung des Menschen, sein Leben zu gestalten (bei Frankl zum Beispiel durch eine als sinnvoll erlebte Arbeit). Hier fügt das christliche Menschenbild jedoch hinzu: Ob das Leben nach irdischen Maßstäben dadurch „gelingt", hat der Mensch alleine nicht in der Hand. Diese letzte Unsicherheit kann in der Hoffnung auf

die Auferstehung jedoch ins Leben integriert werden. Beide Konzepte schließen sich also nicht aus, sondern berühren und ergänzen sich.
Alternativ kann der anthropologische Entwurf von Emmanuel Lévinas (1906–1995) dargestellt werden, in dessen Zentrum die Kategorie „Verantwortung" steht. Ursprung einer moralischen Haltung ist demnach die Wahrnehmung und Akzeptanz des anderen Menschen als eigenständige Person. Nur unter dieser Voraussetzung sind Begegnung, Respekt, Verantwortung und friedvolles Miteinander unter den Menschen möglich. Indem der Mensch die Grenzen seiner Ich-Bezogenheit überschreitet, erkennt er sein Selbst; wenn er seiner scheinbaren Freiheit und Souveränität Grenzen setzt, um sich dem anderen zuzuwenden, wächst er über sich hinaus, kommt zu wahrer Selbsterkenntnis und begründet dadurch seinen Wert. Der philosophische Ansatz Lévinas berührt sich insofern mit dem christlichen Menschenbild, als Beziehung und Gemeinschaft zentrale Momente eines ganzheitlichen Verständnisses vom Menschen darstellen. Ein Unterschied besteht darin, dass der Mensch aus christlicher Sicht nicht durch eigene Anstrengung, sondern im Kontext des Schöpfungsgeschehens zur Person wird und nur im Glauben an die Erlösung und Vollendung zur endgültigen Erkenntnis seiner selbst kommen kann. Die Ausrichtung auf das Du und die Übernahme von Verantwortung gehören zwar auch nach dem christlichen Menschenbild wesentlich zu einem sinnerfüllten Leben, bilden aber nicht den Kern der Identität des Menschen.

Stichwortverzeichnis

Absolutheitsanspruch S. 25
Adoptianismus S. 140 f.
Agnostizismus S. 119 f.
Analogia entis S. 35, 82
Animal rationale S. 38
Anselm von Canterbury S. 129 f.
Anthropologie S. 162 f.
Anthropomorphismus S. 95
Aristoteles S. 164
Atheismus S. 104 ff.
Atheismus, praktischer S. 119
Atheismus, szientistischer S. 120 f.
Atheismus, theoretischer S. 105 f.
Auferstehung S. 77 f.
Aufklärung S. 21 f.,104, 121, 165

Bibel S. 42 ff.
Bibliodrama und Bibliolog S. 58
Bilderverbot S. 69 f., 73
Buber, Martin S. 189 f.
Buddhismus S. 16, 145, 178 ff.
Bund S. 68 f.

Camus, Albert S. 166 f.
Chagall, Mark S. 43
Christologische Hoheitstitel S. 78
Comte, August S. 121

Darwin, Charles S. 126, 174
Deismus S. 93 f., 101
Determinismus S. 158 f.
Dialog, interreligiöser S. 29, 62
Dogmatik S. 19
Doketismus S. 140 f.
Doppelgebot S. 188, 197, 200
Dreifaltigkeit (siehe Trinität)

Einstein, Albert S. 123
Emanationismus S. 94
Empirismus S. 134
Epikur S. 99, 104
Essenz und Existenz S. 115 f.
Evangelisch S. 17
Evangelium S. 32
Evolution S. 33 f., 124 f.
Evolutionismus S. 126 f.
Evolutionslehre S. 126, 173 f.
Exegese S. 50 f.
Exegese, biblische S. 53 ff.
Exegese, feministische S. 51
Exegese, kanonische S. 58 f.
Exegese, kontextuelle S. 51 f.
Existentialismus S. 115 f.
Exklusivismus S. 25
Exodus S. 52, 63, 65

Feuerbach, Ludwig S. 105 ff.
Frankl, Viktor Emil S. 172 ff.
Freiheit S. 116, 193 f.
Freud, Sigmund S. 113 ff., 169 f.
Fromm, Erich S. 167 ff.

Gaudium et spes S. 195 f.
Gebet S. 9, 35
Geist S. 173
Geschichte Israels S. 63
Geschöpflichkeit S. 183 ff.
Gottebenbildlichkeit S. 125, 184, 193
Gottesbeweise S. 128 ff.
Gottesbild, alttestamentl. S. 63 ff.
Gottesbild, neutestamentl. S. 73 ff.

Gotteserfahrung S. 50 ff.
Gotteserkenntnis S. 127 ff.
Gottesvorstellung S. 92 ff.
Grenzerfahrungen S. 8
Grönemeyer, Herbert S. 47
Grundfragen S. 7 ff.

Hahne, Peter S. 43
Historisch-kritische Methode
   S. 53 ff.
Heiliger Geist S. 80 f., 142
Heisenberg, Werner S. 123
Hirnforschung S. 175 ff.
Hoffnung S. 196 f.
Homo religiosus S. 33 f.

Identitätsentwicklung S. 199 f.
Ideologie S. 153
Ijob (Hiob) S. 99 ff.
Immanenz S. 188
Indikativ und Imperativ S. 68, 76
Inkarnation S. 61 f., 79
Inklusivismus S. 26
Inlibration S. 61 f.
Intelligent design S. 126
Intertextuelle Auslegung S. 58 f.
Islam S. 16, 143 f.

Jesus Christus S. 73 ff.
JHWH S. 67 f.
Judentum S. 16, 143
Jung, Carl Gustav S. 171 f.

Kafka, Franz S. 49 f.
Kant, Immanuel S. 134 f.
Kategorien S. 135
Kategorischer Imperativ S. 134
Katholisch S. 17
Kirche S. 31 f.
Komparative Theologie S. 26
Kontingenz S. 8, 86

Koran S. 61 f.
Kreationismus S. 126
Kreuzestod S. 77 f.
Küng, Hans S. 135
Kulturauftrag S. 52, 185 f.

Lebensstil S. 150
Lebenseinstellungen S. 153
Lebenswelt S. 150
Leibniz, Gottfried Wilhelm
   S. 101 f.
Lévinas, Emmanuel S. 168 f.

Marx, Karl S. 107 ff.
Meditation S. 9, 84 f.
Messias S. 73 f.
Metapher S. 37
Metaphysik S. 110
Milieu S. 150
Modalismus S. 141
Monadenlehre S. 102
Monolatrie S. 64
Monotheismus S. 63 ff.
Motive, biblische S. 45 ff.
Mystik S. 137

Negative Theologie S. 36
Neurotheologie S. 137
Newberg, Andrew S. 137
Nietzsche, Friedrich S. 109 ff.
Nihilismus S. 110 f.
Nostra Aetate S. 26

Offenbarung S. 60 ff.
Ökumene S. 27 f.
Ontologie S. 110
Optionen, religiöse S. 33 ff.

Pantheismus S. 64, 70, 93 f.
Pascal, Blaise S. 132 f.
Patchwork-Religiosität S. 5, 21

Performative Sprache S. 35
Personalität S. 162, 189
Philosophie S. 128
Planck, Max S. 123
Pluralistische Theologie S. 26
Positivismus S. 121
Polytheismus S. 63 f.
Postmoderne S. 3 ff.
Prädestination S. 158
Präexistenz S. 79
Pragmatismus S. 119, 153
Psychischer Apparat S. 169 f.

Rahner, Karl S. 135 f.
Rationalismus S. 132, 134
Rationalität S. 38
Reich-Gottes-Botschaft S. 77
Religion S. 2, 10 ff.
Religionsäquivalente S. 2, 5 ff.
Religionsfreiheit S. 22 f.
Religionskritik S. 104 ff.
Religiosität S. 2, 12 f., 34
Rezeptionsästhetik S. 59
Ritual S. 68 f.
Russel, Bertrand S. 122

Säkularisierung S. 23 f.
Sakrament S. 36
Sartre, Jean-Paul S. 115 f.
Schöpfer S. 63, 70 f., 183
Schöpfung S. 70 f., 124 f., 183 ff.
Seele S. 164
Shell Jugendstudie S. 92 ff., S. 151 ff.
Sinnfindung S. 200 f.
Sinnoptionen S. 150, 155
Sinus Milieustudie S. 156 f.

Sozialität S. 189
Spaemann, Robert S. 136 f.
Spiritualität S. 85
Sprache, religiöse S. 35 ff.
Subordinatianismus S. 141
Sündenfallgeschichte S. 190 ff.
Sündhaftigkeit S. 190 ff.
Syllogismus S. 130
Symbol S. 24 f., 37

Theismus S. 93 f.
Theodizee S. 98 ff.
Theologie S. 127 f.
Theologie der Befreiung S. 52
Theokratie S. 71
Thomas von Aquin S. 130 f.
Tiefenpsychologie S. 58
Toleranz S. 29 f., 39
Tradierungskrise S. 19 f.
Transzendenz S. 83, 187 f.
Trinität S. 81 f., 140 ff.
Tun-Ergehen-Zusammenhang S. 100 f.
Twain, Mark S. 44

Verstand, Vernunft S. 173
Vierfacher Schriftsinn S. 57
Vita activa und vita contemplativa S. 84, 162

Wahrheitsanspruch S. 25 f.
Wertorientierung S. 150 f.
Willensfreiheit S. 175 ff.
Wittgenstein, Ludwig S. 122

Zé Roberto S. 44 f.
Zwei-Naturen-Lehre S. 141
Zwei-Quellen-Theorie S. 55

Bildnachweis

Umschlagbild: Taizé © picture-alliance – Godong.
S. 1: Fußgängerzone © Franz Pfluegl – Fotolia.com.
S. 2: Paul Tillich © picture-alliance – dpa.
S. 4: Supermarkt © Gina Sanders – Fotolia.com.
S. 6: Langnese-Werbung © Langnese Magnum.
S. 18: Multikultureller Friedhof in der Schweiz © picture alliance – Urs Fueller.
S. 26: Kreuz im Klassenzimmer © picture alliance – dpa.
S. 27: BVG verkündet Urteil im Kopftuchstreit © picture-alliance – dpa, Moschee © Andre Bonn – Fotolia.com.
S. 34: Stonehenge © travelguide – Fotolia.com.
S. 41: Verschiedene Bibelausgaben (ProChrist 2003) © picture-alliance – Sven Simon.
S. 43: Peter Hahne © picture alliance – zb, Marc Chagall © picture alliance – akg-images.
S. 48: Young-Jae Lee, „1111 Schalen" (2006), zwischen 2003 und 2005 aus Ton entstanden. Foto: Patrik Scherrer / www.bildimpuls.de.
S. 50: Franz Kafka © picture alliance – akg-images – Archiv K. Wagenbach.
S. 52: Regentropfen auf Blatt © Stefan Körber – Fotolia.com, Klimalogo Deutscher Katholikentag © Deutscher Katholikentag.
S. 60: Koran © midosemsem – Fotolia.com, Bibel © Jiri Hera – Fotolia.com.
S. 69: Moses präsentiert die Gesetzestafeln © ZU_09 – istock.com.
S. 76: Jesus heilt den Blindgeborenen © picture alliance – akg-images.
S: 78: Szene aus Wagners „Parsifal" Oper von R. Wagner © picture alliance – Eventpress Hoensch.
S. 81: Heiliger Geist (Glasmalerei aus dem Petersdom) © picture-alliance – dpa.
S. 85: Frau steht auf Steg © Friedberg – Fotolia.com.
S. 87: Taufkerze © Asther Lau Choon Siew – Dreamstime.com, Abendmahl © Gerhard Seybert – Fotolia.com.
S. 91: Schiff des Glaubens © Sascha Bergmann – Fotolia.com.
S. 95: Siebter Schöpfungstag, Engraving by Julius Schnorr von Carolsfeld (March 26, 1794 – May 24, 1872), © Bild: Ivan Burmistrov – iStockphoto.
S. 96: Abschlussgottesdienst des 2. ÖKT in München (2010) © picture alliance – Sueddeutsche Zeitung Photo.
S. 97: Kinderbibel © picture-alliance – ZB.
S. 100: Hiob erhält die Hiobsbotschaften © ullstein bild – Archiv Gerstenberg.
S. 105: Ludwig Feuerbach © ullstein bild – dpa.

Bildnachweis

S. 116: Jean-Paul Sartre © picture alliance – akg-images.

S. 122: Auguste Comte © picture-alliance – Mary Evans Picture Library, Ludwig Wittgenstein © picture-alliance – akg-images.

S. 124: Werner Heisenberg © Bundesarchiv, Bild 183-R57262 Foto: o. Ang., 1933.

S. 130: Thomas von Aquin © picture-alliance – akg-images.

S. 133: Blaise Pascal © Georgios Kollidas – Dreamstime.com.

S. 134: Immanuel Kant © Georgios Kollidas – Dreamstime.com.

S. 136: Karl Rahner © ullstein bild – B. Friedrich.

S. 137: Dr. Andrew Nebwerg © picture alliance – ASSOCIATED PRESS.

S. 145: Buddhistischer Tempel in Chiang Mai, Thailand © Lakis Fourouklas – Dreamstime.com.

S. 147: Benedikt XVI. © picture alliance – Hans Joachim Rech.

S. 149: Fußspuren im Sand © juniart – Fotolia.com.

S. 154: junges Paar im Zug © Dmitriy Shironosov – Dreamstime.com.

S. 161: Waldspaziergang © Creativemarc – Dreamstime.com.

S. 167: Erich Fromm © picture-alliance – dpa.

S. 171: Carl Gustav Jung © picture-alliance – akg-images.

S. 172: Viktor Emil Frankl © picture alliance – MAGNO – Viktor Frankl Archiv.

S. 176: Hirnströme © Gerhard Seybert – Fotolia.com.

S. 179: Buddhistische Mönche in Laos, Asien © ub-foto – Fotolia.com.

S. 184: „Bereshit" als erstes Wort der hebräischen Bibel © yoglimogli – istock.com.

S. 188: Transzendenz © Paulus Nugroho R – Fotolia.com.

S. 190: Junges Paar © Edyta Pawlowska – Dreamstime.com.

S. 192: Adam und Eva © Erica Guilane-Nachez – Fotolia.com.

S. 200: Gemeinschaft © Picture-Factory – Fotolia.com, Spiegelbild © Ammentorp – Dreamstime.com.

Die verwendeten Bibeltexte beziehen sich auf folgende Bibelausgabe: Einheitsübersetzung der Heiligen Schrift © 1980 Katholische Bibelanstalt, Stuttgart.

Liebe Kundin, lieber Kunde,

der STARK Verlag hat das Ziel, Sie effektiv beim Lernen zu unterstützen. In welchem Maße uns dies gelingt, wissen Sie am besten. Deshalb bitten wir Sie, uns Ihre Meinung zu den STARK-Produkten in dieser Umfrage mitzuteilen:

www.stark-verlag.de/feedback

Als Dankeschön verlosen wir einmal jährlich, zum 31. Juli, unter allen Teilnehmern ein aktuelles Samsung-Tablet. Für nähere Informationen und die Teilnahmebedingungen folgen Sie dem Internetlink.

Herzlichen Dank!

Haben Sie weitere Fragen an uns?
Sie erreichen uns telefonisch **08167 9573-0**
per E-Mail **info@stark-verlag.de**
oder im Internet unter **www.stark-verlag.de**

Erfolgreich durchs Abitur mit den **STARK** Reihen

Abiturprüfung

Anhand von Original-Aufgaben die Prüfungssituation trainieren. Schülergerechte Lösungen helfen bei der Leistungskontrolle.

Abitur-Training

Prüfungsrelevantes Wissen schülergerecht präsentiert. Übungsaufgaben mit Lösungen sichern den Lernerfolg.

Klausuren

Durch gezieltes Klausurentraining die Grundlagen schaffen für eine gute Abinote.

Und vieles mehr auf www.stark-verlag.de

Kompakt-Wissen

Kompakte Darstellung des prüfungsrelevanten Wissens zum schnellen Nachschlagen und Wiederholen.

Interpretationen

Perfekte Hilfe beim Verständnis literarischer Werke.

Abi in der Tasche – und dann?

In den **STARK** Ratgebern findest du alle Informationen für einen erfolgreichen Start in die berufliche Zukunft.

Alle Titel zu
Beruf & Karriere
www.berufundkarriere.de

Bestellungen bitte direkt an
STARK Verlag GmbH · Postfach 1852 · 85318 Freising · www.stark-verlag.de
Telefon 08167 9573-0 · Fax 0811 6000499-191 · info@stark-verlag.de

STARK